Ortrud Wörner-Heil

Sophie Henschel (1841 – 1915)

Lokomotivfabrikantin und Stifterin

euregioverlag

Bibliografische Information der Deutschen Bibliothek

Die Deutsche Bibliothek verzeichnet diese Publikation in der Deutschen Nationalbibliografie; detaillierte Daten sind im Internet über http://dnb.ddb.de abrufbar.

Eine Veröffentlichung in der Reihe
Die Region trifft sich – Die Region erinnert sich
der Kasseler Sparkasse

Grafische Gestaltung: Atelier Blase
Gesamtherstellung: euregioverlag, Kassel
Druck: Grafische Werkstatt von 1980 GmbH, Kassel

D-34127 Kassel, Naumburger Str. 40
www.euregioverlag.de

ISBN 3-933617-19-7
Printed in Germany

Inhalt

Vorwort

Seit vielen Jahren besteht nicht nur in der interessierten Kasseler Öffentlichkeit der Wunsch, Sophie Henschel zu würdigen. Zwar ist ihr Name in der Bevölkerung so präsent, dass sie an erster Stelle genannt wird, wenn nach der prominentesten Persönlichkeit in Kassels Geschichte gefragt wird. Dazu mag beitragen, dass vor den Toren Kassels die ehemalige Lungenheilanstalt in Kaufungen und in Kassel selbst das Rote Kreuz Krankenhaus als Zeugnisse ihres Stifterwillens präsent sind. Bislang stehen weder eine Biographie noch eine tiefgreifende Darstellung ihrer Wirkungsfelder zur Verfügung.

Dank einer Initiative des Archivs der deutschen Frauenbewegung e.V. konnte in den Jahren 2002 und 2003 dort ein Forschungsprojekt verfolgt werden, dessen Titel vor allem den Anspruch formulierte, Sophie Henschels gesellschaftliches und soziales Wirken zu beleuchten: *Philanthropie – Frauenvereine – Stiftungswesen – städtischer Raum. Die Unternehmerin Sophie Henschel (1841-1915) und der Vaterländische Frauenverein in Kassel 1869 bis 1915*. Dieses Forschungsvorhaben wurde vom Hessischen Ministerium für Wissenschaft und Kunst gefördert. In der genannten Zeit konnten die Archivalien gesichtet werden, wovon das von Werner Henschel großzügig zugänglich gemachte Familienarchiv die größte Aufmerksamkeit verdiente.

Der Titel dieses Buches, das die Ergebnisse des genannten Forschungsvorhabens in einer illustrierten Publikation vorlegt und in Teilen weiterführt, weist bereits durch die Aufnahme des Wortes *Lokomotivfabrikantin* auf eine Erweiterung, in der Sophie Henschel auch als Unternehmerin gewürdigt wird. Sie übernahm nicht nur mit großem Erfolg die ihr übertragene Verantwortung für die Henschelsche Lokomotivfabrik, sondern trug auch unternehmerisches Denken in die von ihr geführten sozialen Organisationen und verlangte unternehmerisches Denken dort, wo sie Einrichtungen mit regelmäßigen Zuwendungen förderte.

Neben den Beiträgen, die Dr. Ortrud Wörner-Heil hier zur Wirtschaftsgeschichte, Stadtgeschichte, Geschichte der bürgerlichen Frauenbewegung und zur Geschichte der Unternehmerfamilie Henschel vorlegt, mag für viele dieses Buch auch als Ermutigung gesehen werden, Verantwortung in einer Bürgergesellschaft zu übernehmen. Dafür steht Sophie Henschel als leuchtendes Beispiel. Ihre selbstlosen Stiftungen hat sie immer mit der Verpflichtung zur Übernahme von Verantwortung verbunden, der auch sie selbst sich nicht entzog.

Für die Kasseler Sparkasse war es als Wirtschaftsunternehmen mit einer regionalen und gesellschaftlichen Verantwortung selbstverständlich, diese Publikation als die 26. in der Reihe *Die Region trifft sich – Die Region erinnert sich* zu fördern. Wir hoffen, mit dieser Veröffentlichung die Diskussionen in einer wieder blühenden Stiftungslandschaft in Deutschland zu bereichern.

Dr. Klaus Lukas
Vorsitzender des Vorstandes
der Kasseler Sparkasse

Philanthropin, Mäzenin und Unternehmerin

Im Januar 2004 wurde Sophie Henschel in einer Leserumfrage zur besten Kasselerin gewählt. Sie war die Siegerin in dem Wettbewerb „Wählen Sie die besten Kasseler“, den die Hessische Allgemeine einige Wochen zuvor gestartet hatte. Gegen zehn weitere prominente historische Persönlichkeiten der Stadt, zu denen auch die Brüder Grimm, Elisabeth Selbert, Landgraf Karl und Arnold Bode gehörten, hatte sie sich mit großem Abstand durchgesetzt. Manche Leserinnen und Leser hatten ihrem Votum eine Begründung beigegeben: Hauptsächlich wurde Sophie Henschels soziales Engagement gerühmt. Auch wenn dieses Meinungsbild nicht repräsentativ ist, so ist es doch als Zeichen ihrer Wertschätzung in der Bevölkerung zu sehen. Im Gegensatz zu diesem Votum erbrachte die anschließende Suche nach einer öffentlichen Würdigung Sophie Henschels im Stadtbild ein negatives Ergebnis. Es gab keinen Hinweis auf den Sophie-Henschel-Platz vor dem Rotkreuz-Krankenhaus. Der Brunnenanlage, die 1924 zu ihren Ehren von der Stadt geschaffen wurde, und deren Grundbestandteile heute noch auf diesem Platz stehen, fehlt die entscheidende Inschrift von damals: „Frau Sophie Henschel in Dankbarkeit. Die Stadt Cassel 1924.“[1]

Dabei wussten zu Lebzeiten Sophie Henschels und auch noch einige Jahre danach die politisch Verantwortlichen verschiedener Parteicouleur um ihre Bedeutung für die Stadt. Ob es der freikonservative Oberbürgermeister August Müller[2] war, unter dessen Leitung der Magistrat die Benennung des öffentlichen Platzes vor dem Rotkreuz-Krankenhaus als Sophie-Henschel-Platz „in dankbarer Würdigung der großen Opfer und mühevollen Tätigkeit“[3] beschloss. Ob es der nationalliberale Oberbürgermeister Erich Koch[4] war, der 1915 davon sprach, dass Sophie Henschel „für alle Zeiten unter den Ersten der Bürger der Stadt genannt werden“[5] wird. Ob es 1924 der sozialdemokratische Oberbürgermeister Philipp Scheidemann[6] war, der die Dankbarkeit der Stadt unterstrich: „Namentlich hat er [Karl Henschel, O. W.-H.] ebenso wie seine verstorbene Mutter stets eine offene Hand für die Erfüllung der sozialen Aufgaben der Stadt gezeigt, wofür ihm diese immer dankbar sein wird.“[7] Heute, so scheint es, muss doch wieder in Erinnerung gerufen werden, was Oberbürgermeister Koch einst beteuert hatte: „Ihr Name bleibt unvergeßlich mit der Geschichte der Stadt Cassel verwachsen.“[8]

Dabei sind Spuren in Stadt und Region, die auf Sophie Henschels Wirken zurückgehen, noch immer deutlich sichtbar. Dies gilt in erster Linie für das Rotkreuz-Krankenhaus, in dessen Foyer eine Bronzetafel hängt, die an Sophie Henschels Verdienste um das Haus erinnert. Diese Tafel hatte der Vaterländische Frauenverein Kassel im November 1911 anlässlich ihres 70. Geburtstages anbringen lassen. Im sogenannten linken Ehrenhof des Rathauses steht der von ihr gestiftete Brunnen, der auf dem Sockel die Inschrift trägt: „Der Vaterstadt von Oskar Henschel gestiftet von seiner Witwe 1910.“[9] Kaufungen kann sogar mit einem Sophie-Henschel-Weg aufwarten, der zum Medizinisch Geriatrischen Krankenhaus mit Tagesklinik und zum Altenpflegeheim des Deutschen Roten Kreuzes Kaufungen führt. Dieses Krankenhaus wurde im Jahr 1900 als Lungenheilstätte errichtet und war von Sophie Henschel im Andenken an ihren gestorbenen Mann Oskar gestiftet worden.

Auch in Kassel gibt es Orte wie das Stadtmuseum, wo die Erinnerung an die Industriellenfamilie und an Sophie Henschel gepflegt wurde und wird, und Ereignisse, die das Gedenken wach halten. Dies gilt sowohl für die vom Zwehrener Turm zur Orangerie in der Karlsaue und zum Herkules strahlende Laser-Skulptur, die am 11. November 2003 zu ihren Ehren leuchtete, als auch für die letztlich gescheiterte Initiative des Vereins Pro Nordhessen, einem Intercity-Zug den Namen Sophie Henschel zu geben. In den letzten Monaten – wir schreiben November 2004 – sind noch weitere Initiativen entstanden. Zwei der fehlenden Schalen der Brunnenanlage sind inzwischen im Waldeck'schen ausfindig gemacht[10], während nach der einstmals im Foyer der Lungenheilanstalt in Kaufungen aufgestellten Büste Oskar Henschels noch gefahndet wird. Nach der Berichterstattung über die mühsame Spurensuche im Januar 2004 reagierte die Stadtverwaltung, und Oberbürgermeister Georg Lewandowski enthüllte ein Schild für den Sophie-Henschel-Platz. Auch der Ortsbeirat des Stadtteils Wehlheiden, in dem das Rotkreuz-Krankenhaus liegt, erklärte, Sophie Henschel ehren zu wollen. Mit ihm kooperiert das Archiv der deutschen Frauenbewegung, das beabsichtigt, Sophie Henschel in sein Projekt „‚Chassalla' – ein Ariadne-Faden durch die Kasseler Frauengeschichte“ aufzunehmen, das das Archiv im Rahmen der Kulturhauptstadtbewerbung Kassels entwickelte. Im Juli wurde ein Henschel-Museum in Rothenditmold begründet, und zum Zeitpunkt des Erscheinens dieses Buches wird die Universität Kassel dem Institut für Werkstofftechnik ihren Namen geben.

Sophie Henschel war eine der bemerkenswertesten Persönlichkeiten in der Geschichte der Stadt Kassel in der zweiten Hälfte des 19. und im beginnenden 20. Jahrhundert. Sie setzte gleich in mehreren Bereichen neue Maßstäbe: als Mäzenin – oder auch ‚Stifterin': die beiden Begriffe wurden im 19. Jahrhundert zusehends austauschbar –, im Wohlfahrtswesen und als Unternehmerin. Sie war um 1900 eine der reichsten Frauen des Kaiserreichs, die immer bereit war, bei der Erfüllung sozialer und kultureller Bedürfnisse zu helfen. Ein offenes Ohr hatte sie für die Anliegen der Stadt Kassel, die ihr seit ihrer Heirat zu einer Heimat geworden war. Mit ihren Schenkungen entstanden Einrichtungen, die die Lebensumstände, das Gesicht und das Ansehen Kassels prägten und die noch heute zum Leben in dieser Stadt und der Region gehören. Sie zählt damit zu den Menschen, die im Kaiserreich erhebliche Kapitalien für soziale und kulturelle Einrichtungen der Stadt spendeten. Sie war wesentlich daran beteiligt, dass Kassel, wie einige andere Städte in Deutschland auch, einen enormen Aufschwung des kommunalen Stiftungswesens verzeichnen konnte, der in der Mitte des 19. Jahrhunderts begann und bis zum Beginn der Weimarer Republik reichte.[11] Allein eine – allerdings mit Lücken behaftete, im Jahr 1960 erstellte – Auflistung des städtischen Stiftungsvermögens nennt eine Gesamtsumme von etwa 33 Millionen Mark.[12] Dabei ist zu berücksichtigen, dass ein Großteil der gestifteten Liegenschaften nicht bewertet wurden.

Auch wenn eine kürzlich abgeschlossene Studie zu dem Ergebnis kam, das Stiftungswesen aller Zeiten weise „eine unübersehbare Männerdominanz“[13] auf, so kann die Stadt Kassel gleich mit zwei großen Mäzeninnen, die sich im 19. und zu Beginn des 20. Jahrhunderts um die sozialen und kulturellen Bedürfnisse ihrer Kommune sorgten und großzügig halfen, die vermutete Männerdominanz zurechtrücken. Die eine Wohltäterin ist Gräfin Louise Wilhelmine Emilie Bose (1813-1883), geborene Gräfin von Reichenbach-Lessonitz, die andere Sophie Henschel. Für Gräfin Bose, die älteste Tochter des vorletzten hessischen Kurfürsten Wilhelm II. und seiner Mätresse Emilie Örtlepp – ab 1824 trug diese den Titel Gräfin von Reichenbach-Lessonitz und war ab 1841 dem Kurfürsten in morganatischer Ehe verbunden – liegt eine Biographie mit besonderer Berücksichtigung ihrer Stiftungen, Schenkungen und Vermächtnisse vor.[14]

Für Sophie Henschel gilt, dass sie nicht wie Gräfin Bose fast vergessen ist, aber über ihr Wirken fehlen genauere Kenntnisse. Aus welcher Familie stammte Sophie Henschel, welche Traditionen brachte sie mit, wo schuf sie neue? Wie wurde Sophie Henschel zur Stifterin? Gab es Anlässe oder besondere Impulse für ihre Großzügigkeit? Welche Formen wählte sie für ihre Spenden und welches sind die Motive ihres Engagements? Woher kam das Geld für ihre Spenden – war es ihr eigenes Vermögen oder kam es aus der Firmenkasse? Verfügte Sophie Henschel selbstständig über ihr Vermögen oder wurde es von ihrem Mann verwaltet? Warum sind die beiden großen von ihr geförderten Einrichtungen im Besitz des Roten Kreuzes? Welche Bedeutung für ihr Mäzenatentum hatte der Umstand, dass sie in eine angesehene Industriellenfamilie heiratete und nach dem Tod ihres Mannes im Jahr 1894 Alleininhaberin der Lokomotiven produzierenden Weltfirma Henschel & Sohn wurde?

Sophie Henschel war am Ende ihres Lebens eine hochgeachtete Frau: „Für alle Aufgaben auf dem Gebiete der städtischen Entwicklung, der Volksfürsorge und der Kunst hatte sie einen klaren Blick, ein warmes Herz und eine offene Hand. Was sie an Werken barmherziger Hilfe vielen unserer Mitbürger geleistet, ist weit mehr als jemals öffentlich bekannt werden wird.“[15] Damit würdigte Oberbürgermeister Erich Koch in der Traueranzeige der Stadt die am 5. Februar 1915 gestorbene Sophie Henschel als Philanthropin und Mäzenin, die umsichtig und ausdauernd Fürsorge und Verantwortung für ihre Mitbürger empfunden und Not und Leid durch zahlreiche gute Werke gelindert hatte. Aber auch für andere gemeinnützige Projekte, die aus den Vereinen, der Provinz oder der Stadt an sie herangetragen worden waren, hatte sie immer ein offenes Ohr. Als Mäzenin hatte sie ab den 1890er Jahren spektakuläre Schenkungen für gemeinnützige Einrichtungen und Großprojekte veranlasst. Ihr Mäzenatentum – und unter Mäzenatentum soll nicht die Beschränkung auf den Bereich der Kunstförderung, sondern allgemeiner die Bereitschaft verstanden werden, private Mittel für öffentliche Zwecke bereitzustellen – war so breit gefächert, dass die Empfängerkreise weder in ihrer Zeit noch heute kaum zu überblicken sind. Überall hatte sie gerne und reichlich geholfen, am Ende ihres Lebens war die Liste ihrer Spenden lang: Sie reichte von der Hilfe für einzelne Personen über die Unterstützung von Kirchengemeinden, Vereinen, Schulen, Krippen oder Asylen bis zum Bau von Krankenanstalten und Zuwendungen für die Errichtung und Ausstattung städtischer Einrichtungen. Ein Bereich, dem ihre besondere Aufmerksamkeit galt, waren die Wohlfahrtseinrichtungen der Firma Henschel & Sohn, von denen der größte Teil erst in ihrer Ära als Prinzipalin des Unternehmens entstand.

Darüber trat ganz in den Hintergrund, dass sie noch viel mehr als eine generöse Kapitalgeberin war, da sie sich schon früh ein eigenständiges Wirkungsfeld aufgebaut hatte. Als junge Ehefrau und Mutter hatte sie sich zu einem aktiven Engagement auf wohltätigem Gebiet entschlossen und 1879 den Vorsitz des Kasseler Vaterländischen Frauenvereins des Roten Kreuzes übernommen, den sie 36 Jahre innehaben sollte. Sie hatte damit den Grundstein für ihr Lebenswerk gelegt. Hauptsächlich im Rahmen der Wohlfahrtspraxis dieses Frauenvereins trat Sophie Henschel als großzügige Mäzenin auf.

Noch heute beeindrucken die Anteilnahme und die zahlreichen Würdigungen der sozialen Wohltäterin nach ihrem Tod. Man kann noch immer gut nachempfinden, dass viele der Nachrufe sich nicht einer Pflicht entledigten, sondern nach Worten der Anerkennung einer geschätzten Stadtbürgerin und ihrer Verdienste suchten. Aus ihnen sprach nicht nur tiefe Verehrung und Achtung, sondern auch vertrauensvolle und herzliche Zuneigung, die Sophie Henschel von unterschiedlichsten Seiten entgegengebracht wurden. Dabei wurden durchaus Konturen einer ungewöhnlichen charismatischen Persönlichkeit deutlich, deren Autorität akzeptiert wurde, die fern jeder selbstdarstellerischen Eitelkeit es geschätzt hatte, bescheiden im Hintergrund zu bleiben.

Auch wenn in den Würdigungen eine Reihe Charaktereigenschaften und Tugenden aufschlussreich benannt wurden, bleibt auffällig, dass im Grunde Sophie Henschels gesamtes Werk, ihr ganz eigener Stil, ihre innovativen, weitsichtigen und somit zukunftsträchtigen Anschauungen und Maßstäbe, die ihr Handeln leiteten, nicht recht deutlich wurden. Es wurde nicht herausgestellt, dass sich hinter der löblichen Tugend Bescheidenheit Führungsfähigkeiten verbargen, die ihr Lebenswerk erst möglich und dann auch stabil für die Zukunft gemacht hatten. Mit Hochachtung sprach man von der Vereinsvorsitzenden Sophie Henschel, aber die Bedeutung der diversen Wirkungsfelder des Vereins im Spektrum des städtischen Wohlfahrtswesens fand keine Erwähnung. Eine der wichtigsten Aspekte ihrer Vereinsarbeit, die Schaffung organisatorischer und institutioneller

Strukturen im Rahmen der Wohlfahrtsarbeit, blieb in den Ansprachen unausgesprochen. Diese strukturbildende Dimension im Engagement Sophie Henschels hatte jedoch deutlich angezeigt, dass sie unter karitativer Arbeit mehr verstand als herkömmliche einmalige Hilfe im Einzelfall.

Einzelne charakteristische Aspekte ihres Wirkens blieben ganz ausgespart, wie ihre kontinuierliche Anteilnahme an der Lebenssituation von Mädchen und Frauen, die sie durch direkte Hilfen in sozialer Not sowie durch Projekte, die Arbeit und Ausbildung ermöglichten, zu verbessern trachtete. Nur ganz en passant wurde gestreift, dass sie das in ihrer Zeit noch nicht mögliche Frauenstudium befürwortet und Mittel für die Einrichtung der ersten Gymnasialkurse für Mädchen in Kassel gespendet hatte. Auch ihre zukunftsweisende, noch ganz unübliche Unterstützung berufsständischer Interessen von Frauen fand keine gebührliche Hervorhebung. In einer Zeit, in der es wenige Frauenberufe gab und eine berufliche Interessensvertretung so gut wie gar nicht vorhanden war, war es ein zentrales Anliegen Sophie Henschels gewesen, nicht nur den Beruf der Krankenschwester mit etablieren zu helfen, sondern auch möglichst gute Arbeits- und Berufsbedingungen für die Rotkreuzschwestern zu schaffen. Noch vor der Existenz jeglicher staatlicher Sozialversicherung sorgte Sophie Henschel für die Einrichtung, den kontinuierlichen Ausbau und später die Sicherung einer Schwestern-Pensionskasse. Insbesondere an ihrem Verhältnis zur Rotkreuz-Schwesternschaft sind die beiden Dimensionen, die Sophie Henschels Wirken insgesamt kennzeichnen, gut auszumachen: einerseits neue, zukunftsweisende Strukturen zu schaffen und andererseits Sympathie und Herzlichkeit zu praktizieren: „Wenn sich irgend eine Gelegenheit bot, den Schwestern eine Freude zu machen, so ließ sie diese gewiß nicht unbenutzt vorübergehen. Das herzliche Einvernehmen mit Frau Oberin erleichterte ihr die Betätigung ihrer liebevollen Sorge für die Schwestern."[16] Mit der Mäzenin und Vereinsvorsitzenden Sophie Henschel ist demnach auch ein bedeutsames Stück Frauengeschichte in Kassel zu entdecken. Ihr philanthropisches und soziales Engagement änderte die soziale und kulturelle Stellung von Frauen und eröffnete diesen Wege, die urbane Gesellschaft ihren Vorstellungen entsprechend zu beeinflussen und mitzugestalten, lange bevor Frauen das politische Wahlrecht zugesprochen wurde.

Darüber hinaus wurde in den Nachrufen nur selten und äußerst zurückhaltend ihr Wirken als Unternehmerin angedeutet, obwohl sie die Fabrik nach dem Tod ihres Mannes Oskar 1894 über 18 Jahre alleinverantwortlich als Eigentümerin leitete. Nur zaghaft klingt hin und wieder an, sie habe dabei „bewunderungswürdiges Geschick und große Umsicht"[17] gezeigt, obwohl in ihrer Unternehmerinnen-Ära gravierende Strukturveränderungen der Firma auszumachen waren und diese einen außergewöhnlichen Aufschwung der Leistungsfähigkeit zu verzeichnen hatte. Die Würdigungen hinterlassen den Eindruck, als ob die Zeitgenossen einer großzügigen privaten Stifterin vorbehaltlos Anerkennung zollen wollten, die Rolle der einflussnehmenden und selbstständig entscheidenden Frau und Unternehmerin ihnen dabei aber eher suspekt war.

Diese Versäumnisse mögen ihren Grund einerseits darin haben, dass die Zeitgenossen noch zu wenig Abstand von der Entwicklung hatten, andererseits wurden sie erschwert durch Sophie Henschels Selbstverständnis und Verhaltensweisen. In der Öffentlichkeit hatte sie das eigenständige Auftreten gemieden, bei großen Veranstaltungen hatte sie den Herren als Rednern selbstverständlich den Vortritt gelassen. Die Fabrikwelt, zumal der Schwerindustrie, war eine männliche Welt, in der sie so wenig wie möglich in Erscheinung getreten war. Auch in Firmenangelegenheiten hatte sie äußerst selten und auch ungern öffentlich das Wort ergriffen. Sie war stets eine Meisterin darin gewesen, andere zur Geltung kommen zu lassen. Dieses Verhalten war ganz sicher der gesellschaftlichen Konvention geschuldet, die ein Auftreten von Frauen außerhalb der häuslichen Sphäre als unschicklich ansah. Das bürgerliche Familienideal verlangte die Abwesenheit der Frau aus der Berufswelt und der politischen Öffentlichkeit, und Sophie Henschel akzeptierte diese Norm, auch wenn diese der Realität ihres Wirkens nicht entsprach. Der Vorsitz eines wohltätigen Frauenvereins, der sich auf männliche Fachleute stützte und diesen den öffentlichen Auftritt überließ, entsprach durchaus dieser Konvention, aber es wird zu zeigen sein, dass die praktische Arbeit den Frauen ganz neue Möglichkeiten eröffnete.

Ein Zweites kommt noch hinzu: In ihrem insistierenden Bemühen, mit der Erinnerung an das Wirken ihres früh gestorbenen Mannes Oskar der Unternehmerfamilie Henschel eine kontinuierliche Tradition und eine Ethik zu begründen, die die Firma in der Zukunft sichern sollte, wurden Sophie Henschels besondere Leistungen marginalisiert. Sie selbst gab sich in ihren zwei letzten Lebensjahrzehnten stets als Ausführende des Wollens und Strebens ihres Ehemanns zu erkennen und stellte ihre Rolle als Unternehmerin als Interregnum dar, in dem sie ausschließlich die Leitung der nächsten männlichen Nachfolgegeneration vorbereitete. Daher konnte es nicht ausbleiben, dass sie in den Nachrufen als die würdige Nachfolgerin ihres Mannes herausgestellt wurde. In ihrem Wunsch, den Sohn als Fabrikerben zu fördern, ihn in seine Aufgaben einzuführen und als zukünftigen Repräsentanten der Firma zur Geltung zu bringen, kaschierte sie ihren tatsächlichen Einfluss auf die Leitung der Firma. Und doch offenbaren die wenigen zur Zeit vorliegenden Dokumente, dass sie sich über die Jahre längst von der Rolle der Statthalterin entfernt, vielmehr ganz entscheidend im Hintergrund als selbstbewusste Unternehmerin agiert hatte.

Als Sophie Henschel Alleininhaberin der Firma wurde, kannte sie keine Fabrikantin, die ihr hatte Vorbild sein können. Sie wusste darum, dass sie in der industriellen und bürokratischen Welt nicht direkt als Leiterin eines schwerindustriellen Betriebes auftreten konnte. Aber den Spielraum und die Verantwortung, die ihr als Witwe und Erzieherin des Nachfolgers gegeben war, nutzte sie. Mehr noch, man meint anhand der Archivalien zu erkennen, dass ihre unternehmerische Lust und Selbstsicherheit mit der Zeit und ihrem Erfolg stiegen. Dies konnte geschehen, weil die „Dame als Unternehmerin“[18] noch heute äußerst modern anmutende Methoden der Unternehmensführung zu entwickeln gezwungen war. Da sie nicht alle Rollen übernehmen konnte, die ein Eigentümer-Unternehmer traditionell ausfüllte, besonders die, selbst auf der operativen Ebene zu wirken, beschränkte sie sich auf die wichtige Ebene der strategischen Entscheidungskontrolle und der Übersicht über ihr leitendes Personal. Dadurch, dass sie Verantwortung und Arbeit stärker delegieren musste und sich nicht alles auf ihre Person konzentrierte – und es sei an dieser Stelle vorweggenommen, dass sie mit dieser Einstellung schon positive Erfahrungen in der Vereinsarbeit gemacht hatte –, entstand eine Umgangs- und Kommunikationsweise, die auch der Firma Stabilität, Wachstumsdynamik und Überlebensdauer sicherte. Sophie Henschel war erfolgreich als Strategin im Verborgenen.

So lässt sich festhalten, dass Sophie Henschel in ihrer Zeit als Mäzenin hochgeehrt war und als solche auch heute noch bekannt ist, aber über ihre weitreichenden außergewöhnlichen Leistungen bisher keine systematischen historischen Arbeiten vorliegen. In der Stadtgeschichtsforschung ist Sophie Henschel viele Jahrzehnte dem Vergessen anheim gefallen. Aus dem Umstand, dass in den zeitgenössischen Würdigungen nur die soziale Wohltäterin im Mittelpunkt stand, meinten dagegen zwei Studien, die über Sophie Henschel in den letzten drei Jahrzehnten entstanden sind, die Unternehmerin gegenüber der Philanthropin herausstellen zu sollen. Eine erste Beachtung erfuhren ihre Person und ihre Verdienste in einer Studie der siebziger Jahre, die im Rahmen der Unternehmensgeschichte erstellt wurde. Der Wirtschaftshistoriker Wilhelm Treue beabsichtigte mit seinem Beitrag eine Rehabilitierung Sophie Henschels als Unternehmerin[19], die seines Erachtens neben dem Bild der Wohltäterin vernachlässigt worden sei. Seine Auffassung legte er auch in einem Aufsatz in einer Kasseler Publikation dar, die dem „weitsichtigen Eisenbahnpionier und erfindungsreichen Fabrikanten“ Carl Anton Henschel (1780-1861) galt.[20] Bei seiner Vorgehensweise entstand unterschwellig der Effekt, dass die sozial gesinnte und mäzenatisch tätige Unternehmerin abgewertet wurde. Deutlich wird dies an seiner Aussage, die Presse und Öffentlichkeit habe sie dem „martialischen Zeitgeist“ entsprechend „missverstanden“.[21]

Im Jahr 1998 wurde dann eine Biographie über Sophie Henschel als Unternehmerin der Kaiserzeit vorgelegt, die Wilhelm Treues Perspektive einnahm.[22] Die Historikerin Heidemarie Ecker-Ertle beabsichtigte mit ihrer Arbeit, „die Bedeutung Sophie Henschels als Unternehmerin, ihr spezifisches Unternehmertum, eingebettet in die Zeit des ausgehenden 19. und frühen 20. Jahrhunderts, herauszuarbeiten“.[23] Da sie die „zahlreichen Facetten ihres Lebens“ darstellen wollte, berücksichtigte sie umfassender als Wilhelm Treue die Tätigkeit Sophie Henschels im Vaterländischen Frauenverein. Allerdings geht dieser Abschnitt kaum über eine knappe Bestandsaufnahme hinaus, und zudem wurde ihre soziale Arbeit ausschließlich im Hinblick auf das spätere Unternehmertum Sophie Henschels betrachtet. Es fehlt nicht nur eine tiefergehende Untersuchung ihrer knapp 50-jährigen Vereinstätigkeit und eine grundlegende Erörterung, ob und in welcher Weise von Anfang an ihre gesellschaftlichen und unternehmerischen Einsichten aufeinanderbezogen zu analysieren sind. Insbesondere vermisst man die Einordnung der im öffentlichen Raum angesiedelten Vereinsarbeit in die staatlichen und städtischen Bedürfnisse, Debatten und Entwicklungen.

Auch eine Geschichte des Vaterländischen Frauenvereins ist bisher nicht geschrieben. Hierzu fehlen ausreichend Regional- und Lokalstudien, auf denen eine Gesamtbetrachtung aufbauen könnte.[24] Erst in jüngster Zeit machten Wissenschaftlerinnen auf die bedeutende und in ihrer Wirkung unterschätzte Geschichte des Vaterländischen Frauenvereins aufmerksam.[25] Im Anschluss daran konzentrierten sich die meisten Arbeiten hauptsächlich auf die eine Seite der Vereine: die Anforderungen an diese in einer Kriegssituation und den tatsächlichen Einsatz in den Kriegen von 1870/71 und von 1914 bis 1918. Studien mit einem ausschließlich politischen Blick auf den Vaterländischen Frauenverein kamen zu Ergebnissen, die die „extrem konservativen"[26] und monarchisch-nationalstaatlichen Einstellungen betonten. Es wurde die These von der „Teilhabe am Glanz des wilhelminischen Militarismus"[27] vertreten. Dabei wurde das Spannungsfeld zwischen staatsnahen Vereinsstrukturen und der alltäglichen Praxis der Frauenvereine in Gemeinden und Städten nicht ausreichend thematisiert.[28] Ähnliches gilt für die Entfaltung der Vereine vor dem Hintergrund der Entwicklung der Armenfürsorge zur Wohlfahrtspflege.[29]

Aufs Ganze gesehen gewinnt man den Eindruck, dass ein Verdikt des Historikers Hans-Ulrich Wehler über den Vaterländischen Frauenverein noch immer nachwirkt: „Über diesen antiemanzipatorischen, grundkonservativen Verband ist nur wenig bekannt. Es verrät eine ominöse Lücke in der Historiographie, daß es über diese größte, politisch aber ‚unsympathische' Frauenvereinigung des kaiserlichen Deutschland noch keine einzige Monographie gibt. ... [Die Frauen, O. W.-H.] ließen es sich widerspruchslos gefallen, daß die Kaiserin die männliche Hälfte des Vorstandes mit Generälen und hohen Beamten besetzte, während die weibliche Hälfte immer nur aus adligen Frauen bestand. ... Von nichts waren diese konservativen Frauen weiter entfernt als von einem dezidiert politischen Engagement zugunsten weiblicher Emanzipation."[30] Im Hinblick sowohl auf die soziale Zusammensetzung der Frauenvereine als auch auf ihre frauenpolitisch-emanzipatorischen Implikationen basieren diese Einschätzungen Hans-Ulrich Wehlers auf falschen Annahmen. Insgesamt machen seine Aussagen allerdings auf gravierende Untersuchungsdefizite aufmerksam.

In Arbeiten über das Stiftungswesen und Mäzenatentum ist herausgestellt worden, dass Spenden, Stiftungen und Schenkungen im 19. Jahrhundert ein Instrumentarium vor allem des Stadtbürgertums waren, um der bürgerlichen Zielsetzung, den Staat von innen zu reformieren, zum Erfolg zu verhelfen: „Öffentliche Aufgaben sollten durch die Gesellschaft übernommen, Bürokratie und Staatsverwaltung durch Bürgerengagement abgelöst werden. Die bürgerliche Reformtheorie vertraute auf die Freiwilligkeit und Selbstorganisation, privater Reichtum sollte zum Wohle des Ganzen für soziale und kulturelle Bedürfnisse mobilisiert werden."[31] Es bleibt jedoch festzuhalten, dass sich die meisten Studien mit männlichem Bürgerengagement beschäftigten, während auf dem Gebiet der Erforschung des Stiftungswesens insbesondere frauen- und geschlechtergeschichtliche Arbeiten fehlen.[32] Es liegen kaum Studien vor, die das Verhältnis von Stiftungshandeln und politischer Bürgerlichkeit oder auch die politischen Dimensionen sozialen und kulturellen Handelns von Bürgerinnen im Kaiserreich thematisieren.[33]

In der vorliegenden Publikation wird an erster Stelle davon ausgegangen, dass sowohl Sophie Henschels soziale Wohltätigkeitsarbeit als auch ihr Mäzenatentum nicht von ihrer Existenz zunächst als Unternehmergattin und später als eigenverantwortliche Unternehmerin zu trennen sind. Ausgangspunkt ist dabei eine Überlegung, die gerne vernachlässigt wird: Persönlicher Wohlstand ist eine notwendige, aber keine hinreichende Vorbedingung für philanthropisches und mäzenatisches Handeln von Unternehmern und Unternehmerinnen. Aber wenn vermögende Wirtschaftsbürger als Mäzene auftreten, dann beeinflusst die Art und Weise, wie sie ihr Unternehmen zum Erfolg führen, auch ihr soziales und stifterisches Engagement. Es scheint daher unzulässig, die beiden Bereiche gemeinnütziges Wirken und Unternehmertum zu trennen. Diese Feststellung soll nicht in Frage stellen, dass jedes Wirkungsfeld eigene Berechtigung und Eigenleben besitzt, die zu untersuchen wären, aber sie unterstreicht die Überzeugung, dass beide Bereiche einander bedingen und sich gegenseitig beeinflussen. Die Zusammenschau beider Wirkungsfelder wird allerdings enorm durch das Fehlen einer historisch-kritischen Firmengeschichte Henschel erschwert.

Sophie Henschel brachte in ihre Wohltätigkeitsarbeit kaufmännisches und unternehmerisches Selbstverständnis ein, das sie zum Teil aus ihrer Familie mitbrachte, zum Teil im Austausch mit ihrem Ehemann in den ersten Ehejahren erwarb. Ihre Denk- und Handlungsweise war klug wägend und kühn wagend zugleich, nüchtern und stetig, auf Effektivität und Erfolg gerichtet. Sie besaß geschäftliche Talente, psychologisches Einfühlungsvermögen und soziale Kompetenzen, die für den ehrgeizigen Jungunternehmer Oskar Henschel von unschätzbarem Wert waren bei seinem Versuch, den Henschel'schen mittelgroßen Betrieb zu einer großindustriellen Fabrik auszubauen. Die zahlreichen Briefe, die die Eheleute wechselten, wenn Oskar Henschel auf seinen häufigen Geschäftsreisen war, belegen dies anschaulich.[34]

Eine Stelle aus einem Brief Sophie Henschels an ihren Ehemann, der sich zu Verhandlungen im Oktober 1862 in Zürich aufhielt, mag genügen, um auf ihre strategischen Ratschläge aufmerksam zu machen, die die unternehmerischen Entscheidungen zu beeinflussen in der Lage waren: „Da Du so viel Concurrenten hast, so rechne lieber nicht so bestimmt darauf, daß Du die Lieferung bekommst, immer kann's einem ja nicht glücken, und verstehen manche auch vielleicht das Schmieren besser – was weiß ich? … Bei dergl. wird aber gewiß häufig zu sehr auf's Billige gesehen und daß die Herren, die entscheiden, ihren Profit haben; ob die Sachen solide sind, ist Nebensache, sie brauchen die Reparaturen ja nicht zu bezahlen. Glückt's Dir, so will ich mich herzlichst mit Dir freuen, wenn nicht, so sind wir zu klug, um uns verstimmen zu lassen und trösten uns mit den anderen [Lokomotivaufträgen, O. W.-H.]."[35] Sophie Henschel wurde zu einer wichtigen mitdenkenden und mitentscheidenden Ratgeberin ihres Ehemannes und damit de facto zur Geschäftspartnerin. Sie qualifizierte sich dazu auch durch das Lesen von Publikationen, mit denen sie sich fach- und führungsrelevantes Wissen aneignete. Wenn Oskar Henschel abwesend war, ging sie „in die Fabrik" – damit ist gemeint, dass sie das „Comptoir", die Verwaltung, aufsuchte –, um ihm von dort berichten zu können. Ganz entscheidend wurde ihre Unterstützung bei der Leitung des Unternehmens ab Beginn der 1890er Jahre, als Oskar Henschel zunehmend kränker wurde und auf Anraten des Arztes seine rastlose Tätigkeit streng einschränken musste. In dieser Zeit vermittelte sie zwischen Oskar Henschel und seinen Direktoren, schirmte ihn nach außen ab, „so daß mit Ausnahme der Familie und der Geschäftsleitung nur wenige Menschen etwas von der Verschlechterung des Gesundheitszustandes des Firmeninhabers erfuhren. Seit dem Herbst 1893 konnte er seine Frau selbst für kurze Zeit ‚nur schwer entbehren'."[36] Am 18. November 1894 starb Oskar Henschel.

Auch mit ihrer Wohltätigkeitsarbeit, die keinen unmittelbaren Bezug zur eigenen Firma aufwies, war sie dem Unternehmen von Nutzen. Denn Sophie Henschel legte in ihrer Frauenvereinsarbeit seit Ende der 1870er Jahre nicht nur unternehmerische Fähigkeiten an den Tag, sondern leistete neben der konkreten Verbesserung der städtischen Verhältnisse zugleich einen bedeutenden Beitrag zur Unternehmenskultur der Firma Henschel & Sohn. Als Mitglied der Unternehmerfamilie vermittelten sich über ihre Betätigung auf dem gesellschaftlichen Terrain dem Unternehmen Leitbilder und damit eine Identität, die nach innen und außen Sinn und Werte stiftete. Sophie Henschel trug damit erheblich zur Integration aller Fabrikmitarbeiter und zur Herausbildung eines kollektiven Selbstverständnisses der Henschelaner bei. Diese Seite der Unternehmenskultur war auch in der Lage, Mitarbeiter an das Unternehmen zu binden, ein Wir-Gefühl und das Bewusstsein zu vermitteln, dass es etwas Besonderes war, für diese Firma zu arbeiten. Sophie Henschel verkörperte in hohem Maße in ihrem gesellschaftlichen Wirkungsfeld die Außenwahrnehmung des Unternehmens. Die immer wieder in den zeitgenössischen Berichten vorfindbare Einschätzung, Firma und Familie Henschel seien „hochgeachtet" und „angesehen", resultierte unter anderem aus Sophie Henschels jahrzehntelanger leidenschaftlicher Arbeit für ihre soziale Vision, ihrem klaren, effektiven, beständigen und widerspruchsfreien Auftreten. Ganz besonders in der Phase, in der sie für fast zwei Jahrzehnte Alleininhaberin der Firma wurde, bestand zwischen ihrem sozialen und mäzenatischen Engagement und der Praxis der Unternehmensführung eine Korrelation.

Im Mittelpunkt der vorliegenden Publikation wird die Philanthropin und Mäzenin stehen. Mit Sophie Henschel ist eine Frau zu entdecken, die durchaus das für Männer und Frauen vorgezeichnete Idealbild des 19. Jahrhunderts mittrug, damit auch Grenzen der Möglichkeiten für Frauen akzeptierte, und doch gleichzeitig diese Grenzen in praxi wesentlich verschob. Man wird eine Frau entdecken, die selbstbewusst und unabhängig mit ihrem Geld umging, die als Stadtbürgerin mit ihrer Wohltätigkeitsarbeit und ihrem Stiftungshandeln in kommunale Angelegenheiten eingriff und den städtischen Raum mitgestaltete. Es wird eine Frau zu erkennen sein, die ihr Mäzenatentum als Bürgerengagement verstand, das sich für öffentliche Angelegenheiten verantwortlich fühlte, und bei genauerem Hinsehen zeigt sich, dass Sophie Henschel ganz bestimmte Absichten hegte: Sie begründete mit ihrem Mäzenatentum eine große Stifterbewegung in Kassel – und zwar von Männern und Frauen. Das Besondere aber ist die Entstehung einer Stifterinnenkultur, denn Sophie Henschel konnte in großer Zahl Frauen für ein gesellschaftliches Engagement gewinnen. Die Vereinsvorsitzende und Privatstifterin stand so im Zentrum eines ‚sozialen Mäzenatentums', das ab der zweiten Hälfte des 19. Jahrhunderts im Wesentlichen von Frauen getragen wurde.

Vor diesem Hintergrund werden die Konturen einer Frau sichtbar werden, die auf den Feldern Soziales, Armenfürsorge und Gesundheit zur Politikerin wurde, lange bevor Frauen eine politische Betätigung möglich war. Es werden pionierhafte Projekte zum Vorschein kommen, die den Übergang von der traditionellen Fürsorge zum modernen Wohlfahrtsstaat vorbereiteten. Nicht zuletzt wird Sophie Henschel als eine erfolgreiche ‚Anstifterin' zu erfassen sein, die andere motivierte, es ihr nachzutun, die nicht Alleingänge schätzte, sondern gemeinschaftliche und kooperative Aktionen präferierte. Dabei blieb ihr Wirken nicht nur auf das lokale Geschehen in Kassel bezogen: Ihre Unternehmungen beeinflussten die regionale Entwicklung der Provinz Hessen-Nassau auf vielfältige Weise sowie darüber hinaus auch das nationale Geschehen.

Für die Erstellung der vorliegenden Publikation war von entscheidender Bedeutung, dass das private Familienarchiv Henschel zugänglich war und Werner Henschel zahlreiche Dokumente zur Verfügung stellte. Für diese großzügige Unterstützung ist Herrn Werner Henschel sehr zu danken. Ein Nachlass im eigentlichen Sinn liegt nicht vor, aber das Familienarchiv enthält eine Abschrift von Aufzeichnungen Sophie Henschels, die sie als Chronik der Familie Henschel verstand. Diese hatte sie zu Lebzeiten ihres Mannes begonnen, aber erst nach einer langen Pause im Jahre 1907 fortgesetzt. Sie stützte sich hierbei u. a. auf ein eigenes Tagebuch, das leider nicht mehr vorliegt. Aus dem Familienarchiv konnten zwei weitere schmale, von Sophie Henschel handschriftlich verfasste Bücher herangezogen werden: das ‚Poesiealbum von Sophie Caesar 1857', in das das Mädchen Sophie Gedichte, Sprüche und Zitate aus Werken bekannter und unbekannter Autoren notierte und ein weiteres mit der Prägung ‚S. Henschel geb. Caesar', das Aufzeichnungen aus der Familie Caesar enthält. Von Bedeutung waren ferner diverse Mappen mit Briefwechseln, Testamenten, Nekrologen für Familienmitglieder, Aufzeichnungen zur Kontoführung sowie eine Dokumentation des Villenbaus auf dem Weinberg. Einen reichen Fundus an Unterlagen unterschiedlichster Provenienz (Briefe, Zeugnisse, Einladungskarten, Zeitungsausschnitte, Prospekte, Fotografien etc.) beinhalten die von Sophie Henschel für ihre Kinder zusammengestellten, umfangreichen ‚Sammelbücher', von denen das Familienarchiv einige verwahrt.

Die ‚Deutsches Rotes Kreuz-Schwesternschaft Kassel e. V.' stellte ebenfalls großzügig Dokumente aus ihrer Vereinsgeschichte zur Verfügung, wofür ihrer Vorsitzenden, Oberin Elisabeth Deterding, und der Zweiten stellvertretenden Vorsitzenden, Astrid Pape, sehr zu danken ist. Außerdem wurden Aktenbestände im Bundesarchiv, im Geheimen Staatsarchiv Preußischer Kulturbesitz und in den zentralen Archiven des Deutschen Roten Kreuzes und des Verbandes der Schwesternschaften in Berlin bearbeitet. Zusätzlich wurden Dokumente aus dem Hessischen Staatsarchiv Marburg und lokalen Archiven herangezogen. Mit Familiennachfahren wurden Gespräche geführt. Einen umfangreichen Anteil an der Gesamtrecherche nahm die Durchsicht einiger Kasseler Zeitungen für den Zeitraum 1850 bis 1915 ein.

Die Auswahl der Abbildungen folgte hauptsächlich der Absicht, bisher nicht bekannte Illustrationen vorzustellen. Daher werden fast ausschließlich Fotografien und Reproduktionen von Quellen gezeigt, die den Archivalien des privaten Familienarchivs Henschel entstammen. Eine Ausnahme bilden die vier Aufrisszeichnungen der Lungenheilstätte Oberkaufungen und der Krankenanstalt Rotes Kreuz, die die Geschäftsführungen der Klinik Kaufungen und des Roten Kreuz Krankenhauses Kassel dankenswerterweise zur Verfügung stellten. Je zwei Abbildungen sind den Geschäftsberichten 1885 und 1890 des Vaterländischen Frauenvereins zu Cassel und der von Werner von Kieckebusch verfassten Familienchronik Henschel entnommen. Aus der Festschrift ‚125 Jahre Henschel' wurde eine Fotografie reproduziert. Der Kasseler Sparkasse und ihrem Vorsitzenden Dr. Klaus Lukas ist zu danken, dass sie es ermöglicht haben, die Ergebnisse des wissenschaftlichen Forschungsprojektes zu Sophie Henschel, das das Hessische Ministerium für Wissenschaft und Kunst finanzierte und für das das Archiv der deutschen Frauenbewegung in Kassel als Träger fungierte, in einem Buch zusammenzufassen und vorstellen zu können.

Eine Preußin in Kurhessen

Der Henschel-Erbe und ein ‚Blaustrumpf'

Am 9. Januar 1862 erreichte die Witwe Auguste Caesar in ihrer Wohnung in der zweiten Etage in der Bellevuestr. 14 ein Brief von Oskar[37] Henschel. Darin hielt er um die Hand ihrer Tochter Sophie an. Er bat, Sophie von seiner Anfrage Mitteilung zu geben und hoffe auf eine günstige Antwort. Sophie zögerte keinen Moment: „... und war ich gleich entschlossen ihm mein Jawort zu geben".[38] Die Antwort der Mutter fiel zustimmend aus, denn auch sie konnte den jungen Mann „mit vollem Vertrauen ... willkommen heißen".[39] Der Antwortbrief wurde ihm gebracht, er aber musste sich in Geduld üben, bis er die Entscheidung erfuhr, denn der Bräutigam in spe war Fabrikbesitzer und gerade in einer Konferenz mit seinen Beamten. Ob er wirklich so diszipliniert war oder doch ahnte, dass der Brief eine positive Nachricht enthielt? Wir wissen es nicht, aber die Episode hat eine romantische Note: Seiner Angebetenen erzählte er später „welch ungeheuere Anstrengung es ihn gekostet, diese [Konferenz, O. W.-H.] zu Ende zu führen u. dann erst den Brief zu erbrechen." Am Nachmittag fand dann schon im Salon von Auguste Caesar die Verlobung statt, und Sophie sagte Oskar: „... er solle ihr Herr sein u. danach hat sich unser späteres Leben gestaltet."[40]

Die jungen Leute kannten sich seit vier Jahren. Das erste Mal war Sophie Oskar auf einem Ball „bei Koch's"[41] am 2. März 1858 begegnet. Ihre Tanzkarte notiert, dass der sechste Tanz, der Schottische, ihm gehört hatte. Eine lockere Freundschaft verband Sophie mit Oskars Schwester Auguste (1843-1891), die aus einer Zeit stammte, als beide als Kinder eine Tanzstunde gemeinsam mit sechs anderen Mädchen besucht hatten. Sophies Mutter sah jedoch darauf, dass die Kontakte nicht zu häufig und zu eng waren. Für sie galt der Grundsatz: „Junge Mädchen müssen sich rar machen."[42] Deshalb erlaubte sie Sophie weder die Teilnahme an einem musikalischen Kränzchen, wozu die Familie Henschel sie eingeladen hatte, noch eine gemeinsame Reise mit Oskar und Auguste Henschel nach Wiesbaden.

Weil in Kassel immer wieder die Frage zu hören war, wen der Henschel-Erbe wohl wählen würde, entschied die umsichtige Mutter, ihn nicht zu oft zu Besuch zu bitten. Auguste Caesar selbst stattete der Mutter von Oskar, Ernestine Henschel (1816-1872), erst 1860, kurz bevor deren Mann Georg Alexander Karl (1810-1860) starb, einen ersten Besuch ab. Aber offensichtlich balancierte sie Zurückhaltung und Geselligkeit gut aus, denn: „... in lezter Zeit machte er [Oskar, O. W.-H.] mehrmals Besuch, und bald nach Weihnachten, wo wir 8 junge Herrn u. 8 junge Mädchen, die auf Besuch gemacht hatten, gab ich eine kl. Gesellschaft, die erste seit meinem Kranksein, nach dem Essen wurde der Christbaum noch einmal angesteckt, kleine Geschenke, für alle vertheilt, die mit vielen Couverts versiegelt und allerlei kleinen Versen, viel Spas

1

Die Tanzkarte der 16-jährigen Sophie Caesar vom Ball „bei Koch's". Oskar Henschel hatte bei ihr den ‚Schottischen' Tanz reserviert.

machten, Rebus gerathen, Knallbonbons gezogen, alle waren sehr vergnügt, das war noch nicht da gewesen, Sophie hatte Alles sehr hübsch arangirt.“[43] Inzwischen war deutlich genug: Sophie hatte sich lange schon für Oskar interessiert und der junge Mann war in seiner Werbung beharrlich geblieben. Mutter Henschel unterstützte äußerst wohlwollend die Entscheidung ihres Sohnes für Sophie, und auch Mutter Caesar war der Oskar „sehr lieb und werth und ein sehr aufmerksamer Sohn“.[44] Und so waren die Weichen für das junge Paar gut gestellt.

Aus den persönlichen Aufzeichnungen und Briefen geht hervor, dass zwischen den Familien Henschel und Caesar zunächst keine besonders engen Beziehungen bestanden. Betrachtet man die Ausgangsbedingungen, so erschließen sich nicht nur die Gründe, sondern auch die von Auguste Caesar praktizierte Zurückhaltung. Auf der einen Seite stand die in Kassel alteingesessene, sehr gut angesehene Familie Henschel, die im Mittelpunkt des wirtschaftlichen und gesellschaftlichen Lebens stand. Es ist die Rede davon, dass viele interessante Persönlichkeiten im Henschelhaus verkehrt hätten. Der Fabrikant Karl Henschel war Mitglied des Stadtrats[45]. Da die Familie politisch den Liberalen nahe stand, gehörten zu den regelmäßigen Besuchern auch bedeutende liberale Politiker, wie Friedrich Oetker (1809-1881)[46] oder Regierungsrat Eduard Wiegand (1815-1877)[47]. Wiegand wurde von der Familie Henschel als enger Freund bezeichnet. Er beriet sie auch bei der Ausarbeitung der Erbteilungsverträge, die nach dem Tod Karl Henschels im Jahr 1860 zwischen der Witwe Ernestine, den beiden Töchtern Auguste und

2

Auguste Henschel (1843-1891), Oskars jüngere Schwester, eine Jugendfreundin Sophie Caesars

Bertha (1839-1890) und dem Bruder Oskar als zukünftigem Leiter der Fabrik auszuarbeiten waren. Später berief Oskar Henschel ihn gegen ein großzügiges Honorar als Berater in geschäftlichen Angelegenheiten. Aus Sophie Henschels Aufzeichnungen wissen wir weiter, dass Ernestine und Karl Henschel der ‚Oetkerei' angehörten und letzterer außerdem Mitglied im „Theekränzchen" war, das sich in der Gaststätte ‚Kaffeemühle' auf dem Möncheberg traf.[48]

Im Vergleich mit diesem großen, geselligen und etablierten Haus war es um den kleinen Hausstand Auguste Caesars sicher ruhiger bestellt. Nach Kassel war sie mit ihrer zehnjährigen Tochter Sophie und deren Erzieherin[49] erst 1852, nach dem Tod des Vaters, gekommen. Als dieser am 10. September 1851 gestorben war und der zweitälteste Sohn Theodor das väterliche Rittergut Rothenhof[50] übernommen hatte, entschied sich die Witwe nach dem ersten Trauerjahr, nach Kassel zu ziehen. Sie zog zunächst in das Haus Friedrichsplatz 111.[51] In diesem Haus wohnte auch eine Wilhelmine Cäsar, Gutsbesitzerin. Wahrscheinlich war dies eine Verwandte, denn Auguste Caesar hatte sich für Kassel wegen der schönen Umgebung sowie verwandtschaftlicher und freundschaftlicher Beziehungen entschieden. Wenig später zogen Mutter und Tochter in das Haus Bellevuestraße 14. Sie konnten es sich finanziell leisten, eine Wohnung in einer der besten Gegenden, an der Schönen Aussicht, zu mieten, die über der Karlsaue auf dem Südostrand des Weinbergs liegt.

Die Liaison der knapp 20-jährigen Sophie mit Oskar wurde von dem einflussreichen Freund der Familie Henschel Eduard Wiegand mit Bedenken begleitet. Oskar hatte ihn gefragt, was er von einer Verlobung mit ihr hielte. Dieser warnte: Er habe gehört, Sophie sei ein „Blaustrumpf"[52] und als Tochter eines Rittergutsbesitzers eigne sie sich gewiss nicht als Frau eines Fabrikanten. Mit seinem ebenfalls kritisch gemeinten Hinweis: „Tochter eines Rittergutsbesitzers" lag Eduard Wiegand wohl richtig, aber nicht mit seiner Unterstellung, sie eigne sich nicht zur Fabrikantengattin. In diesem Fall hörte Oskar nicht auf seinen väterlichen Berater.

Wer Sophie Caesar als „Blaustrumpf" charakterisiert und getadelt hatte und warum – im 19. Jahrhundert war dies ein Spottname für emanzipierte und intellektuelle Frauen –, klären auch Sophie Henschels Aufzeichnungen nicht auf. Ein Körnchen Wahrheit muss auf jeden Fall in dieser Unterstellung gesteckt haben, denn es sollte sich sehr bald zeigen, dass Sophie Henschel in allen ihren zukünftigen Tätigkeitsfeldern die weiblichen Interessen immer im Blick hatte. Diese konnte auf Seiten der Klientel oder auch der mit ihr zusammenarbeitenden Akteurinnen liegen, die ihr Engagement in der sozialen Arbeit auch im Sinne einer längst überfälligen Akzeptanz und Gleichstellung der Frauen betrieben. Sophie Henschel sollte bereit sein, die Situation von Frauen in verschiedenen Lebenslagen, seien sie arme Frauen, Erwerbsuchende, Wöchnerinnen, Arbeiterinnen, Familienangehörige von Arbeitern der Firma Henschel, Mitglieder des Vaterländischen Frauenvereins oder Schwestern vom Roten Kreuz nicht nur zu berücksichtigen, sondern materiell und immateriell zu verbessern. Mit ihren eigenen Aktivitäten soll-

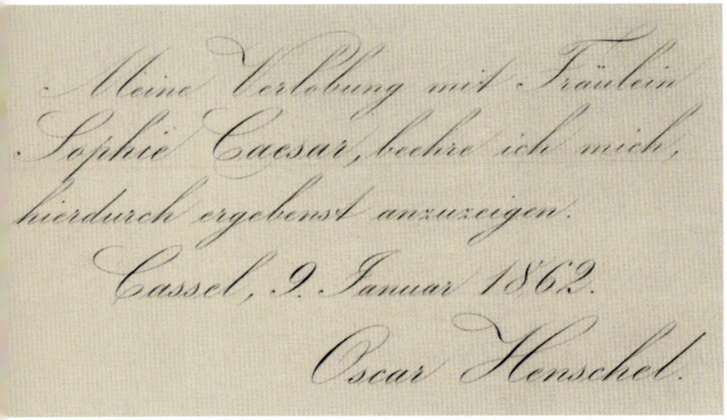

Meine Verlobung mit Fräulein Sophie Caesar, beehre ich mich, hierdurch ergebenst anzuzeigen.
Cassel, 9. Januar 1862.
Oscar Henschel.

3
Verlobungsanzeige von Sophie Caesar mit Oskar Henschel

4
Oscar Henschel und Sophie Caesar kurz vor ihrer Heirat

te sie daran beteiligt sein, dass Frauen eine neue gesellschaftliche Rolle in der zweiten Hälfte des 19. Jahrhunderts fanden. Dabei war sie keine Vertreterin der Emanzipation auf rechtlich-politischem Terrain, sondern fand ihr zentrales Wirkungsfeld hauptsächlich im sozialen Bereich. In ihrem Umfeld gewann die ‚Frau der Zukunft', das mündige und öffentlich engagierte Subjekt, praktische Gestalt. Es wird sich nachweisen lassen, dass Sophie Henschel keineswegs vor einer Kooperation mit der in dieser Hinsicht weitergehenden Frauenbewegung zurückscheute.

Eine gute Partie aus liberalem Haus

Die Familie Caesar pflegte, obwohl nicht in Kassel, sondern verstreut in Bremen, Detmold, Johannettenthal bei Detmold, Groß-Bresen und Liverpool wohnend, durch Briefe und Besuche ein intensives und lebhaftes Familienleben. Dennoch kam die Verlobung Sophies für ihre zahlreichen Geschwister – Sophie war die jüngste von elf, zwei Geschwister waren als Kinder gestorben – gänzlich unerwartet. Die Erwiderungen auf die ihnen überraschenderweise zugesandte Verlobungsanzeige bringen dies deutlich zum Ausdruck. Nur zwei von ihnen hatten zuvor eher beiläufig die Gelegenheit gehabt, Oskar Henschel kennen zu lernen. Sophie hatte ihre Zuneigung solange diskret für sich behalten, bis die Angelegenheit entscheidungsreif und verkündbar war. Sie ahnte voraus, was dann auch eintrat und was ihre Mutter an den Sohn Heinrich berichtete: „Hier in Cassel war über die Verlobung große Aufregung. Am 2ten Tag wußten es alle Menschen ..."[53]

Die Glückwünsche der Geschwister fielen dennoch überaus herzlich aus. Man freute sich gemeinsam mit der offensichtlich sehr glücklichen Braut. Die schriftlichen Erwiderungen machten auch deutlich, dass Sophie mit ihrer Wahl die bürgerlich-liberale Weltanschauung ihrer Familie getroffen hatte. Ihr Bruder August in Liverpool fand ihre Wahl für einen „Mann des Fortschritts“ statt für eine „Soldatenpuppe“ sehr lobenswert. Er hoffe, dass Oskar Henschel „seine Carriere ohne Zwang u. Schicane ... der Regierung“ fortsetzen werde. Die neuesten politischen Ereignisse in Kurhessen hätten „wirklich aufs Tiefste empört.“[54] Genau der gleichen Meinung war der Schwager Clemens, der über ihre Wahl eine große Freude habe, „weil der Name seiner Familie einen zu guten Klang hat u. sein Beruf, nach meiner Dir doch etwas bekannten Ansicht, ein weit lohnender u. befriedigender auch für die junge Frau ist, als wenn er Epauletts trüge, von ganz altem Adel, Kaufmann, Professor oder Jurist wäre“.[55] Die Mutter wiederum wusste sich in ihrer Zustimmung mit dem verstorbenen Vater einig: „Das eben Herr Henschel ein freier Mann ist, würde besonders dem lieben Vater gefallen haben, er ist vom regierenden Herrn nicht abhängig – hat auf zwei Jahr schon viel Bestellung, auch nach England.“[56] Wenn Sophie zur Verlobung aus ihrer Familie zu hören bekam: „Ja, nun, ich muß gestehen, Du hast als kleines Mädchen schon immer mit viel Überlegung gehandelt“[57], dann kann mit Fug und Recht davon ausgegangen werden, dass sie mit der Wahl dieses Industriellen vollkommen im Einklang mit dem Selbstverständnis ihrer Familie war.

Sophie wurde am 11. November 1841 auf der Domäne Rothenhof bei Minden geboren. Ihre Eltern waren Clemens Theodor Caesar (1796-1851) und Auguste Caesar geb. Schindler (1800-1867). Die Caesars waren eine alte bürgerliche Familie, deren Stammbaum sich bis ins späte Mittelalter zurückverfolgen lässt. Unter den männlichen Ahnen finden sich mehrere Prediger und Schultheiße, die weiblichen stammten häufig aus Kaufmannsfamilien. Ein Teil der Familie lebte in Neuwied und stand als höhere Beamte in den Diensten der Grafen von Neuwied. Ein Urgroßvater Sophies trat zunächst als Weinküfer in die Hofkellerei des Grafen, eröffnete später dann eine eigene, gut gehende Weinhandlung in Bremen. Als Kaufleute legten die Ahnen hier das Fundament für eine wohlhabende Familie, als die die Caesars ab Mitte des 18. Jahrhunderts gelten können. Vom Großvater Friedrich Wilhelm Caesar (1766-1819) wird umfangreiches ehrenamtliches, soziales Engagement für Waisenhäusern und Schulen in Bremen überliefert. Die Großmutter, Catharina Luise geb. von Lengercke (1774-1832), nahm Sophies Vater für die Erziehung seiner Kinder das Versprechen ab: „1. auf die Gesundheit unserer Kinder alle Sorgfalt zu verwenden. 2. Sie in einer sie heiligenden religiösen Gesinnung zu erziehen. 3. Sie vor einem verderblichen Luxus zu bewahren.“ Und Sophies Vater Clemens Theodor Caesar gestand: „Ich bin durchdrungen von der Richtigkeit dieser Vorschriften.“[58]

Sophies Vater, das einzige Kind seiner Eltern, musisch begabt und interessiert, wählte zunächst den Kaufmannsberuf, gab dann aber seiner großen Neigung zur Landwirtschaft nach und wurde Landwirt. Bevor er seinen Plan verwirklichte, ein Gut anzukaufen, beschloss er, zunächst für zwei Jahre eine Kunstreise nach Florenz, Rom, Neapel, Lausanne und zuletzt Paris zu unternehmen. Die Mutter Sophies, Auguste Schindler, hatte er zuvor in ihrem sehr gastfreundlich geschilderten Elternhaus kennen gelernt und sich mit ihr verlobt. Deren Vater, Franz Carl Schindler, war hessischer Beamter auf der Schaumburg bei Rinteln, später Deutschordensrat in Marburg a. d. Lahn. Nach seiner Rückkehr kaufte der Vater Sophies im Herbst 1823 die preußische Domäne Rothenhof, die nahe der Porta Westfalica an der Weser gelegen war, und heiratete Auguste. Das junge Paar zog im Juni 1824 auf das Gut, das in der Vergangenheit von Pächtern bewirtschaftet worden und wohl sehr renovierungsbedürftig war.

Durch den Kauf einer preußischen Domäne hatten sich die Eltern Sophies für Preußen entschieden. Wie weit die Identifikation ging, wird deutlich, wenn selbst Sophie später, noch in kurhessischen Zeiten, von sich als „Preußin“ sprach. Über die Jahrzehnte knüpfte die Familie hauptsächlich in der preußischen Provinz Westfalen, aber auch in anderen preußischen Territorien enge Kontakte und schloss Freundschaften. Dieses Netzwerk der Familie Caesar, das auch in bedeutende Bankkreise und politische Bereiche reichte, und die Sympathie für Preußen sollte nicht nur Oskar Henschel wichtige Geschäftsbeziehungen eröffnen, sondern generell Sophie Henschel eine zentrale Mittlerrolle beim Übergang Kurhessens in die preußische Provinz Hessen-Nassau zuweisen.

Das Anlegen eines Buches durch Sophie Henschel, das Niederschriften aus der Familie Caesar enthält, lässt erkennen, dass sie die Überlieferung familiärer Lebenseinstellungen und Erfahrungen ehrte und sich selbst in eine kontinuierliche Familientradition gestellt sah. Die Aufzeichnungen zeichnen das kulturelle Profil einer bürgerlichen Familie und stellen den Versuch dar, eine familiäre Identität zu stiften. Als Kaufleute mehrerer Generationen legten die Caesars hier ein Bekenntnis zu einer Lebens- und Geschäftsmoral ab, die aus Bürgersinn erwuchs. Das implizierte die Bejahung ökonomischen Gewinnstrebens, die selbstbewusste Demonstration von Selbstständigkeit anstelle beamtentypischer Abhängigkeit und die Verpflichtung zum Dienst an der Menschheit und der Gesellschaft. Selbstverständlich gehörten hierzu auch das Ethos von Arbeit und Leistung, Fleiß und vernünftiger Aktivität wie auch die Absage an ein luxuriöses Leben. Die vermögende Familie legte in ihren biographischen Notizen, die von männlichen Familienmitgliedern verfasst wurden, eine Verpflichtung zur Wohltätigkeit, Sparsamkeit, Bescheidenheit und Einfachheit ab. Der Charakterisierung der Frauen, insbesondere der Beschreibung ihrer Tugenden, wurde dabei große Beachtung geschenkt. Sophie fand bei ihren Vorfahren Frauen, die als „humane Christinnen“ tätig wurden und deren Anteilnahme an den geschäftlichen Dingen ihrer Ehemänner zugleich gerühmt wurde.

Das bürgerliche Standesbewusstsein ihres Vaters manifestierte sich am eindeutigsten in seiner Ablehnung einer Nobilitierung durch Erhebung in den Adelsstand. Der Oberpräsident der preußischen Provinz Westfalen, Freiherr Ludwig von Vincke (1744-1844), mit dem er hauptsächlich im Rahmen des landwirtschaftlichen Vereinswesens der Provinz häufig zusammentraf, hatte ihn 1840 schriftlich davon benachrichtigt, dass er dem preußischen König Friedrich Wilhelm IV. vorschlagen wolle, ihm den Adel zu verleihen. Clemens Theodor Caesars lehnte jedoch ab: „Indeß finde ich es sowohl für mich, als für meine Kinder passender, ferner dem Bürgerlichen Stande angehörig zu bleiben ...“[59] Sophie Henschel sollte sich noch 60 Jahre später dieser Tradition verpflichtet fühlen. Dem Adelstitel zog Caesar die Aufnahme der Domäne und damit auch des bürgerlichen Besitzers in die Ritterschaftsmatrikel vor. Dieser Wunsch folgte dem Interesse, die privilegierten, herrschaftlichen Rechte, die noch den Rittergütern zugestanden waren, sowie die Zulassung zu einer ständischen Wahl und damit eine politische Vertretung zu erlangen. Allerdings hatten auf dem vorherigen Landtag die Stände der Ritterschaft dieses Ansinnen mit einer kleinen Majorität abgelehnt. Da aber die Entscheidung dem Gesetz nach dem König oblag, bat Caesar den Oberpräsidenten, diesem seine Bitte vorzutragen und sie zu befurworten. Zwei Jahre später wurde Rothenhof in die Ritterschaftsmatrikel eingetragen. Es folgte die Verleihung des Titels „Amtsrath“. Im Jahr 1850 wurde er vom Kreis als Vertreter in den preußischen Landtag[60] in Berlin gewählt, wo er sich bis zum Februar 1851 auch aufhielt. Caesar schloss sich hier der „Fraction Vincke“[61], also den Altliberalen an, die unter der Führung von Freiherr Georg von Vincke (1811-1875), dem ältesten Sohn des der Familie Caesar gut bekannten Oberpräsidenten der Provinz Westfalen,

5
Die Eltern Sophies: Auguste Caesar, geb. Schindler und Clemens Theodor Caesar

stand. Diese Fraktion vertrat einen gemäßigten konstitutionellen Liberalismus.

Es wird weiter berichtet, dass Sophies Vater auf Gut Rothenhof großen Wert darauf legte, einen „tüchtigen Arbeiterstamm“[62] heranzuziehen und deren Lage beständig zu verbessern. Er habe im Dorf freundliche Wohnungen gebaut, die er zu billiger Miete überlassen hätte. Es heißt, er sei der gütige, wohlwollende „Herr“ gewesen, der allen mit Rat und Tat zur Seite gestanden habe. Der „Herr“ habe in der Weihnachtswoche immer eine größere Zahl Kinder des Dorfes versammelt: Sie „saßen dann um den großen Tisch im Eßzimmer u. er examinierte sie, u. theilte Bibeln, Gesangbücher u. Geldgeschenke unter sie auf.“[63] Seine Auffassungen und Maßnahmen erinnern an die Idee des alten ‚oikos', des ‚ganzen Hauses', in dem die Hausväter in paternalistischer Manier eine umfassende Fürsorgepflicht übernahmen. Auch wenn sich Sophie durch ihre Ehe 1862 einem industriellen Betrieb gegenüber sah, der nicht mehr der Situation und Wirtschaft des ‚oikos' entsprach und in dem andere Sozialmaßnahmen notwendig waren, so bleibt dennoch festzuhalten, dass Sophie in einem Klima aufwuchs, dem weder unternehmerischer Geist noch Verantwortung für das Wohl und Wehe der Beschäftigten fern lag.

Die Freude an einem wirtschaftlich tätigen Familienunternehmen scheint durch, wenn von der großen Freude der Eltern berichtet wird, als der älteste Sohn Wilhelm als Verwalter auf dem Gut eintrat und „so recht patriarchalisch en famille gewirtschaftet werden konnte.“[64] Der Vater pflegte eine ausgedehnte Korrespondenz und „ermunternd – ermahnend – belehrend – anregend – wirkte er auch brieflich unermüdlich auf jedes seiner abwesenden Kinder in herzlichster Weise ein“. Es ist anzunehmen, dass auch der „kleinen Sophie“, „dem Sonnenschein des Hauses“, mit „ihrem fröhlichen u. lebhaften Wesen“ eine entsprechende Belehrung zu Teil wurde. In den Briefen des Vaters an seine Töchter formulierte er sein Frauenbild, das hohe Ansprüche an die Frauen beinhaltete. Er war der Überzeugung, dass „ein vortreffliches Frauenzimmer ein liebenswürdigeres und besseres Wesen ist als es vortreffliche Männer sind.“ Er gestand aber zu, dass Frauen nicht als solche Vollkommene auf die Welt kämen, sondern sich in dieser Richtung ein Leben lang bilden müssten. Ihre „wahre Humanität“ könnten sie zeigen, in dem sie „die Schwächen anderer liebreich zu tragen lernen“. Er hielt Milde, Klugheit, zarte Rücksicht und Aufmerksamkeit für bedeutende weibliche Tugenden, gesellte ihnen aber „verständige Thätigkeit“ und „belebende Bildung“ gleichrangig zur Seite. Im Rahmen seines Plädoyers für Individualität und Selbstverantwortung galt seiner Meinung nach auch für die Frauen: „... jeder muß selbst der Meister sein“.[65]

Den Geschwistern wurde eine Aussage des Vaters zum Vermächtnis, die er in einem Brief an den Sohn Theodor, der Erbe von Rothenhof werden sollte, niedergeschrieben hatte. Der Brief, der schon 1845 geschrieben worden war, wurde diesem bei der Testamentseröffnung im September 1851 ausgehändigt: „Aufwand zu treiben, um es darin etwa Anderen gleich, oder zuvor zu thun, – ist stets verderblich; sondern lebe anständig – aber immer verständig, dann wirst Du auch Deine milde Hand gegen Unglückliche öffnen können, was Dir mehr Befriedigung verschaffen wird, als der Luxus."[66]

Sophie Caesar wurde wie alle ihre Geschwister im jüngeren Alter von Hauslehrern und Erzieherinnen unterrichtet. Sie besuchte aber anschließend nicht wie diese Schulen in Minden und Bremen, sondern wurde im Alter von 13½ Jahren in den Haushalt des Kurators der Sachsen-Ernestinischen Gesamtuniversität Jena, Moritz Seebeck (1805-1884) und seiner Frau Ida geborene von Krauseneck, in Pension gegeben.[67] Sophie, die später ihren anderthalb Jahre dauernden Aufenthalt in der Familie Seebeck als äußerst anregend und sie prägend einschätzte, kam hier in eine liberal gesinnte Professorenfamilie mit einem regen geselligen Leben im akademischen Umfeld. Viele Jahre stand sie in Verbindung mit Familie Seebeck. Sophie Henschel verfügte über Englisch- und Französischkenntnisse, bedauerte aber später, dass sie keine gründliche und systematische Schulausbildung genossen habe. Vor allem in ihren ersten Ehejahren nutzte sie jede Gelegenheit, sich durch Vorträge und durch eigenes literarisches Studium weiterzubilden. In dieser Hinsicht profitierte sie insbesondere von den in ihrem Haus regelmäßig stattfindenden Leseabenden. Hier wurden Lesungen veranstaltet, kunsthistorische, aber auch naturwissenschaftliche, technische und astronomische Themen erörtert, die sie zum Teil anschließend intensiv nachbearbeitete.

Von entscheidender Bedeutung für ihre Ehe sollte werden, dass Sophie Caesar schon als Kind Eduard von Moeller (1814-1880) sehr gut kannte, der nach dem Krieg 1866 von Preußen zunächst zum Zivilkommissar von Kurhessen, anschließend zum ersten Oberpräsidenten der Provinz Hessen-Nassau ernannt wurde. Die Familie Caesar war mit der Familie von Moeller befreundet. Der Vater Eduard von Moellers und einer seiner Brüder waren bekannte Ärzte in Minden und Oeynhausen, die viele Jahre auch die Familie Caesar auf Rothenhof medizinisch betreuten. Einer der ersten Besuche Eduard von Moellers als Zivilkommissar in Kassel galt daher auch der Familie Henschel. Besonders vorteilhaft war außerdem, dass er von 1844 bis 1848 zunächst als Staatskommissar bei der Köln-Mindener Eisenbahndirektion tätig gewesen war und anschließend den einflussreichen Posten eines Königlichen Eisenbahnkommissars für die Rheinprovinz und Westfalen innegehabt hatte. Er kannte demnach das Eisenbahnmetier sehr gut und war schon in kurhessischer Zeit Anfang der 1860er Jahre wegen des Eisenbahnbaus in Verhandlung mit Behörden und Privatpersonen in Kassel getreten. Übereinstimmung bestand zudem in politischer Hinsicht: Auch Eduard von Moeller galt als Liberaler. Es sollte nicht lange dauern, bis Oskar Henschel in diesen familiär-freundschaftlichen Kreis aufgenommen war. Der Oberpräsident redete ihn in seinen Briefen als „Lieber Freund" an. So ist es nicht verwunderlich, dass Eduard von Moeller in seinen Kasseler Jahren zum engsten Bekanntenkreis der Henschels gehören sollte. Da von Moeller in Kassel und der neuen Provinz sehr schnell hohe Anerkennung fand – das Kasseler Parlament verlieh ihm schon 1866 die Ehrenbürgerwürde, und es entstand das Bon-

6

Auf der Domäne Rothenhof bei Minden wird Sophie Caesar 1841 geboren.

mot: „Wir sind noch nicht gut preußisch, aber wir sind gut Moellerisch" –, wurde er 1871 auf den schwierigen Posten eines Oberpräsidenten der von Frankreich eroberten Provinzen Elsass und Lothringen berufen. Diesen Posten hatte er bis 1879 inne. Auf Einladung des Kasseler Stadtrats kehrte er anschließend nach Kassel zurück, wo er am 2. November 1880 starb. Zwischen ihm und Sophie Henschel entstand im Laufe von 15 Jahren ein umfangreicher, vertraulicher Briefwechsel.[68]

7
Geprägtes Wappen auf dem Briefpapier der Mutter Sophies, Auguste Caesar

Auch die enge Bekanntschaft der Familie Caesar mit der Familie des einflussreichen und angesehenen Bankiers Wilhelm Ludwig Deichmann aus Köln sollte den Geschäften der Firma Henschel zugute kommen und war somit Bestandteil der ‚Aussteuer' Sophies. Deichmann gehörte zu den Privatbankiers, die zu den Trägern der Industrialisierung zu zählen sind, die im 19. Jahrhundert mit großen Kapitalien, Unternehmergeist, aber auch Fortune den Wandel Deutschlands vom Agrar- zum Industriestaat finanzierten. In seiner Antwort auf die ihm zugegangene Verlobungsanzeige Sophies hatte Bankier Deichmann geschrieben, er hoffe, dass die Hochzeitsreise bei ihnen vorbeiführe. Das Ergebnis des ersten Kontakts zwischen Oskar Henschel und Wilhelm Ludwig Deichmann war, dass dieser ihm einen unbeschränkten Kredit seines Bankhauses anbot: „Der Credit kam Oscar damals sehr zu Statten u. für Deichmann's war diese Geschäftsverbindung auch nur angenehm."[69] In den folgenden Jahren entwickelte sich nicht ein Kasseler, sondern mit Deichmann ein Bankierhaus aus Köln zur Hausbank der Firma Henschel. Mehrmals nahm Oskar

Henschel bei ihr in den nächsten Jahren hohe Kredite von je einer halben Million Taler[70] auf.

Mit Sophie Caesar hatte sich der 25-jährige Fabrikbesitzer Oskar Henschel eine Braut mit respektablem Familienhintergrund ausgesucht. Die Caesars waren eine preußisch und liberal gesinnte Familie des Bürgertums, die mit Stolz auf ihren Stand und ihre Tradition sah. Sophie brachte in ihre Ehe Vermögen, mit ihren Beziehungen und ihrem Horizont aber auch reichlich soziales und kulturelles Kapital ein.

Ein Jahr vor seiner Verlobung, am 22. November 1860, war Oskar Henschel alleiniger Eigentümer der Firma Henschel & Sohn geworden. Dies wurde möglich auf der Grundlage eines Erbteilungsvertrages, den er mit seiner Mutter und seinen beiden Schwestern abgeschlossen hatte. Sein am 23. März im Alter von 49 Jahren überraschend gestorbener Vater Karl hatte in seinem schon im Jahr 1846 abgefassten Testament seine drei Kinder zu gleichen Teilen zu seinen Erben eingesetzt. Dessen ungeachtet war Oskar als einziger Sohn schon seit Jahren als Firmennachfolger ausgebildet worden. Da die Nachlassenschaft hauptsächlich aus den zur Fabrik gehörigen Wohn- und Fabrikgebäuden, Maschinen, Werkzeugen und Ausständen bestand, hatte der Erbteilungsvertrag festgesetzt, dass die Fabrik auf den volljährigen Oskar übertragen und die Schwestern ihr Erbteil in Kapital und Renten erhalten sollten. Ganz untypisch war es nicht, dass ein so junger Mann die Fabrikleitung übernahm. In der Zeit der frühen Industrialisierung kam diese Situation öfter vor, wie dies auch das Beispiel der Familie Krupp belegt. Meist konnten sich die jungen Unternehmer auf einen Familienverband und väterliche Berater stützen, die der Familie freundschaftlich verbunden waren.

Schon am 1. Juli 1859, ein Jahr vor dem Tod seines Vaters, war Oskar Henschel als Teilhaber in die Maschinenfabrik eingetreten.[71] Als er die Leitung der Fabrik übernehmen musste, konnte er auf eine Familientradition zurückblicken, die sich seit mehr als 250 Jahren im Gießerhandwerk und in der Metallbearbeitung auszeichnete.[72] Zum offiziellen Gründungsjahr einer Fabrik, die 1830 den Namen Henschel & Sohn annahm, wurde das Jahr 1810. Wegen Meinungsunterschieden in der Preisfestsetzung für Kanonen hatte der französische Kommandant von Kassel, General Alix, Georg Christian Karl Henschel (1759-1835) als staatlichen Stückgießer des Königreichs Westfalen entlassen und die Räumung des Gießhauses verlangt. Dieser hatte daraufhin seine Werkstatt in das Nebenhaus verlagert und damit den Grundstein für ein selbstständiges, vom Staat unabhängiges Unternehmen gelegt.

Oskar Henschel übernahm 1860 eine Firma, die sich in der Phase von der Vor- zur Frühindustrialisierung von einem Handwerksbetrieb zu einem mittelgroßen Unternehmen mit 350 Mitarbeitern entwickelt hatte. Entstanden aus einer Stückgießerei hatte es sich seit Jahrzehnten stärker dem Maschinenbau gewidmet. Es gab kaum einen technischen Bereich, dem sich die Firma nicht zugewandt hatte, und auch kaum ein technisches Produkt, das von ihr nicht hergestellt wurde. Zu den innovativsten Betätigungsfeldern

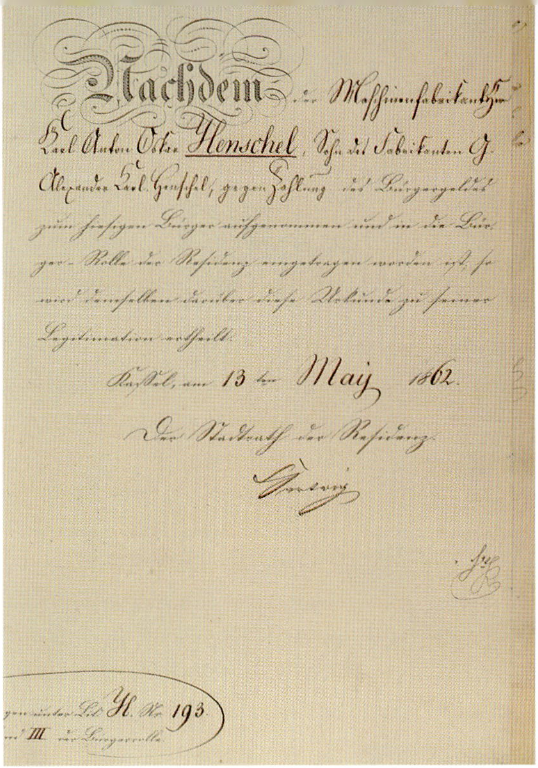

8

EINTRAG OSKAR HENSCHELS ALS BÜRGER IN DIE BÜRGERROLLE DER STADT

TEXT:
NACHDEM DER MASCHINENFABRIKANT HERR KARL ANTON OSKAR HENSCHEL, SOHN DES FABRIKANTEN G. ALEXANDER KARL HENSCHEL, GEGEN ZAHLUNG DES BÜRGERGELDES ZUM HIESIGEN BÜRGER AUFGENOMMEN UND IN DIE BÜRGER-ROLLE DER RESIDENZ EINGETRAGEN WORDEN IST, SO WIRD DEMSELBEN DARÜBER DIESE URKUNDE ZU SEINER LEGITIMATION ERTHEILT.

KASSEL, AM 13TEN MAY 1862.

DER STADTRATH DER RESIDENZ.
HARTWIG

EINGETRAGEN UNTER LIT. H. NR. 193. BAND III DER BÜRGERROLLE.

sollte die Realisierung und Fortentwicklung von Dampfmaschinen im Verkehrswesen – für den Schiffs- und den Schienenverkehr – werden. Am 22. August 1843 wurde das erste Henschel-Dampfschiff, die ‚Eduard', für den Schiffsverkehr auf der Fulda und der Weser dem Verkehr übergeben. Weitere Schiffsbauten folgten. Und seit 15 Jahren war die Firma auch im Lokomotivbau tätig: Am 29. Juli 1848 wurde die erste Lokomotive, der ‚Drache', für die kurhessische Friedrich-Wilhelms-Nordbahn, die von Gerstungen über Kassel nach Karlshafen führte und die thüringische an die westfälische Bahn anschloss, geliefert. In diesen 15 Jahren waren 45 Lokomotiven hergestellt, 1858 die ersten in die Niederlande exportiert worden.

Der Vater Oskars hatte sich zunächst als Teilhaber, ab 1845 als Leiter, um die Ausweitung der Absatzgebiete und die Gewinnung neuer Zweige der Fabrikation zu kümmern gehabt. Der Markt in Kurhessen war für einen frühindustriellen Maschinenbaubetrieb zu klein, außerdem war der Kleinstaat wirtschaftlich schwach und in jeder Beziehung konservativ geprägt. Die Schwäche der Regierung, die insbesondere auch Strukturveränderungen zur Entfaltung der Industrie verzögert oder verboten hatte, hatte auch verhindert, dass die Firma Henschel aus dem Umstand, dass Kurhessen seit 1832 dem Preußischen Zollverein angehörte, ausreichend Vorteile hätte ziehen können. Noch immer überlagerte politischer Partikularismus eine offene Wettbewerbssituation der Unternehmen. Auch wenn sich bei Henschel der Lokomotivbau in den fünfziger Jahren allmählich zum Schwerpunkt entwickelt hatte, wurde die Herstellung von Mühleneinrichtungen und Eisenkonstruktionen aufgenommen und die Produktion von Maschinen für den Bergbau intensiviert.

Mit dem wohl verlangsamten, aber dennoch kontinuierlich zunehmenden Fabrikausbau war es notwendig geworden, die Arbeitsabläufe und die Geschäftsführung zu ordnen. Karl Henschel hatte sich der Betriebsorganisation zuwenden müssen und begonnen, präzise Zeitpläne einzuführen und eine planmäßige Kooperation aller Werkstätten organisiert. Zu seinen größten Problemen hatte allerdings gehört, dass er dringend Kredite für die umfangreiche Produktion, die in großem Umfang vorfinanziert werden musste, und auch für den weiteren Ausbau der Fabrik benötigte. Schon 1847 hatte er sich an das Ritterschaftliche Stift Oberkaufungen wegen eines Kapitals von 30.000 Talern gewendet. Dieser und andere Versuche waren aber gescheitert. Auch ein Vorstoß zwischen 1856 und 1858, die Firma in Zusammenarbeit mit der Frankfurter Bank Erlanger in eine Aktiengesellschaft umzuwandeln und hierfür die kurfürstliche Genehmigung zu erhalten, war trotz hartnäckig wiederholter Eingaben durch die Weigerung des Kurfürsten ebenfalls misslungen. Immer wieder musste die Firma Aufträge ablehnen oder wegen Terminüberschreitungen Konventionalstrafen hinnehmen, weil sie nicht die ausreichende Kapazität – sowohl an Arbeitskräften wie an Ausstattung – besaß.

Oskar Henschel war auf seine Aufgabe gut vorbereitet worden: durch einen wohldurchdachten und differenzierten Schul- und Privatunterricht, der auch Singen, Zeichnen und Englisch umfasst hatte, durch die ‚Kinderlehre' im Betrieb, anschließend dann durch praktische Unterweisung und Mitarbeit in allen Abteilungen des elterlichen Betriebs und schließlich durch ein viersemestriges Studium auf dem besonders für den Maschinenbau berühmten Karlsruher Polytechnikum. Noch während seiner Studien in Karlsruhe wurde er in Briefen, die er mit seinem Vater und seinem Großvater wechselte, über die Sachlage und die Probleme der Firma auf dem Laufenden gehalten. Als er durch den Tod seines Vaters 1860 allein verantwortlich wurde, entschied er sich, die Firma zu erweitern, sie aber auch wirksamer zu spezialisieren. Dabei wollte er einige Zweige des Maschinenbaus beibehalten, am stärksten auf den Lokomotivbau setzen und dafür den traditionellen Glocken- und Geschützguss allmählich einstellen. Denn trotz der schwerwiegenden Verschleppungen, die die kurhessische Eisenbahnpolitik seit Jahrzehnten auszeichnete, setzte er darauf, dass die Zukunft der Industrie auf dem Eisenbahnwesen gründen werde.

Als vorzüglich ausgebildeter Konstrukteur, Kaufmann und industrieller Unternehmer musste ihm klar sein, dass Deutschland in die Phase der Hochindustrialisierung eingetreten und die in den 1830er und 40er Jahren begonnene Eisenbahnrevolution noch längst nicht zu Ende war. Immerhin war das Schienennetz im Laufe von wenigen Jahren auf viele Tausend Kilometer angewachsen. Die Firma Henschel war bisher eine der jüngsten und kleinsten im Reigen der Lokomotivbaufirmen. Die Spitzenpositionen nahmen Borsig in Berlin, Hartmann in Chemnitz, Maffei in München und Kessler in Esslingen ein. Mitte der 1860er Jahre, als die Firma Henschel die Produktion der hundertsten Lokomotive erreichte, hatte die Firma Borsig schon die 2.000ste Maschine gebaut. Wenn die Firma Henschel aufholen und mithalten wollte, musste sie wie alle anderen auch expandieren, und hierzu benötigte man Kapital, Raum für die Ausweitung der Fabrikanlagen und gut ausgebildete Arbeitskräfte. Von immenser Bedeutung für die Zukunft waren die Beziehungen zum preußischen Staat, der nicht nur der größte und verkehrsreichste deutsche Staat war, sondern insbesondere als aktiver Förderer des Eisenbahnwesens und in diesem Bereich auch als Unternehmer auftrat. Es ist davon auszugehen, dass Oskar Henschel in seinen Absichten von Bankier Deichmann, den er mit Sophie auf der geschäftlichen ‚Hochzeitsreise' besuchte, bestärkt wurde. Deichmann besaß vorzügliche Kontakte zum rheinländisch-westfälischen Wirtschaftsraum und zur Eisen- und Stahlindustrie. Nicht ungünstig dürfte gewesen sein, dass seiner prachtvollen Villa in Mehlem bei Bonn gegenüber der Direktor der Rheinischen Bahn wohnte, den Sophie und Oskar Henschel bei einer Einladung kennen lernten. Zumindest konnte Oskar mit Hilfe des Bankiers eine der wesentlichsten und aktuellsten Bedürfnisse seiner Geschäftspolitik erfüllen.

Beginn einer kongenialen Partnerschaft: statt eines Brautschmuckes ein Fest der Firma

Bevor Oskar Henschel und Sophie Caesar heiraten konnten, mussten eine Reihe von Formalitäten erledigt werden. Zunächst musste sich Oskar Henschel gegen Zahlung des Bürgergeldes in die Bürgerrolle der Stadt eintragen und als ‚Ortsbürger' registrieren lassen. Damit erwirkte er auch das Recht zur Mitwirkung bei den öffentlichen Angelegenheiten: Er besaß nun das aktive und passive Wahlrecht. Nachzuweisen hatte er seine Befreiung von der Militärdienstpflicht und auch seine Erwerbsfähigkeit, die ihm der Oberbürgermeister Heinrich Wilhelm Hartwig[73] bestätigte. Zu zahlen waren das ‚Einzugsgeld' von 21 Reichstalern für die Braut und eine Trauungssteuer. Nicht zuletzt musste vom Stadtkämmerer quittiert werden, dass er alle städtischen Abgaben geleistet hatte.

Außerdem war die schriftliche Einwilligung sowohl der Mütter wie auch der Vormünder einzuholen. Deren Zustimmung erfolgte jedoch nur unter dem Vorbehalt, dass die Eheleute eine ‚Gütergemeinschaft' ausschlossen. Der Stolz einer finanziell gutgestellten Familie und der Wunsch, alle Familienmitglieder dauerhaft zu versorgen, führte im 19. Jahrhundert nicht selten dazu, dass den Töchtern im Falle einer Heirat durch einen entsprechenden Ehevertrag die alleinige Verfügung über ihr in die Ehe eingebrachtes Eigentum und Vermögen gesichert wurde. Auf diese Weise konnte die allgemeine Gütergemeinschaft der Eheleute ausgeschlossen werden, bei der das Gesamtgut immer in der Verwaltung und Nutznießung des Mannes stand. Auch Vater Caesar beabsichtigte diese Sicherstellung und hatte in seinem Testament seinen Töchtern empfohlen, „daß sie bei ihrer etwaigen Verheirathung sich das Eigenthum u. die unbeschränkte Disposition über ihr eingebrachtes Vermögen vorbehalten und hierüber in gehöriger Form einen Vertrag machen." Für einen Teil des Vermögens forderte er dagegen unbedingt den Ausschluss einer Gütergemeinschaft zwischen den Töchtern und ihren Ehegatten in spe: „In Beziehung auf denjenigen Theil meines Nachlasses über welchen ich frei verfügen kann, bestimme ich aber hiermit, daß dieser jedenfalls gänzlich von einer Gütergemeinschaft ausgeschlossen werden u. ihnen auch stets die Verwaltung dieses reservierten Vermögens mit Ausschluß ihrer Ehegatten zustehen soll, selbst wenn sie es etwa anfänglich vorziehen möchten demselben diese Verwaltung zu überlassen."[74] Sophie Caesar und Oskar Henschel unterzeichneten vor dem Stadtgericht eine entsprechende Erklärung, dass sie jede Art ehelicher Gütergemeinschaft ausschlössen. Dies wurde anschließend auch in Kasseler Zeitungen veröffentlicht.

Am 24. Mai 1862 zeigten die Verlobten auf dem Stadtgericht ihr „Eheverlöbnis" an, das ihnen der Stadtgerichts-Rath Gunckel nach Vorlage aller erforderlichen Unterlagen abnahm. Das Eheprotokoll wurde vier Tage später durch den ersten Pfarrer an der evangelischen Lutherkirche, Pfarrer Louis Jatho, kirchlich bestätigt.

Der Bräutigam hatte die Braut gefragt, ob sie lieber einen Brautschmuck geschenkt haben wolle oder ob er seinen Arbeitern ein Fest geben solle: „Natürlich bat ich letzteres zu tun."[75] Da während der Verlobungszeit Sophies Bruder Wilhelm und Oskars Großmutter Elisabeth Schmidt gestorben waren, wurde die Hochzeit im engsten Familienkreis am 22. Juni 1862 vollzogen. Die Trauung fand in der Wohnung von Mutter Caesar statt. Getraut wurden die beiden von Pfarrer Louis Jatho, einem Freund der Familie Henschel. Am Abend zuvor hatten die Mitarbeiter einen Fackelzug zum Wohnhaus Henschel am Eingang des Fabrikgeländes, wo die privaten Hochzeitsgäste versammelt waren, veranstaltet, der von den Technikern der Firma „auf das Sorgfältigste vorbereitet" war. Das Transparent „Vivat Oskar und Sophie Henschel, den 22. Juni 1862" war umgeben von drei Fahnen in den hessischen und den Stadtfarben. 60 Sänger des Arbeiterbildungsvereins und ein Musikcorps bildeten die Spitze des Fackelzuges, dahinter liefen die Beamten und ihnen folgten die Arbeiter in den Abteilungen ihrer Gewerke: Modellschreiner, Gießer, Former, Schmiede, Kesselschmiede, Dreher, Schlosser, Lokomotivarbeiter und Monteure. Unter den Transparenten, die die Insignien der einzelnen Gewerke zeigten, wurden zwei der erfolgreichsten Produkte der Firma vorgeführt: die Lokomotive Nummer 79 und die Glocke Nummer 218. In der Mitte des Zuges trugen vier Männer auf einer mit Schärpen und Girlanden geschmückten Trage die Modelle zweier Dampfmaschinen. Der Berichterstatter der Zeitung kam zu dem Schluss: „Unstrittig gehörte dieser Fackelzug zu einem der schönsten, den Kassel je sah, ausgezeichnet durch überraschende Ordnung und geschmackvolles Arrangement."[76]

Die 20-jährige Sophie Caesar war sich fraglos bewusst, dass sie zu einer Ehe mit einem Unternehmer Ja sagte. Ihr Bund mit Oskar war zugleich ein Bund mit der Firma. Von Anbeginn ihrer Ehe an war die Firma ein Teil ihrer Familie. Es wurde hier eine von der Familie Henschel seit Jahren gepflegte Tradition aufgegriffen. Auch in Zukunft sollte die Belegschaft an allen familiären Ereignissen teilnehmen, seien es freudige wie Hochzeiten, Geburten, Geburtstage oder Silberne Hochzeiten, seien es traurige wie Todesfälle. In allen Fällen sollte sie mit Gratifikationen bedacht werden. Das Hochzeitsfest von Sophie und Oskar war eine private und zugleich eine Feier der Firma. Die Festlichkeiten präsentierten der Öffentlichkeit ein Familienunternehmen, in dem Harmonie und Treue zwischen Firmenbesitzer und Mitarbeiter bestand. Das Fest visualisierte die Vorstellung, dass der Betrieb ein eigenständiges Gemeinwesen, ein produzierender Personenverband war, der nur dann erfolgreich sein konnte, wenn alle, die ihm angehörten, fest zusammenhielten. Zu ihm gehörten nicht nur diejenigen, die in der Firma arbeiteten, sondern auch die Angehörigen, die Familien. Die Zugehörigkeit zu dieser Gemeinschaft basierte darauf, dass alle ihre Pflicht erfüllten und fleißig unter Einsatz aller Kräfte arbeiteten. Gemeinsame Geselligkeiten unterstrichen das Gelingen dieser Anschauung. So führten die Festlichkeiten einen großzügigen und wohlwollenden Prinzipal vor, aber auch den Stolz und die Identifikation der Henschelmitarbeiter mit ihrer Firma. Arbeitgeber und Arbeitnehmer demonstrierten, dass zwischen ihnen nicht nur ein Arbeitsvertrag ausgehandelt war, sondern vielmehr eine Art Arbeits- und Lebensgemeinschaft bestand, die zugleich eine Werte- und Überzeugungsgemeinschaft sein wollte. Der Firmenchef, der in jeder Hinsicht die rechtliche, finanzielle und arbeitsorganisatorische Verantwortung hatte, zeigte mit seiner Großzügigkeit, dass im Unternehmen

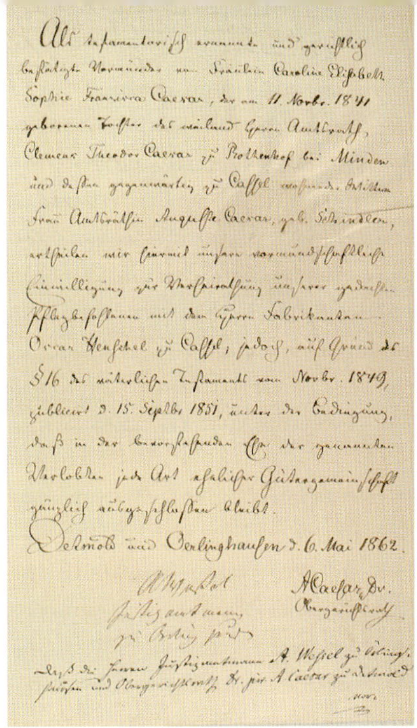

9

Zustimmung der Vormünder Justizamtmann A. Wessel aus Oerlinghausen und Obergerichtsrat Dr. jur. August Caesar aus Detmold zur Verheiratung Sophies.

Text:
Als testamentarisch ernannte und gerichtlich bestätigte Vormünder von Fräulein Caroline Elisabeth Sophie Franzisca Caesar, der am 11. November 1841 geborenen Tochter des weiland Herrn Amtsraths Clemens Theodor Caesar zu Rothenhof bei Minden und dessen gegenwärtig zu Cassel wohnenden Wittwe, Frau Amtsräthin Auguste Caesar, geb. Schindler, ertheilen wir hiermit unsere vormundschaftliche Einwilligung zur Verheirathung unserer gedachten Pflegbefohlenen mit dem Herrn Fabrikanten Oscar Henschel zu Cassel; jedoch auf Grund des § 16 des väterlichen Testaments vom Novbr. 1849, publicirt d. 15. Septbr. 1851, unter der Bedingung, daß in der bevorstehenden Ehe der genannten Verlobten jede Art ehelicher Gütergemeinschaft gänzlich ausgeschloßen bleibt.
Detmold und Oerlinghausen d. 6. Mai 1862.

eben nicht reine Gewinnsucht existierte, sondern eine fürsorgliche und wohlwollende Regie waltete, die nicht nur materielle, sondern auch immaterielle Zuwendungen bereithielt. Diese Anschauungen waren die Basis aller sozialen Sicherungsmaßnahmen des Betriebes, die zeitlich weit vor der staatlichen Sozialpolitik lagen und dann auch über eine lange Zeit ausgedehnter waren, als diese dann in den 1880er Jahren allmählich eingeführt wurde. Die Firma wurde beim Fest außerdem als städtische und als Landesinstitution platziert. Die Dekoration machte zudem deutlich, dass es auch als Manifestation eines aufstrebenden Gewerbes gedacht war, eines Gewerbes, das das Zeitalter der Industrialisierung und damit das 19. Jahrhundert mit seinen großen Transformationsprozessen der Wirtschafts- und Sozialstrukturen wie kein anderes prägen sollte: der Maschinenbau.

Am Morgen des Hochzeitstages besichtigten die Gäste die mit Blumen reich geschmückte Fabrik, bevor sie im Gasthaus ‚König von Preußen' zur Mittagstafel geladen waren. In jeder Beziehung wurde Wert auf Tradition gelegt: das Brautpaar wurde vom alten Kutscher Meyer gefahren, der schon beim Vater des Oberbergrates in Stellung gewesen war. Das Fest der Beamten und Arbeiter fand, wie schon bei der Goldenen Hochzeit von Carl Anton Henschel und Maria geb. Kröschel im August 1853, am Abend in den Sälen der Gastwirtschaft Bunter Bock auf dem Möncheberg statt. Dieses Mal war zusätzlich ein „colossales" Zelt von acht Zimmerleuten aufgeschlagenen worden, das durch 300 Lampen und 24 Kronleuchter taghell erleuchtet wurde. Das Festzelt war ausgestattet mit der Büste des Oberbergrats Henschel und Fotografien seiner Söhne und Enkel, aber auch mit den Namen der wichtigsten Erfinder auf dem Gebiet des Maschinenbaus und den bedeutendsten Maschinenfabriken Deutschlands. Dem Brautpaar wurden als Geschenk der Belegschaft zwei Marmorvasen und ein eiserner Blumentisch überreicht. Nach dem offiziellen Festessen mit zahlreichen Ansprachen kamen zum geselligen Teil die weiblichen Angehörigen dazu, und es wurde bis zum frühen Morgen gefeiert und getanzt. Am folgenden Tag war arbeitsfrei.

Das junge Paar zog in die erste Etage des Familienhauses Henschel ein. In der zweiten wohnte die Mutter, in der dritten die Schwester Bertha. Die Wohnung besaß elf Zimmer. Für den Haushalt stand ein Mädchen zur Verfügung. Der Kutscher, der auch für die Firma fuhr, wohnte bei ihnen und servierte zum Essen. Die großzügige Ausstattung des Haushaltes gehörte zur Aussteuer Sophies. Über die Aufwendungen hierfür hatte sie in einem Heft genau Buch geführt. Die Eintragungen begannen am 15. März und endeten am 17. November. Besorgt wurden Leinwand, Wäsche, Garderobe, Möbel, Kücheneinrichtungen, Porzellan, Kristall, Silberzeug, Betten. Auch Ausgaben für Porto und Trinkgelder waren aufgeführt. Insgesamt wurde die stattliche Summe von über 6.500 Taler ausgegeben. Als monatliches Haushaltsgeld erhielt Sophie von ihrem Mann 50 Taler, das sie nach ihren Aussagen nicht aufbrauchte. Sie griff in den ersten Jahren auf ihr eigenes Vermögen zurück, von dem ihr im Jahr zunächst 1.200 Taler zur Verfügung standen.[77] Vergleicht man diese Summe mit der Jahresrente von 200 Talern, die

Oskar Henschel seiner Schwester Bertha auszuzahlen hatte, so wird ersichtlich, dass Sophie eine nicht unbeträchtliche Summe einbrachte.

30 Jahre später bestätigte Oskar Henschel, dass das Vermögen seiner Frau, das dem jungen Hausstand zufloss, finanziell eine große Hilfe gewesen sei. Dies war ihm so wichtig, dass er dies im Testament erläuterte. Seine Erklärung unterstreicht nicht nur sein eigenes korrektes Verhalten, das das schwiegerväterliche Wollen ohne Wenn und Aber akzeptiert hatte, sondern beschreibt auch die angespannte Kapitalbasis der Firma, die jeden Taler zur Investition brauchte. Insbesondere ist diese Niederschrift aber ein Kompliment an seine Frau, eine Anerkennung für ihr vernünftiges Wirtschaften: „Ich der mittestierende Ehegatte habe mich stets aufs Allerstrengste nach dem Testament meines verstorbenen Schwiegervaters gerichtet, der bestimmt hatte, dass meine Frau mit ihrem künftigen Gatten in getrennter Gütergemeinschaft leben sollte. Zwei Jahre vor meiner Verheiratung übernahm ich noch nicht 23 Jahre alt, nach dem Tode meines geliebten Vaters, die Fabrik unter schwierigsten Verhältnissen. Es fehlte vor allem sehr am notwendigen Betriebskapital, ich musste die Fabrik hypothekarisch sehr stark belasten, mit grossen Sorgen kämpfen, fast allen Verdienst für unumgänglich notwendige Vergrösserungen verwenden, so dass wir unser Leben in höchst bescheidener Weise einrichten mussten; aber meine Frau hat stets ganz frei über Kapital und Zinsen ihres Vermögens verfügen können. Abgesehen von dem mir stets heilig gehaltenen Willen meines Schwiegervaters, würde es mit meinem Ehrgefühl vollkommen unvereinbar gewesen sein, sie darin im Geringsten zu beschränken. Dass der Segen des Himmels auf meiner Handlungsweise und meiner unermüdlichen Arbeit geruht hat, davon erhalten meine Kinder und deren Angehörige den Beweis, indem ich ihre Verhältnisse auf lange Zeit hinaus so sehr günstig gestalten kann. Gern und dankbar erkenne ich an, dass die stets in vernünftiger Weise verwendete Einnahme, welche meine Frau aus ihrem ererbten Vermögen hatte, viele Annehmlichkeiten für uns beide und unsere Kinder geschaffen, und wird sicher ein Gleiches bei unseren lieben Töchtern der Fall sein.“[78]

Diese Tradition des Ausschlusses der ehelichen Gütergemeinschaft forderten Sophie und Oskar Henschel später auch mehrfach auf das Ausdrücklichste für ihre eigenen Töchter: „Wir bemerken hierbei, daß diese beiden Töchter mit ihren Ehegatten auf Grund hier geltenden Rechts in völlig getrennten Güterverhältnissen leben und die bezeichneten Summen beziehungsweise die dafür beschafften Gegenstände unseren Töchtern als deren freies, von den Dispositionen ihres Ehegatten unabhängiges Eigenthum vorbehalten sind.“[79] Die Eltern gingen im späteren zweiten Teil des Testamentes so weit, dass diejenige Tochter, die der Anordnung der Gütertrennung zuwider handele, auf ihren Pflichtteil des Erbes beschränkt werden solle: „Zum Überfluß wiederholen wir hier, daß unsere drei verheiratheten Töchter mit ihren Ehegatten in völlig getrenntem Güterrecht leben, ihr gesammtes Vermögen ohne Ausnahme ihr freies, vorbehaltenes und ihrer ausschließlichen und unbeschränkten Verfügung unterworfenes Eigenthum

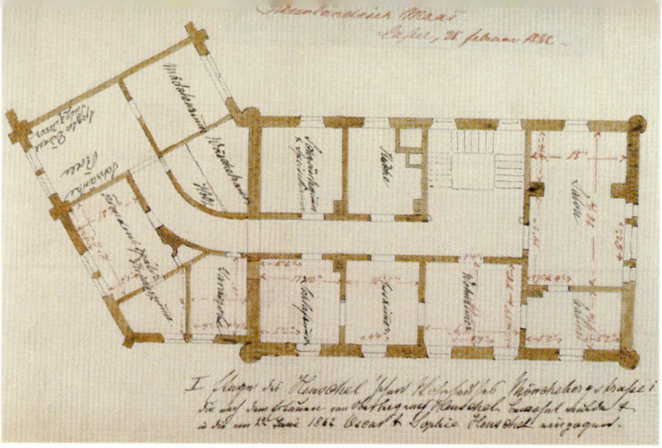

10

GRUNDRISS DER WOHNUNG IN DER ERSTEN ETAGE DES WOHNHAUSES DER FAMILIE HENSCHEL BEI DER FABRIK, MÖNCHEBERGSTR. 1, DAS VON OBERBERGRAT CARL ANTON HENSCHEL ERBAUT WORDEN WAR, IN DIE DAS JUNGE PAAR OSKAR UND SOPHIE HENSCHEL AM 22. JUNI 1862 EINZOG.

11

IM AUGUST 1865 WURDE IN DER FIRMA HENSCHEL & SOHN DIE 100STE LOKOMOTIVE FERTIGGESTELLT. DIE LOKOMOTIVE REPRÄSENTIERTE DAS BILD DER „NEUEN ZEIT“. SCHMUCKBLATT, DAS DIE ARBEITER IHREM JUNGEN CHEF OSKAR HENSCHEL AM 19. AUGUST 1865 WIDMETEN.

bildet und bestimmen, daß diejenige unserer Töchter die ganz wider unser Erwarten, sich entschlösse unsere wohlerwogenen Bestimmungen nicht heilig zu halten und ein anderes Güterrecht für ihre Ehe festzustellen oder ihrem Ehegatten selbstständige Rechte an ihrem Vermögen einzuräumen von der Beschränkung ihres Erbtheils nach dem vorstehenden Testament, auf den Pflichttheil betroffen werden soll, zu Gunsten ihrer Schwestern, die an unseren Bestimmungen festhalten und eventuell, falls alle Töchter entgegenhandeln sollten, zu Gunsten unseres Sohnes.“[80]

Für den Übergang in die Hochindustrialisierung brachte Oskar Henschel die richtigen Voraussetzungen und die notwendige Mentalität mit. Vorhanden waren von seinen Vorfahren gut angelegte Fabrikstrukturen. Er selbst verfügte über Talent und Ehrgeiz, war fleißig bis rastlos, zeichnete sich durch einen Sinn für Innovation und Risikobereitschaft aus. Er war gebildet, besaß eine akademisch-technische Qualifikation, und grundsätzlich konnte man erwarten, dass sein Weitblick zweckrationales kalkulierendes Handeln ermöglichen würde. Aber ein Erfolg war nicht von vornherein programmiert, ein Scheitern angesichts der risikobehafteten Strukturveränderungen durchaus im Bereich des Möglichen. Seine Frau Sophie trat ihm mit einer in vielen Punkten verwandten Mentalität als Vertraute und Gesprächspartnerin zur Seite.

Da Oskar Henschel in den ersten Jahren sehr häufig geschäftliche Reisen unternehmen musste – jahrelang war er wohl mehr als die Hälfte des Jahres unterwegs –, wechselten die Braut-

und dann Eheleute häufig Briefe, nicht selten mehrere am Tag. Gegenstand der Erörterungen in den Briefen waren natürlich familiäre, aber auch sehr oft Firmenangelegenheiten. Anhand der Korrespondenz ließen sich, so Wilhelm Treue, die weiträumigen Reisewege und der Verlauf von Gesprächen mit Geschäftspartnern oder auch potentiellen Kunden wie den zahlreichen privaten und staatlichen Eisenbahndirektionen nachvollziehen. Oskar berichtete seiner Frau von seinen Verhandlungen mit Ministern, Staatssekretären, mittleren und höheren Ministerialbeamten diverser Ministerien in verschiedenen deutschen Bundesstaaten sowie denen ausländischer Staaten. Sie tauschten sich über zugesprochene oder nicht erhaltene Aufträge aus. Sophie übernahm die Übermittlung von Nachrichten sowohl an Direktor August Schäffer, ein Jugendfreund Oskars und einer seiner wichtigsten Berater in der Fabrik, als auch an andere Mitarbeiter. Von ihr selbst erbat er sich detaillierte Informationen, „während umgekehrt Sophie ebenso häufig ihren Mann genauestens informierte, um seine Meinung und Anordnung bat, ihm Ratschläge erteilte – kurz, mit Ausnahme des unmittelbar Technischen, aufs eingehendste an der Leitung des Unternehmens beteiligt war“[81]. Einmal zu Hause, führte er ihr neuangeschaffte Maschinen vor. Sie interessierte sich „auf's Lebhafteste für die Henschel'sche [Fabrik, O. W.-H.] u. Alles was damit zusammenhing.“[82]

Die junge Ehefrau nutzte offensichtlich alle Möglichkeiten, die geschäftlichen Angelegenheiten genauestens kennen zu lernen. Eine Möglichkeit ergab sich durch das Studium der eingehenden Geschäftspost, die jeden Morgen und Nachmittag auf den Familienesstisch gelegt wurde. Sophie las und sortierte diese Schreiben und legte ihrem Mann stets die angenehmen Briefe oben auf und notierte: „Ich lernte dadurch die Geschäftsverbindungen kennen ...“[83] Oskar war ganz offensichtlich stolz darauf, dass seine Frau bestens über die geschäftlichen Angelegenheiten Bescheid wusste, auf diese Weise intensiv seine eigenen Interessen und geschäftlichen Überlegungen teilte und in der Lage war, mit ihm darüber Gespräche zu führen. Er liebte es, vor Gästen damit zu renommieren. Mit dieser Strategie überzeugte er auch seinen Berater Wiegand, wie Unrecht er mit seiner Warnung vor der Tochter eines Rittergutsbesitzers gehabt hatte.

Bald stellte sich familiärer Nachwuchs ein. Am 8. April 1863 kam die erste Tochter Erna zur Welt. Wegen ihrer zarten Konstitution sollte ihre Gesundheit oft Anlass zu Besorgnis geben und Sophies ausdauernde Pflege erfordern. Zwei Jahre später, am 13. Juli, wurde die zweite Tochter Luise geboren. Als nur fünf Wochen später das Fest der hundertsten Lokomotive gefeiert wurde, empfand Sophie es als großes Opfer, nur am offiziellen Gratulationsakt und nicht am Fest der gesamten Firma auf der Knallhütte teilnehmen zu können.

In der Firma waren erste Erfolge zu verzeichnen: Im Sommer 1863 wurde die Fabrik erstmals erweitert, Aufträge aus Zürich, Frankfurt, Mainz und Wiesbaden gingen ein, eine Reparaturwerkstatt für Lokomotiven wurde errichtet. Das Ergebnis von Oskar Henschels intensiven

Verhandlungen in Berlin war ein Erlass des preußischen Handelsministers, der alle Staatsbahnen anwies, auch die Firma Henschel & Sohn in den Kreis der potentiellen Lokomotivlieferanten aufzunehmen. Henschel war auf dem Weg, die Rangliste der deutschen Spitzenunternehmen im Lokomotivbau von unten aufzurollen. 1865 war das Jahr, in dem die hundertste Lokomotive abgeliefert wurde. Hatte Henschel zuvor für die Produktion von 50 Lokomotiven 15 Jahre benötigt, so waren die nächsten 50 in weniger als fünf Jahren hergestellt worden. Die Kasseler Zeitungen feierten dieses Ereignis als ein „seltenes und schönes Fest" der „vaterländischen Industrie"[84].

Eine liberale Vision: Industrie und städtische Wohlfahrt im Gleichschritt

Die Stadt Kassel zeigte sich von dieser Entwicklung der Firma Henschel hocherfreut, war sie doch als Residenzstadt die Stadt im Kurfürstentum, die am meisten unter der geltenden Gewerbeordnung, den gemeinderechtlichen Bestimmungen und der Weigerung und Halsstarrigkeit des Landesherrn litt, die Industrialisierung und damit auch die wirtschaftliche Kraft und Position der Stadt zu stärken. Im Sommer 1862 hatte sich die große Chance auf eine Wende eröffnet. Es war die Zeit, als ein konstitutionelles Ministerium möglich schien und Eduard Wiegand auf der Vorschlagsliste seiner liberalen Freunde als Innenminister gestanden hatte. Das schon für diese Situation formulierte Programm hatte mit seinen Vorschlägen zum Eisenbahnbau, zur Industriebelebung und zur Gewerberechtsreform ganz im Sinne des Wirtschaftsbürgertums gelegen. Aber diese Perspektive einer neuen Ära wurde dann doch durch den Kurfürsten verworfen.

Wirtschaftlich dominierten die Charakteristika einer passiven, innovationsarmen Region. Es hatte immer wieder Phasen des Pauperismus gegeben. Der für die Entwicklung anderer Staaten so nützliche Eisenbahnbau wurde in Hessen mit der Friedrich-Wilhelms-Nordbahn nur sehr zögerlich betrieben. Nicht nur die Wirtschafts- und Verkehrsverhältnisse, sondern auch die Kreditpotentiale waren zur Überwindung der Rückschrittlichkeit völlig unzureichend. Politisch gesehen hatte das Kurfürstentum seit 1831 eine

12A

Oskar Henschels Ausweis für die Pariser Weltausstellung im September 1867

12B

Sophie Henschel 1866 zu Beginn ihrer sozialen Tätigkeit

moderne Verfassung – Marx nannte sie das „liberalste Grundgesetz, das je in Europa verkündet wurde“[85] –, aber seit Jahrzehnten gab es um sie quälenden Streit, der die Verwaltung lähmte. Immer wieder gab es Ärger mit Behördenwillkür, Kritik an dem unberechenbaren Eigensinn des Fürsten, der das Ansehen des Landes zerrüttete und letztlich auch zum Untergang des Kurfürstentums beitragen sollte. Dieser langwährende Streit, in Verbindung mit einer schwankenden hessischen Außenpolitik, hatte die beiden Hauptmächte des Deutschen Bundes, Österreich und Preußen, mehrfach zur politischen und militärischen Intervention herausgefordert. Erbost war man, dass die kurhessische Regierung mit dem Eisenbahnwesen Außenpolitik betrieb und Eisenbahnfragen sogar in den Verfassungskampf verwickelte.

Die Stadt zeigte allmählich das Bild vernachlässigter feudaler Bauten und Anlagen. In der Hessischen Morgenzeitung wurde geklagt: „Niemand ist mit Creditbewilligungen bei der Hand ... Arbeit und Absatz stocken; hier fehlt uns, im Kampfe um die ersten Vorbedingungen einer befestigten Wohlfahrt, die Freude am rüstigen Schaffen ... das Kapital und die fremde Arbeitskraft fliehen und meiden uns, die heimische Unternehmerlust und die eigenen Produktionsmittel wandern ins Ausland.“ Das Resümee lautete: Wir haben wohl einen wohlhabenden Staat, aber ein armes Land. Da der Staat nicht dynamisch ist und entwicklungshemmende Schranken nicht beseitigt, haben wir „allgemeines Siechthum aller gewerblichen Verhältnisse“.[86] Und diese Bilanz fiel umso bitterer aus, je mehr sich um das Kurfürstentum herum Handel und Industrie sprunghaft entfalteten. Kein Wunder, dass zumindest große Teile der Bevölkerung, insbesondere der Handel- und Gewerbetreibenden, die preußischen Verhältnisse bewunderten und einen Anschluss an Preußen und später den Norddeutschen Bund begrüßen würden.

Das Glückwunschschreiben des Stadtrats und des Bürgerausschusses, das die Firma Henschel zur Produktion der hundertsten Lokomotive erreichte, war ein Dokument der Verbundenheit von Stadt und Firma. Es war unterschrieben von Oberbürgermeister Friedrich Nebelthau (1806-1875)[87] und von Bürger-Ausschuß-Vorsteher Christian Stück. Beide waren langjährige Parteigänger des Liberalismus, die seit langem in der Opposition zur kurfürstlichen Politik standen. Beide sollten sich 1866 der neuen Nationalliberalen Partei anschließen, der auch Oskar Henschel nahe stand. Das Schreiben ist ein Hinweis darauf, dass in der Stadtregierung der Liberalismus dominierte und sich auf ihren verantwortlichen Posten Vertreter fanden, denen das industrielle Wachstum am Herzen lag. Ihre Vision und Hoffnung war, dass sich industrieller Fortschritt und städtische Wohlfahrt im Gleichschritt entwickeln sollten: „Wie verdient sich schon die Voreltern um Stadt und Land gemacht hatten – der Sohn steht darin keinem derselben nach ... wir bezeugen es gern, wie viel Sie ... als Eigner und Leiter der weit und breit geachteten Henschelschen Fabrik für den Aufschwung der Gewerbethätigkeit der Stadt Kassel geleistet haben. ... Möge das Gedeihen Ihrer großartigen Unternehmungen mit der Wohlfahrt unserer geliebten Vaterstadt immerhin gleichen Schritt halten!“[88]

Eine Stadtbürgerin als Politikerin für Soziales, Gesundheit und Armenfürsorge

Der ‚Frauen-Bazar' und ein patriotisches ‚Damen-Comité'

Anfang 1864, die Tochter war gerade ein halbes Jahr alt, wurde ein erstes Mal an Sophie Henschel die Bitte herangetragen, in einem Komitee mitzuarbeiten. Das in Rede stehende hatte ein politisch-patriotisches Motiv: Es war gegründet worden, um die schleswig-holsteinische Bevölkerung im Krieg gegen Dänemark zu unterstützen, und war Bestandteil einer Hilfs- und Volksbewegung, die in ganz Kurhessen unter dem Einfluss demokratischer und liberaler Kräfte entstanden war. Die Bewegung sammelte Geld für die Dänengegner und beteiligte sich an der Werbung von Freiwilligen für den ‚Freiheitskampf'. Auch in Kassel hatten seit Dezember 1863 mehrere Versammlungen stattgefunden, die politische Resolutionen und Eingaben beschlossen hatten. Das Komitee hatte ein Benefizkonzert und einen Bazar im Rathaus organisiert. Sophie Henschel war bereit, beim Bazarverkauf zu helfen, lehnte aber eine weitergehende Mitarbeit ab, weil sie den zeitlichen Aufwand und die Gebundenheit fürchtete. Ihre Entscheidung war zu diesem Zeitpunkt grundsätzlicher Art: „Ich lehnte damals überhaupt ab in Comités zu treten, hatte wenig Verkehr mit Freundinnen um, wenn Oscar mal Zeit hatte in seiner Häuslichkeit zu sein, ich dort nicht fehlte."[89]

Sehr lange konnte Sophie Henschel ihren Beschluss nicht aufrechterhalten: Im Mai 1866 übernahm sie zum ersten Mal eine Funktion in einer Organisation: Sie wurde mit elf weiteren Frauen in das ‚Comité' zur Gründung eines ‚Frauen-Bazars' gewählt. Hiermit engagierte sie sich in einer Initiative von Frauen, die sich für Erwerbsarbeit und Verdienstmöglichkeiten für Frauen einsetzte. In anderen Städten waren ähnliche Unternehmungen ebenfalls initiiert oder schon gegründet worden. Mit dem Frauen-Bazar gedachte man ein Ladengeschäft zu etablieren, das als Verkaufs- und zugleich als Vermittlungsstelle für Aufträge fungieren sollte. Frauen sollten hier ihre in Heimarbeit gefertigten Handarbeiten verkaufen und Auftraggeber ihre Bestellungen aufgeben können, die die Geschäftsführung des Frauen-Bazars wiederum an interessierte Frauen verteilen wollte.

Frauen-Bazare entstanden im Umfeld der sich in den sechziger Jahren des 19. Jahrhunderts ausbreitenden Frauenbildungs- und Frauenerwerbsvereine und der sich zeitgleich neu konstituierenden bürgerlichen Frauenbewegung. Auf Initiative des Sozialpolitikers Wilhelm Adolf Lette (1799-1868) hatte sich 1865 der Lette-Verein in Berlin gegründet, der sich ‚Verein zur Förderung der Erwerbsfähigkeit des weiblichen Geschlechts' nannte. Dieser Verein bemühte sich zum einen um die Verbesserung der Berufsausbildung von Frauen und zum anderen darum, für sie Erwerbsmöglichkeiten zu schaffen. Gefordert wurde die Zulassung von Frauen auf dem Gebiet der Wissenschaft, der Kunst, der Technik, des Handels und des Handwerks. An zahlreichen Orten Deutschlands entstanden Frauenerwerbsvereine, die sich dem Lette-Verein anschlossen. Wie dieser gründeten sie kaufmännische, gewerbliche und kunsthandwerkliche Fortbildungsschulen, organisierten Schreibbüros oder eben auch Frauen-Bazare zum Verkauf weiblicher Handarbeiten und Arbeitsvermittlungen.

Die Beziehung des Kasseler Frauen-Bazars zur bürgerlichen Frauenbewegung zeigt sich an der Mitarbeit von Frauen, die gleichzeitig im ‚Allgemeinen Deutschen Frauenverein' (ADF), dem ersten zentralen Zusammenschluss bürgerlicher Frauen in Deutschland, tätig waren. An erster Stelle ist hier die aus Arolsen stammende und in Kassel wohnende Lehrerin Marie Calm (1832-1887) zu nennen, die dem ADF kurz nach seiner Gründung im Oktober 1865 in Leipzig beitrat und bald auch seinem Vorstand angehörte. Auch der ADF verstand sich von Anfang an als Sachwalter der weiblichen Bildungs- und Berufsinteressen. In seinem ersten Programmpunkt hatte er Arbeit zur Pflicht und Ehre des weiblichen Geschlechts erklärt und auf seinem Gründungskongress Bildung als Mittel zur Entwicklung der Frau und zur Gewinnung von Selbstständigkeit bezeichnet. Marie Calm bewirkte nicht nur die Entstehung von Ortsgruppen des ADF in zahlreichen Städten, sondern wurde im Herbst 1869 auch in Kassel, im Anschluss an eine Tagung des ADF, zur Initiatorin für die Gründung des ‚Casseler Frauenbildungsvereins'.

Neben Sophie Henschel wurde auch Marie Calm in das Comité zur Gründung eines Frauen-Bazars in Kassel gewählt. Männliche Unterstützung sicherten sich die Frauen durch die Bildung eines „Ehrenrathes von Männern“[90], die diesen bei der Führung des geplanten Geschäftes „mit Rath und That“ zur Seite stehen sollten. Hilfe leisteten die Männer, einige davon waren Ehemänner von dem Comité angehörenden Frauen, hauptsächlich in juristischer Hinsicht: Sie entwarfen Statuten für das Vorhaben, fassten Schriftsätze und Genehmigungsgesuche ab. Das Comité beschloss, einige hundert Beitrittskarten, die sie „Actien“ nannten, zu je einem Taler auszugeben, um damit ein Kapital zu bilden, das die Einrichtung des Geschäftes finanzieren sollte. Es war geplant, aus den jährlichen Gewinnen allmählich die Teilhaberscheine zurückzuzahlen. Diese weitgreifenden Pläne wurden vorerst gebremst, allerdings nicht durch mangelnde Unterstützung durch Interessenten, sondern durch die in Kurhessen nicht bestehende Gewerbefreiheit. Auch unter Berücksichtigung der aktuellen gereizten und unübersichtlichen politischen Situation beschränkte man sich darauf, vorerst ein ‚Commissions- und Industrie-Bureau' nach Art der in Dresden und Berlin bestehenden Institute zu eröffnen.[91]

Sophie Henschels Aufzeichnungen zum Frauen-Bazar zeigen, dass die Frauen an der politisch-militärischen Entwicklung und der Konfrontation zwischen Österreich und Preußen im Frühsommer 1866 regen Anteil nahmen. Sie berichtete, große Aufregung sei in Kassel aufgekommen, als bekannt wurde, dass Kurhessen am 14. Juni im Bundestag dem österreichischen Antrag auf Mobilmachung des Deutschen Bundes zugestimmt habe: „Folgenden Tages war Frauenbazar Comité Sitzung u. wir zogen in corpore in's Ständehaus, wo eine aufregende Debatte stattfand. Der Abgeordnete Trabert[92] nahm schließlich einen Stuhl u. ihn an einem Bein festhaltend in der rechten Hand, fuchtelte er damit in der Luft herum, während seiner Rede. Herr von Bischoffshausen[93] stellte den Antrag die Regierung zu bestimmen, sich in dem Conflict zwischen Preußen u. Oestreich neutral zu verhalten."[94]

Der Kurfürst, der im preußisch-österreichischen Konflikt lange mit Österreich sympathisiert hatte, konnte sich trotz der vehementen Forderungen der Ständeversammlung nicht zur Neutralität entscheiden, entschloss sich vielmehr auf Seiten Österreichs in den Krieg einzutreten. Dies führte zur Okkupation: Am 16. Juni überschritten preußische Truppen die Grenzen Kurhessens, rückten am 19. Juni in Kassel ein und stellten das Land unter eine preußische Militär- und Zivilverwaltung. Die Leitung der Zivilverwaltung wurde am 25. Juni dem Kölner Regierungspräsidenten Eduard von Moeller übertragen. Von dieser erhielt das Frauen-Comité schließlich am 16. Juli die Genehmigung, im Erdgeschoss des Regierungsgebäudes am Königsplatz einen Laden mit zwei kleinen Räumen einzurichten. Die Eröffnung des Frauen-Bazars erfolgte am 1. August. Täglich war nun hier zu bestimmten Stunden eine Dame anwesend, die Aufträge entgegennahm und den Verkauf der abgegebenen Arbeiten betreute. An einer der Wände wurde der Spruch angebracht: „Arbeit ehrt". Er sollte die Ein- und Ausgehenden „als Bote einer neuen Zeit, die auch die Frauen den Segen der Arbeit erkennen lehrte"[95] grüßen.

Die Geschäfte des Frauen-Bazars entwickelten sich lebhaft. Der erste größere Auftrag kam von der Firma Carl Rhode und Söhne, die 13.000 wollene Leibbinden für die preußische Armee in Böhmen bestellte. Sehr schnell stellte sich allerdings heraus, dass sehr viele Frauen arbeiten wollten, ihre Fertigkeiten jedoch nicht ausreichten, um so tadellose Waren herzustellen, die den Ansprüchen des Verkaufs genügten. Das Comité sah deswegen seine Aufgabe auch in der Anleitung, Beratung und Qualifizierung der Arbeiterinnen. Arbeitssuchenden wurde durch einen Vorschuss ermöglicht, sich in einem Kursus weiter auszubilden. Sehr bald war es möglich, eine Leiterin fest einzustellen. Einen Höhepunkt im Einsatz der Vorstandsmitglieder bedeutete der jährliche große Weihnachtsverkauf.

Nachdem Kronprinzessin Victoria von Preußen (1840-1901) im Jahr 1867 das Protektorat auch über den Frauen-Bazar in Kassel übernommen hatte, nannte er sich ‚Victoria-Bazar'. Mit der kontinuierlichen Ausweitung des Geschäftes ging man dazu über, ein Lager der benötigten Materialien anzulegen. Daraus entwickelte sich ein weiterer Geschäftszweig: der Einzelverkauf von Kurzwaren. Der Umfang der Geschäftsabschlüsse und der Auftritt des Bazars als Unternehmen machten um 1880 den Besitz von Korporationsrechten erforderlich. Aus diesem Grund suchte der Vorstand um Anschluss an den Vaterländischen Frauenverein nach, der im Besitz dieser Rechte war. Ab 1882 bildete der Victoria-Bazar im Vaterländischen Frauenverein die Sektion VI zur ‚Förderung und Verwerthung des Hausfleißes'. Von diesem Anschluss profitierten auch die Vaterländischen Frauenvereine im Bezirk Kassel. So schickten etwa der Zweigverein Tann genähte und ungenähte Leinensachen, der Zweigverein Gersfeld wollene Socken und Holzschnitzereien, die von armen Frauen der Gegend angefertigt wurden. Im Victoria-Bazar fanden die Waren leicht Käufer. Aufgrund der günstigen Erfahrungen in Kassel und Breslau entschloss sich der Berliner Vaterländische Frauenverein zur Gründung einer ‚Zentralverkaufsstelle zur Förderung der Hausindustrie'.

Das Finanzierungsmodell für die Gründung, die Ausgabe von „Actien", die auf Wunsch ausgezahlt wurden, und die Ausschüttung des jährlichen Gewinns an die Arbeiterinnen, die diese zu Teilhaberinnen an dem Bazar machten, gehören zu den eigenwilligen Merkmalen dieser Frauenunternehmung. Die Möglichkeiten des Vereins erweiterten sich in den folgenden Jahren zusätzlich durch Schenkungen und Legate. Aus den Zinsen des hierdurch gebildeten Kapitalfonds stellte der Bazar Stipendien für Ausbildungen bereit, wurden Pflege und Erholung erkrankter Arbeiterinnen ermöglicht und Beihilfen zur Anschaffung von Nähmaschinen gewährt. 40 Jahre nach seiner Gründung stellten die Beteiligten fest, dass aus bescheidenen Anfängen eine finanziell selbstständige und erfolgreiche Einrichtung entstanden war, die im Laufe der Jahre schon Hunderten von Frauen Arbeitsgelegenheit geboten hatte.

Im Sommer 1866 war in Kassel das zentrale politische Geschehen, der Krieg zwischen Preußen und Österreich, Anlass zur Gründung eines weiteren Damen-Comités, das sich der Pflege verwundeter Soldaten widmen sollte. Es ist zu vermuten, dass die Gründung erst nach der Besetzung Kassels durch preußische Truppen erfolgte. Die Aufzeichnungen Sophie Henschels besagen, dass die Bildung dieses Comités nach der Schlacht zwischen Bayern und Preußen am 5. Juli erfolgt sei.[96] Tags darauf sei ein Aufruf erschienen, für die dort Verwundeten zu sorgen. In dieses Comité traten auch Sophie Henschel und ihre Schwägerin Auguste ein. Königin Augusta von Preußen dankte nach Kriegsende diesem Kasseler „Frauenverein" für seine „patriotische That"[97], von der sie durch den Bericht des königlich-preußischen General-Gouvernements Kenntnis erhalten hatte.

Das Comité übernahm schließlich drei Aufgaben: die Pflege der Verwundeten und Kranken, die Einrichtung und Verwaltung eines Depots für die Lazarettbedürfnisse und die Leitung der Küche des Lazaretts. Am 7. Juli kamen Verwundete aus Salzungen an, die von Diakonissen aus Treysa und einigen weiteren Frauen versorgt wurden. Sophie und Auguste Henschel richteten im Block 7 der Infanteriekaserne ein Depot ein. Die Oberleitung der Küche hatte die den Henschels nahestehende Frau des Geheimen Regierungsrats Koch. Zur Unterstützung trafen barmherzige Schwestern aus Köln ein. Eine Erfahrung mit den Schwestern war für Sophie Henschel offensichtlich so befremdlich, dass sie in ihrem Tagebuch notierte: Zu Anfang hätte es mit den Schwestern Schwierigkeiten gegeben, da sich diese auf den Standpunkt gestellt hatten, ihr Orden verböte ihnen etwas zu fordern: „Nachher ging Alles sehr gut, besonders auch da wir 5 Ordonnanzen hatten.“[98] Das Depot wurde in das frühere Kadettenhaus verlegt und die Schwerverwundeten in das Montierungsgebäude gebracht. An dieser Episode zeichnete sich schon ab, was Sophie Henschels soziales Engagement generell auszeichnen sollte: Mit Eifer und Energie wurden die Arbeiten angepackt. Der Aufgabe entgegenstehende Probleme wurden couragiert, wenn nötig mit Unterstützung anderer gelöst. Dieses patriotische Damen-Comité wurde die Keimzelle für den Vaterländischen Frauenverein in Kassel.

Das Haus Henschel als Drehscheibe und ein vertraulicher Briefwechsel

Am 3. Oktober 1866 hatte König Wilhelm I. durch Besitznahme-Patente die Eingliederung des Kurfürstentums Hessen, des Herzogtums Nassau und der freien Stadt Frankfurt in die preußische Monarchie verkündet. Im Großen und Ganzen wurde diese in Kurhessen von vielen mit Sympathie und Zustimmung begrüßt, Teile begegneten ihr mit Zurückhaltung, aber insgesamt gab es wenig Widerstand. Mit der Integration Kurhessens in den preußischen Staat änderte sich vieles, einiges war grundlegend. Bisher verbotene Zeitungen, etwa aus Frankfurt oder Hamburg, durften nun verkauft werden, denn sie waren nun nicht mehr ‚ausländisch'. Ausgewiesene kehrten zurück. Vieles, was jahrelang von der kurfürstlichen Regierung verweigert worden war, wurde von den preußischen Behörden erlaubt. Die Fähre von der Oberneustadt über die Fulda zu den Ortschaften vor dem Leipziger Tor wurde wieder eingesetzt, ebenso die Brücke über die kleine Fulda an der Chattenburg. Die Stadtverwaltung reichte einen Erweiterungsplan ein – er wurde sofort genehmigt. Das Holländische Tor als Verkehrshindernis wurde von preußischen Truppen eingerissen.[99]

Wirtschaftlich wirkte sich am deutlichsten die Aufhebung der kurhessischen Zunftordnung und die Übernahme der preußischen Gewerbeordnung am 9. April 1867 aus, die rasch einen Aufschwung auslösten. Die alteingesessene Industrie entfaltete sich, neue Betriebe wurden gegründet und auswärtige ließen sich mit Zweigstellen in Kassel nieder. Handel und Gewerbe sollten eindeutig zu den Gewinnern der Entwicklung werden. Eine Niederlassung der preußischen Bank, die vielfach gefordert worden war, wurde genehmigt. Andererseits bestand kein Zweifel, dass der preußische Staat die Macht hatte und sich das Recht heraus nahm, die vielfältig notwendigen Veränderungen auf dem Gebiet des öffentlichen Rechts festzulegen und notfalls auf dem Verordnungswege zu diktieren. Gesetze wurden neu eingeführt, angepasst oder einfach verordnet. Es gab demnach Vorkommnisse mit diktatorischen Dimensionen, aber auch viel Verständnis und Sensibilität für die kurhessischen Gegebenheiten und manche Geste der Versöhnung, die die Kurhessen, insbesondere die Kasseler als solche erkannten. Die Grundstimmung war trotz weitgehender Eingriffe grundsätzlich optimistisch. Anders ist die Verleihung der Ehrenbürgerwürde an den preußischen Militärgouverneur Generalleutnant

Gustav von Beyer und den Ziviladministrator Eduard von Moeller nur ein Jahr nach der Annexion nicht zu deuten.

Die nach Kurhessen abgeordneten Beamten waren geschickt ausgewählt worden. Auch wenn eine weitgehende personelle Kontinuität der Beamten der oberen Behörden eingehalten wurde, um einen reibungslosen Übergang zu gewährleisten, so gab es doch eine ganze Reihe von Versetzungen. Sophie Henschel konnte dieses Phänomen an ihrem Freundeskreis deutlich ablesen. Es gab in diesem etwa 30 Paare, die nach der Annexion versetzt wurden und Kassel verlassen mussten. Aber dafür, so notierte sie, „machten viele Preußen Besuch“[100]. Es zeichnete sich ab, dass die Familie Henschel zu einer Drehscheibe der Gesellschaft wurde, wo sich die „alte“ kurhessische Stadtbürgerschaft mit leitenden preußischen Staatsbeamten und ihren Ehefrauen als Vertreter des „neuen“ Establishments trafen. Oskar und Sophie nahmen diese Aufgabe an – schon Ende Januar 1867 gaben sie einen Ball für 70 Gäste, ihren ersten seit ihrer Verheiratung. In diesem neu sich herausbildenden sozialen Geflecht spielte die freundschaftliche Beziehung zwischen dem frisch gekürten Oberpräsidenten und Sophie Henschel eine entscheidende Rolle. Eduard von Moeller war der oberste Staatsbeamte Preußens mit gutem Verhältnis zu König Wilhelm I. und eingebunden in das Geschäft der Berliner Ministerien. Sophie Henschel wiederum war etabliert in Kassel und mit den hier maßgeblichen Kreisen verbunden. Beide übernahmen für ihre angestammten Kreise Vermittlungsdienste und nahmen zugleich auf veränderter Grundlage Einfluss auf die Zusammensetzung neuer gesellschaftlicher Gruppen. Bei der Familie Henschel fand der alleinlebende von Moeller Familienanschluss. Der sensiblen Aufgabe der durchzuführenden Integration war diese Ausgangssituation nur förderlich. Nicht nur das Zusammenspiel der beiden, sondern auch der Regierungs- und gesellschaftliche Alltag lassen sich an den schon erwähnten Briefen, die beide zwischen 1867 und 1880 wechselten, ablesen.

Der erste Brief Eduard von Moellers an Sophie Henschel, der sich in seinem Nachlass im Bundesarchiv Berlin befindet, ist datiert auf den 12. Juni 1867. Er redete sie als „liebe Freundin“, „meine liebe weise Freundin“ und „meine liebste beste Freundin“ an. Sich selbst bezeichnete er als „treu ergebenen Freund“ und unterschrieb jahrelang: „Ihr treuer Philosoph“. Der Ton ist charmant, manchmal neckisch und wird im Laufe der Zeit immer herzlicher und vertraulicher. Der Briefstil erscheint sehr persönlich und meidet übertriebene Höflichkeitsformeln und Floskeln. Eduard von Moeller schrieb aus Kassel, wenn Sophie nicht anwesend war, und sandte Briefe, wenn er selbst unterwegs war. Sie wechselten aber auch kurze schriftliche Botschaften, wenn beide in Kassel weilten, etwa wenn eine Nachricht schnell überliefert werden sollte, Sophie krank oder durch die Pflege ihrer Kinder verhindert war: „Wie geht es Ihren Patienten? Hoffentlich nach besten Wünschen ... Sobald Sie abends wieder ausgehen, hoffe ich Sie bei mir zu sehen, es war mir fast schmerzlich zu hören, daß Sie eher anderswo gewesen waren als bei mir.“[101]

Zahlreichen Briefstellen ist zu entnehmen, wie wichtig ihm ihre Schreiben sind: „... denn ich hatte mich auf einen Brief schon lange gefreut“[102] und „Zu meiner größten Freude fand ich Ihren freundlichen Brief ...“[103] Er zerstreute ihre Befürchtung, das Schreiben könnte ihn angesichts seines arbeitsreichen Alltags belasten – „Ihnen zu schreiben gehört nächst dem Empfangen Ihres Briefes zu meinen angenehmsten Beschäftigungen“[104] – und ließ sie wissen, ihre Nachricht sei „das sicherste Mittel“ gewesen, ihm „einen heiteren Tag zu bereiten“[105]. Vielmehr brauchte er ihren Kontakt zum Ausgleich: „Entschädigen Sie mich nur für allen Ärger durch häufige liebe Briefe, ich möchte viel mehr haben als wöchentlich zwei.“[106] Und zugleich machte er sich Sorgen, wenn er keine Nachricht erhielt: „Heute vor acht Tagen schrieb ich Ihnen. Da ich bis jetzt keine Antwort erhalten habe, so denke ich an die Möglichkeit, daß ein Brief verloren gegangen sein könnte. Darf ich Sie um eine Zeile der Aufklärung bitten?“[107] Ganz besonders in seiner späteren Zeit als Oberpräsident der Provinz Elsass-Lothringen scheint er auf ihre Verbindung angewiesen: „Nur ihre Briefe lese ich von Wort zu Wort, ich freue mich, daß ich morgen einen bekomme. ... Ich danke Ihnen für Ihre liebevolle Sorge für mich, sie thut mir sehr wohl.“[108]

Den Briefen lässt sich entnehmen, dass Eduard von Moeller nicht nur bei offiziellen Anlässen im Henschelschen Haus weilte. Manchmal kam er einfach zur Erholung zu „gemüthlichen Stündchen“[109]. Sehr oft scheint er auch mit Sophie Henschel während seiner Kasseler Zeit Ausfahrten in die Umgebung unternommen zu haben: „Ich habe mir durch Schlippenbachs Vermittlung ein Paar neue Pferde angeschafft, sehr hübsche Rappen. Wenn Sie zurück kommen, so werden Sie hoffentlich tapfere Partien machen können.“[110] Und: „Mit Freuden will ich Sie zur Ausfahrt bei mir erwarten.“[111]

Regelmäßig fanden bei der Familie Henschel sogenannte Leseabende statt, die auch Sophie Henschel für ihre Horizonterweiterung äußerst wichtig waren und auf die sich die Beteiligten, insbesondere Eduard von Moeller, intensiv vorbereiteten. Den besonderen Charakter der Leseabende grenzte er eindeutig gegen die „geselligen Abende“ ab: „Bei meinen einsamen Abenden kommt doch eigentlich mehr für mich heraus, als bei den meisten geselligen, wie sie jetzt sind, die einsamen müssen mir daher die Zeit ausfüllen, welche ich sonst mit Ihnen verbringe. ... Verstand und Gemüt gewinnen bei den geselligen Abenden selten viel. Unsere Leseabende entbehre ich sehr, ich werde mich sehr freuen, wenn sie wieder in Gang kommen.“[112] In seinem Nachlass sind Notizen und Skizzen zu den Vorträgen überliefert, die Sophie Henschel wohl ebenfalls später den Erben übergeben hatte. Auf einem Blatt notierte sie: „An Abenden wo Herr von Moeller im Henschel'schen Hause vorlas, pflegte Papier u. Bleistift auf dem Tisch zu liegen um das u. Jenes zu veranschaulichen.“ Oskar Henschel habe dessen Vorträge ergänzt und häufig Experimente dazu gemacht. In ihren Lebenserinnerungen heißt es: „So habe ich den Humboldt'schen Kosmos, den Oscar schon mit seinem Großvater gelesen, Lübke's sowie Kugler's Kunstgeschichte, Freitag's Bilder aus deutscher Vergangenheit u. A. kennen gelernt. Mit am meisten interessierte mich Müller's Kosmische Physik, wo ich das Gelesene nachträglich

13
Oskar Henschel im Alter von 34 Jahren

ausarbeitete. Sehr hübsch war es für mich, daß Oscar und auch Herr von Moeller Alles was sie mir erklären wollten sehr anschaulich machen konnten durch Scizzieren, manche Lücken meiner Ausbildung ... wurden dadurch ausgefüllt."[113] In den Zeiten, in denen keine Treffen möglich waren, übermittelt Eduard von Moeller sein Bedauern: „Cassel ist mir recht öde ohne Sie und Ihr Haus; entschädigen Sie mich nur einigermaßen durch briefliche Nachrichten."[114] Regelmäßig suchte er auch die Mutter Oskar Henschels auf.

In den Briefen tauschten sich die Briefpartner ausführlich auch über politische und kulturelle Tagesereignisse aus. Er berichtete ihr über seine Treffen mit dem Kronprinzen, dem er empfohlen hatte, einige Zeit nach Kassel zu ziehen, und von seinen Zusammenkünften mit dem preußischen König in Kassel, Ems und Wiesbaden: „Der König hat mich wirklich bei seiner Anwesenheit in Cassel zur Excellenz ernannt, heute erhielt ich das Patent. – Ich empfinde kein besonderes Glück über diesen Titel, freue mich aber wieder über die freundliche Aufmerksamkeit des Königs."[115] Auch Postenbesetzungen wurden erörtert. Zu den ebenfalls debattierten Themen gehörte die politische Stimmung im Land. Dabei nahm der Oberpräsident Verschlechterungen deutlich wahr und gab Versäumnisse der Verantwortlichen zu, kritisierte aber auch nicht gerechtfertigte Forderungen der Hessen: „Hier wandelt sich die Stimmung sehr zum Schlechteren um, in Folge unkluger Maßregeln von Berlin. Eine veränderte Justizorganisation verstimmt die Juristen, der Zeitungsstempel die Journalisten und die Konfiskation des Staatsschatzes alle Welt. Daß man das Odium solcher Verordnungen dem König allein aufladet, während man recht gut die Hessischen Abgeordneten im Landtage vorher hätte darüber zu Worte kommen lassen können, beklage ich ganz besonders. Die Gemüthlichkeit wird hier auch wohl einen Stoß bekommen.“[116] An dieser Stelle ist es besonders bedauerlich, dass Sophie Henschels Reaktion hierauf nicht bekannt ist. In einem der folgenden Briefe erläuterte er ihr seine Beschwerde beim König: „Ich habe dem Könige ernste Vorstellungen wegen der Behandlung der Hessen gemacht; er sagte ... mein Bericht sei ihm nicht vorgelegt worden. Zu ändern ist an den Verordnungen nichts, nur die Ausführung kann vielleicht noch etwas gemildert werden. Bezüglich des Staatsschatzes leben die Hessen übrigens in Illusionen und Vorurteilen. Die Konfiskation desselben ist an sich ganz berechtigt, es war nur jetzt nicht die Zeit dazu.“[117]

Einen besonders intensiven Austausch pflegten die Briefschreiber während des deutsch-französischen Krieges 1870/71. Eduard von Moeller ließ Sophie Henschel die aktuellsten Nachrichten schnellstens zukommen: „Die eisernen Würfel sind gefallen, Frankreich hat uns den Krieg erklärt. Diese Nacht kam Depesche auf Depesche wegen der Mobilmachung, welche sich auf das ganze Norddeutsche Heer erstreckt. Was ich noch erfahre, erzähle ich Ihnen heute Abend. Mein Gast ist in Folge der Ereignisse schon heute früh nach der Heimath gereist. Mit freundlichem Morgengruß nach einer durchwachten Nacht.“[118] Er schilderte kontinuierlich den Verlauf des Kriegsgeschehens und gab seiner Siegeszuversicht sehr früh Ausdruck.

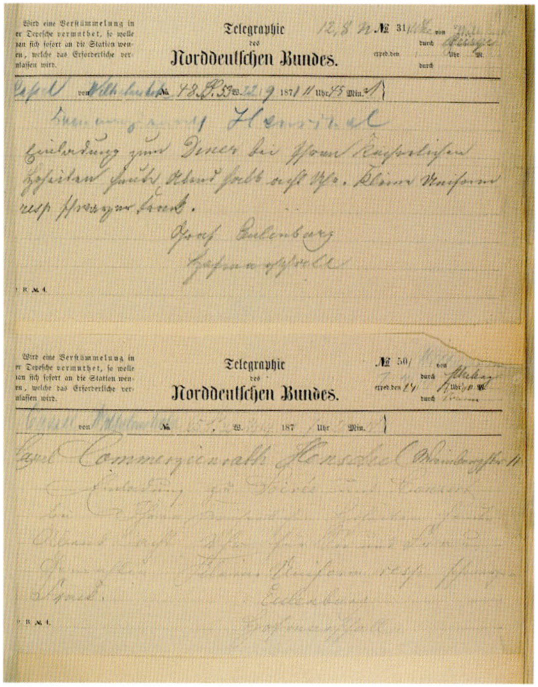

14

Telegramme des Hofmarschalls, der zunächst Oskar Henschel und dann das Ehepaar Henschel zu einem Diner und einer Soirée beim Kronprinzen Friedrich Wilhelm einlud.

Text:
Cassel, Wilhelmshöhe, 22.9.1871.
Kommerzienrath Henschel.
Einladung zum Diner bei Ihren Kaiserlichen Hoheiten heute Abend halb acht Uhr. Kleine Uniform resp. Schwarzer Frack. Graf Eulenburg. Hofmarschall.

Cassel, Wilhelmshöhe, 24.9.1871.
Cassel Commerzienrath Henschel Weinbergstr. 2.
Einladung zu Soirée und Conzert bei Ihren Kaiserlichen Hoheiten heute Abend acht Uhr für Sie und Frau Gemahlin. Kleine Uniform resp. Schwarzer Frack. Eulenburg. Hofmarschall.

Am 5. September 1870 wurde Napoleon III., der bei der Kapitulation von Sedan gefangengenommen worden war, mit seinem Gefolge nach Kassel gebracht. Die Preußen hatten Schloss Wilhelmshöhe zu seinem standesgemäßen Internierungsort bestimmt. Bis zum 16. März sollte der Kaiser der Franzosen hier inhaftiert bleiben. Oberpräsident von Moeller war über diese Entwicklung nicht sehr glücklich und schrieb an Sophie: „Gt. M. [Generalleutnant von Monts, O. W.-H.]) sagte mir heute, Er (Napoléon) würde mich nächstens einladen, ich bat ihn, es abzuwehren, er sagte aber, das könne er nicht. Da muß man sehen, ob man sich darauf gefaßt machen kann.“[119]

Sophie Henschel gehörte sicherlich zu den ersten, die sehr frühzeitig davon erfuhren, dass bei der Besetzung der Stelle des Oberpräsidenten der neu eroberten Provinz Elsass und Lothringen an Eduard von Moeller gedacht war. Kurz nach seinem Dienstantritt in Straßburg erreichte Kassel sein Seufzer: „... hätte ich doch in meiner Behaglichkeit in Cassel bleiben können ... ich denke immer daran, wie viel netter unsere Abende in Cassel waren.“[120]

Nach dem Wechsel nach Straßburg riss die Verbindung nicht ab, im Gegenteil. Weiterhin wurde politisiert, häufig wurden Zeitungsartikel ausgetauscht und die Tonlage wurde noch um eine Nuance vertraulicher: „Schließlich muß man sich aber sagen, daß am Ende nicht viel darauf ankommt, ob ein einzelner Mensch vergnügt oder trist lebt. Sie haben mir neulich geschrieben, man müßte durch Erfüllung seiner Pflicht sich ein ähnliches Gefühl wie Glück ver-

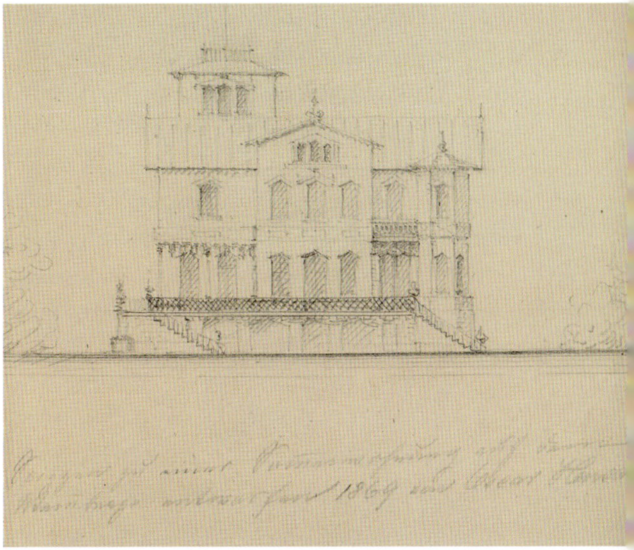

15
1869 ENTWARF OSKAR HENSCHEL EINE ZEICHNUNG FÜR DEN BAU EINER „SOMMERWOHNUNG AUF DEM WEINBERGE“.

schaffen. Danach strebe ich auch, aber ich kann nicht leugnen, daß ich mich Abends unbefriedigt zur Ruhe lege u. mich auf die paar Stunden Vergessens nach dem meisten freue. Ich schreibe Ihnen gerade, wie es mir zu Muthe ist, vielleicht sollte ich es mehr unterdrücken, aber Sie werden mir deshalb nicht böse werden, weil ich mich Ihnen in Momenten der Schwäche zeige wie ich bin.“[121] Mit dieser sehr intimen Offenheit gestand er seine tiefe Zuneigung zu Sophie ein: „Wie Sie glauben können, es würde für mich ein Opfer gewesen sein, zu Ihnen zu kommen, das ist mir doch völlig unbegreiflich. Unter allen Umständen wäre es für mich eine große Freude u. eine wahre Erfrischung gewesen. Aber Sie wollten mich in Ihrer Trübsal nicht dort haben, weil Sie nicht glauben, daß ich noch lieber mit Ihnen Trübsal als ohne Sie eine gleichmäßige Existenz ertrage. ... es ist überhaupt merkwürdig, wie wir oft gleichzeitig in unseren Briefen denselben Satz schreiben.“[122] Zugleich hatte er hohe Erwartungen an seine Vertraute: „In Cassel hatte ich eine Provinz für einen vorhandenen Staat zu organisieren, hier ist kein Staat, an den eine Provinz angeschlossen werden kann, sondern es muß ein Mittelding zwischen Staat u. Provinz gemacht werden. Wir wollen sehen, was daraus wird. ... Ich habe enorm viel Gutes u. Schlimmes in der Hand, ich will hoffen, daß ich das Gute treffe. Sie müssen darin unterstützen Ihren treuesten aller Freunde.“[123]

Seine Sympathie hielt ihn jedoch nicht davon ab, Kritik zu äußern. Kritisch kommentierte er die zunehmende Geselligkeit im Hause Henschel: „Ihr Fest muß ein wahres Zauberwerk gewesen sein. Sie werden dadurch wohl nur immer mehr in Saus und Braus verwickelt werden u. dann an unseren stillen Leseabenden den Geschmack verlieren.“[124] Sophie Henschel vermerkte in ihren Lebenserinnerungen, dass sie den Winter 1871 „sehr gesellig“ gelebt und Ende Januar 1872 ein Fest zur Einweihung der Villa auf dem Weinberg gegeben hatten. Bei Eduard von Moeller hatte sie über ihre Belastung mit gesellschaftlichen Verpflichtungen geklagt, wofür er aber kein Verständnis aufbrachte: „Wenn Sie solche Abneigung gegen das Gesellschaftstreiben haben, so sehe ich eigentlich nicht ein, warum Sie so viele Opfer bringen. Wäre ich so frei wie Sie, ich würde mich hüten, mir die Zeit so zu verderben.“[125]

Auch mit Oskar Henschel wechselte Eduard von Moeller Briefe, die zum Teil Eisenbahnangelegenheiten behandelten. In einer grundsätzlichen Frage holte dieser seinen Rat ein: „Sie fragen mich um meinen Rath wegen des Verkaufes Ihrer Fabrik. Welchen Beruf wollen Sie nachher ergreifen? Sie sind zu jung, um ohne einen solchen glücklich sein zu können, und ich glaube nicht, daß Sie leicht noch einen anderen finden würden ... Nur wenn Sie eine wirkliche Berufsthätigkeit in Ihrem eigenen Fach behalten u. sich dabei anderweit in öffentlicher Angelegenheit nützlich machen können, würde ich Ihnen nicht abrathen, aber die Waagschale steht bei mir sehr zu Gunsten des Bestehenden.“[126] Auch von Straßburg aus verlor er die Protegierung der Freunde nicht aus dem Auge: „Ich hoffe nicht, daß Sie unzufrieden darüber sind, daß ich die Kaiserin in Ihre Fabrik dirigiert habe.“[127]

Nach der Annexion Kurhessens gehörte zu den geschickten Gesten von preußischer Seite, dass sich in den Jahren nach 1866 der König und spätere Kaiser Wilhelm I. wie auch der Kronprinz Friedrich Wilhelm mit ihren Familien häufig in Kassel aufhielten. Im September 1871 traf Letzterer auf Schloss Wilhelmshöhe ein, um sich von den Strapazen des Frankreich-Feldzuges zu erholen. Im Oktober feierte er dort seinen 40. Geburtstag. Im Jahr 1890 sollte dann Kaiser Wilhelm II. Kassel zu seiner Sommerresidenz bestimmen. Während dieser Aufenthalte fanden zahlreiche Empfänge auf Schloss Wilhelmshöhe statt, zu denen der Hof oder auch hohe Staatsbeamte baten. Für die Eingeladenen waren diese Zusammenkünfte immer auch symbolische Akte der Anerkennung.

Auch der junge Industrielle Oskar Henschel und seine Frau gehörten zu den Auserwählten. Die Einladung galt in ihrem Fall Vertretern der wirtschaftlichen Führungsschicht der Stadt, um deren Einbindung und Anerkennung sich die Krone bemühte. Die Akzeptanz der Firma und Familie Henschel hatte durch den preußischen Hof und die für das Geschäft wichtigen Ministerien enorme Fortschritte gemacht. Gesellschaftliche Begebenheiten spiegelten ihren wachsenden Erfolg und den gesteigerten sozialen Rang seines Besitzers. Eine persönliche Anrede in einer Ansprache bei den königlich-kaiserlichen Diners wurde als eine besondere Auszeichnung wahrgenommen. Dies geschah schon beim ersten Aufenthalt des Königs in Kassel als Landesherr im August 1867. Es lag noch nicht sehr lange zurück, dass der hessische Kurfürst seine Anwesenheit bei der Feier der

16

Blick auf Haus Henschel von der Aue aus. Die Zeichnung ist signiert mit „HR Hochapfel 1889“. Sie könnte von Hellwig Reinhard Hochapfel, Dekorationsmaler und Weißbindermeister und Teilhaber der Firma H. R. Hochapfel u. Sohn, Humboldtstr. 25, stammen.

17

Blick auf den Weinberg mit dem Haus Henschel oben rechts.

18

Haus Henschel (rechts) und Villa Henschel in der Weinbergstraße

hundertsten Lokomotive verweigert hatte, jetzt empfing der preußische König eine Deputation in Sachen Eisenbahnbau. Auch bei einer Abendgesellschaft, die General Graf Friedrich Wilhelm Ludwig Monts 1869 gab, „erfreute" der König Sophie und Oskar Henschel „durch Anreden"[128]. Das gewachsene Prestige zeigte sich in der Verleihung des Titels „Commerzien-Rath" durch den König an Oskar Henschel am 10. Oktober 1868. Sieben Jahre später, am 27. August 1875, erfolgte die Erweiterung des Titels zu „Geheimer Commerzien-Rath". Die Firma Henschel war nicht mehr nur eine Kasseler, sondern nun eine bedeutende Firma im industriestarken Preußen.

Es war daher nicht nur der Verbauung des Gartens für Fabrikzwecke geschuldet, dass Sophie und Oskar Henschel in der zweiten Hälfte der 1860er Jahre den Bau einer Villa planten. Mit dem Erfolg der Firma wuchsen ihr Selbstbewusstsein und ihr Ansehen und zugleich auch ihre Ansprüche an ihren Lebensstil. Die Art und Weise, wie jedoch geplant und gebaut werden sollte, die Ablehnung einer pompösen und überdimensionierten Ausstattung, war charakteristisch für den eher bescheidenen, subtilen und unspektakulären Auftritt, den Sophie und Oskar Henschel pflegten.

Schon 1866 hatte Oskar Henschel mit dem Besitzer des Grundstückes auf dem Möncheberg, auf dem die Gaststätte ‚Kaffeemühle' stand, über ein Baugrundstück verhandelt. Der Krieg von 1866 unterbrach diese Gespräche. Als im Herbst 1867 der sogenannte Schwaner'sche Felsenkeller auf dem Weinberg zum Verkauf stand, wurde dieser zum Preis von 17.000 Taler gekauft. Zunächst war nur daran gedacht, dort ein Sommerhaus zu errichten. Oskar Henschel skizzierte selbst eine kleine Villa, beauftragte dann den Geheimen Baurat Engelhard und anschließend den Stadtbaurat Rudolph mit einem Entwurf. Da deren Pläne nicht gefielen, wurde Kontakt zu Professor Richard Lucae (1829-1877) aus Berlin aufgenommen, nach dessen Entwürfen, auf der Grundlage der vorliegenden Zeichnungen Oskar Henschels, der Bau des Hauses Henschel[129] dann durchgeführt werden sollte.

Der Architekt Lucae war Lehrer an der Bauakademie Berlin, später deren Direktor, und verstand sich als Schüler Karl Friedrich Schinkels. Er entwarf einige kleinere Privathäuser und ab 1870 auch größere Bauten wie das neue Theater in Frankfurt am Main, das neue Palais Borsig oder auch die Fassade des neuen Handelsministeriums in Berlin. Offensichtlich stimmte Richard Lucae mit dem Auftraggeber Henschel darin überein, dass Gebäude edle Einfachheit bewahren sollten. Sophie und Oskar Henschel sahen sich in Frankfurt am Main mehrere Privathäuser wegen der Innenausstattung an, befanden aber, dass diese „für uns viel zu elegant"[130] waren. Der Bau des Hauses Henschel kostete schließlich rund 115.000 Taler.[131] Die Villa, die auch einen Wintergarten besaß, der für 6.000 Taler in der Fabrik hergestellt worden war, wurde im März 1871 bezogen.

‚Der Vaterländische Frauenverein zu Cassel': ein Frauenverein im Zeichen des Roten Kreuzes

Im Januar 1869 lud die Frau des Kommandierenden Generals des XI. Armeekorps, Gräfin Helene von Monts (1827-1890), zwölf Damen der höheren Gesellschaftskreise Kassels zu einer Zusammenkunft ein: Man wolle über die Gründung eines Vaterländischen Frauenvereins unter dem Roten Kreuz in Kassel beraten.[132] Die Aufgabe dieses Frauenvereins solle eine zweifache sein: im Krieg für Verwundete und Erkrankte sorgen und im Frieden außerordentliche Notstände lindern helfen. Als Mitglieder des Vereins wolle man Frauen jeden Alters, verheiratet oder unverheiratet, ohne Unterschied ihres sozialen Standes und auch unabhängig von ihrer Konfession gewinnen. Alle diese Frauen sollten im Verein zu gemeinsamer Tätigkeit zusammengeschlossen werden.

Diese Initiative wurde zustimmend aufgegriffen, und drei Monate später, am 29. April, fand die erste größere Versammlung statt, die von 180 Teilnehmerinnen besucht wurde. Eingeladen hatten dieses Mal Frau von Gersdorff, die Ehefrau des Generals Hermann von Gersdorff (1809-1870)[133], und Freifrau Marie von Hardenberg, die Frau des Regierungspräsidenten Hans Freiherr von Hardenberg (1824-1881)[134]. Auf diesem Treffen wurden Gräfin Monts, Frau von Gersdorff, Freifrau von Hardenberg und Sophie Henschel in den Vorstand gewählt. Den Vorsitz übernahm Gräfin Monts. Der neugegründete Verein verstand sich als Bezirksverein, der sich über den ganzen Regierungsbezirk auszudehnen gedachte. Am Ende des ersten Jahres konnte er 229 Mitglieder verzeichnen, von denen 45 aus dem Regierungsbezirk kamen. In Hofgeismar hatte sich ein erster Zweigverein mit 51 Mitgliedern gebildet. Das Gründungskapital des Vereins belief sich auf nur 77½ Taler. Im ersten Jahr wurden Menschen unterstützt, die durch Naturkatastrophen oder Brände in Not geraten waren.

Der Kasseler Verein war ein Zweigverein des preußischen Vaterländischen Frauenvereins, der von der Königin und späteren Kaiserin Augusta am 11. November 1866, am Tag der Siegesfeier, in Berlin gegründet worden war. Er hatte als offiziellen Namen ‚Vaterländischer Frauenverein unter dem Roten Kreuz' gewählt, und er beabsichtigte, jene „weiblichen Kräfte, die während des Krieges ohne Unterschied der konfessionellen und Standes-Verhältnisse so wahrhaft aufopfernd und großartig gewirkt haben, auch im Frieden gemeinsam in erfolgreicher Tätigkeit zu erhalten."[135] Ambitioniert erklärte er die Bildung eines Bandes „der Hülfsleistung für die ganze Monarchie" als Ziel. Unter seinem Dach waren demnach die Frauen-Hilfsvereine zusammengefasst worden, die sich während des preußisch-österreichischen Krieges in Preußen gebildet hatten. Dieser Verbund unterschied sich von diesen allerdings dadurch, dass er über seine Hilfstätigkeit im Krieg hinaus weitergehende Aufgaben übernehmen wollte. Der Vaterländische Frauenverein hatte daher in seinen Statuten festgelegt, sich in Friedenszeiten der Linderung sozialer und wirtschaftlicher Not zu widmen. Hilfe wollte er bei örtlichen und nationalen Katastrophen wie Überschwemmungen,

Bränden oder Seuchen leisten. Dies sollte durch Sammlungen und Verteilung von Geld und Materialien geschehen. Ganz ähnlich wie in Kassel war auch die Zusammensetzung des Vorstandes in Berlin: Mitglieder kamen aus dem Hochadel, dem Großbürgertum[136], aus den Bereichen des Militärs und des Beamtentums.

Historische Vorläufer hatten die Vaterländischen Frauenvereine in den patriotischen Frauenvereinen, die in den Befreiungskriegen zwischen 1813 und 1815 entstanden waren.[137] Die Idee des Roten Kreuzes – Schutz und Versorgung im Krieg verwundeter und erkrankter Soldaten – ging auf den Schweizer Henry Dunant (1828-1910) zurück, dessen Initiativen im Oktober 1863 zur Gründung des Internationalen Komitees vom Roten Kreuz und im August 1864 auf einer internationalen Konferenz zum Abschluss der Genfer Konvention geführt hatten. Die Teilnehmer dieser Konferenz hatten beschlossen, in den einzelnen Staaten Hilfsgesellschaften zur Unterstützung des militärischen Sanitätsdienstes zu gründen. Als deren Schutzzeichen wurde das rote Kreuz auf weißem Feld gewählt: die farbliche Umkehrung des Schweizer Wappens. In Deutschland hatte Henry Dunant Offenheit für seine Idee in Preußen, Sachsen, Hessen-Darmstadt, Baden, Bayern und Württemberg gefunden. Daher waren in Deutschland zwischen 1863 und 1866 Gesellschaften des Roten Kreuzes entstanden.[138]

Im Jahr 1869 beschlossen die Vaterländischen Frauenvereine unter dem Roten Kreuz, in Zukunft insbesondere die ‚zivile' Krankenpflege zu fördern und Krankenschwestern auszubilden, denn die originäre Aufgabe der Kriegskrankenpflege zur Unterstützung des militärischen Hilfsdienstes war nur denkbar mit qualifiziertem Pflegepersonal. Qualifiziertes Personal in ausreichender Zahl setzte eine kontinuierliche Krankenpflege im Frieden voraus. Mit diesem Beschluss entwickelten die Vaterländischen Frauenvereine nicht nur eine neue Charakteristik, sondern griffen wesentlich in die Verbesserung des öffentlichen Gesundheitswesens ein. Sie verstanden sich nun nicht mehr als rein karitative Hilfsorganisationen im traditionellen Sinne, sondern traten in Zukunft als Trägerverein für soziale Einrichtungen, Krankenhäuser und Krankenpflegeinstitute auf und engagierten sich für die hygienische Erziehung. Dies geschah überkonfessionell, nicht mit religiöser, sondern vielmehr mit humanitärer Begründung. Generell lässt sich konstatieren, dass sich die Rotkreuz-Krankenpflege und die Rotkreuz-Schwesternschaften im Rahmen einer Debatte um eine Reform der Krankenpflege entwickelt hatten. Auch wenn die Frauenvereine ihr Modell als eine Ergänzung zur bisher bestehenden konfessionellen Krankenpflege vorgestellt hatten, reagierten die kirchlichen Verbände empfindlich. So stießen die Vaterländischen Frauenvereine in den Anfangsjahren mit ihren Ambitionen auf krankenpflegerischem Gebiet immer wieder auf Vorbehalte von konfessioneller Seite, die ihre Unternehmungen als Konkurrenz empfand.

Aber auch von anderer Seite wurden immer wieder erhebliche Bedenken gegen die Formierung eines solchen Frauenverbandes vorgetragen. Meist wurden geschlechterpolitische Argumente angeführt: Militärs fürchteten im Bereich des militärischen Sanitätswesens ein starkes feminines, nicht disziplinier- und unterordnungsfähiges Moment, das andererseits den Realitäten eines Krieges nicht gewachsen sei. Staatliche und kommunale Beamte wiederum wehrten sich gegen die Zusammenarbeit mit Vereinsdamen, weil ihnen der weibliche Geschlechtscharakter als nicht fähig zu geordneter, kontinuierlicher und unsentimentaler Verwaltungsarbeit etwa im Bereich der Armenpflege erschien. Für die Beamten war Privatwohltätigkeit nicht mit staatlicher und kommunaler Fürsorge vereinbar. Obwohl die Frauenvereine des Roten Kreuzes die Geschlechterverhältnisse nicht ändern wollten und sich selbst auf ‚weibliche Anlagen' bezogen, fürchteten zahlreiche Männer die Grenzüberschreitungen und die politischen Dimensionen, die in den pragmatischen Ansätzen der Frauen in der sozialen Arbeit lagen.

Die Vaterländischen Frauenvereine, die sich patriotisch und monarchietreu gaben, nahmen eine erfolgreiche Entwicklung. Besaßen sie 1866 in Preußen nur wenige hundert Mitglieder, so waren 1914 schließlich 500.000 organisiert. Ihr Vermögen lag schon 1902 bei mehr als 17 Millionen Mark. Die rasche Ausbreitung war nicht nur in Preußen, sondern auch in den anderen Bundesstaaten dem Umstand geschuldet, dass die Ehefrauen regierender Fürsten das Protektorat über die in vielen Fällen auf ihre Initiative entstandenen Frauenvereine übernahmen. Die Vorstandsarbeit bot Fürstinnen, adligen und bürgerlichen Frauen, die oft Ehefrauen staatlicher oder lokaler Beamten waren, Gelegenheit zu standes-, aber auch zu zeitgemäßem sozialen Engagement. Die Verbindung einer karitativsozialen mit einer patriotisch-monarchischen Dimension machte sicher einen Aspekt des Erfolgs aus. Die gesellschaftliche Reputation der Vereine, die zugleich Einfluss- und Gestaltungsmöglichkeiten verhieß, machte diese trotz Phasen verzögerter Entwicklung auf Dauer für große soziale Gruppen attraktiv.

Durch die erste bedeutende Hilfskampagne, die die Vaterländischen Frauenvereine für die von Hungersnot und Epidemien geplagten Ostpreußen in den Jahren von 1867 bis 1869 organisierten, wurden sie in größeren Kreisen bekannt und ihre gesellschaftliche Akzeptanz wuchs. Die preußische Königin spendete 70.000 Taler, die Vaterländischen Frauenvereine sammelten nochmals 400.000 Taler. Einen zweiten Schub ihrer Entwicklung verdankten sie dem nationalen Enthusiasmus angesichts des deutsch-französischen Krieges 1870/71, in dem sie erneut eine enorme Spendensumme aufbrachten: Mehr als 12,5 Millionen Taler wurden gesammelt.

Auch in Kassel ergingen im Juli 1870 mehrere Aufrufe des Vaterländischen Frauenvereins an „die Frauen und Jungfrauen der hiesigen Stadt und des Regierungsbezirks"[159], sich ihnen anzuschließen und Geld- und Sachspenden zu stiften. Parallel hierzu wurde eine Anzeige geschaltet, in der eine unentgeltliche Ausbildung zur Krankenpflegerin angeboten wurde. Die Kosten hierfür wollte der Verein übernehmen. Der Rotkreuz-Verein der Männer, der den Namen ‚Verein zur Pflege im Felde verwundeter und erkrankter Krieger' trug, und der Vaterländische Frauenverein schlossen sich zu gemeinsamer

Tätigkeit zusammen und bildeten ein gemeinsames Leitungsgremium. In allen Räumen des Fürstenhofes wurde ein Haupt-Reserve-Depot der Feldarmee errichtet, das für eine große Zahl von Lazaretten zuständig war und als zentrale Sammelstelle für alles Verbandmaterial fungierte, das dem XI. Armeekorps nachgesandt werden sollte. Eigene Delegierte brachten die Waggons zum Kriegsschauplatz. Auf dem Bahnhof wurde eine ‚Erfrischungs-Station' eingerichtet, bei der sechs Männer und Frauen Tag und Nacht tätig waren. Die Kriegsschule und das große Train-Depot auf dem Möncheberg wurden zu Lazaretten umgebaut. Auch hier waren Mitglieder des Frauenvereins tätig, u. a. auch Sophie Henschels Schwägerin Auguste. Regelmäßig wurde in den folgenden Monaten in der Hessischen Morgenzeitung eine namentliche Spendenliste veröffentlicht und Rechenschaft über die bisherigen Aktivitäten abgelegt.

Sophie Henschel saß mit Gräfin Monts, dem Präsidenten des Appellationsgerichts Luther und dem Regierungspräsidenten Freiherr von Hardenberg im Direktorium der beiden verbundenen Vereine und arbeitete außerdem im Depot mit. In dieser Tätigkeit profitierte sie von ihren engen Kontakten zum Oberpräsidenten. Seine Nachrichten oder Antworten an das Direktorium sandte er ihr oft direkt in das Depot. Sie konferierten auf diesem Weg über die Besetzung von Lazarettleitungen: „Haben Sie schon mit Fr. W. wegen des Lazarettes zu Langenselbold gesprochen u. ist sie bereit? Sonst habe ich in der Person eines Frl. v. Stark eine wie es … scheint geeignete Persönlichkeit."[140] Am 2. September, am Tag der Schlacht bei Sedan, traf Sophie Henschel eine eigensinnige Entscheidung, auf die sie noch nach 30 Jahren stolz war. Sie traf diese Entscheidung, obwohl der Oberpräsident ihr zunächst abgeraten hatte. Als sie von der großen Schlacht gehört hatte, hatte sie überlegt, auf welchem Weg die gepackten Transporte am schnellsten dorthin kommen könnten: „… mir kam bei einem Blick auf die Wandkarte der Gedanke dieselben, als neutral durch das ‚Rote Kreuz', durch das neutrale Belgien fahren zu lassen."[141] Die Antwort Eduard von Moellers lautete: „Die Antwort auf das gestrige Telegramm füge ich bei, um dasselbe gütigst an H. v. Hardenberg zu geben oder direkt das Geeignete darauf zu verfügen. Eine Sendung nach Sedan durch Belgien halte ich nicht für praktisch, die Hindernisse werden zu groß sein. Per Eisenbahn könnten Waggons bis Neuf-chateau gehen, von da müßten Fuhren genommen werden."[142] Er versprach ihr aber, deswegen in Brüssel anzufragen. Wenig später wurde dann doch die Erlaubnis telegrafisch erteilt: „… u. so kam der hiesige Transport als erster nach Sédan, wo's große Noth zu lindern gab! Hierauf war ich immer ein wenig stolz, u. überhaupt empfand ich es als hohe Freude in solcher Zeit etwas mitleisten zu können."[143]

Der Rechenschaftsbericht nach Beendigung des Krieges bestätigte, dass die allgemeine patriotische Mobilisierung zu einer Verdoppelung der Zweigvereine in der Provinz Hessen-Nassau geführt hatte. 154.169 Taler waren gesammelt worden, die gestifteten Gegenstände hatten einen Wert von noch einmal 98.452 Taler. Für die Familien der Soldaten waren allein in Kassel nochmals 24.000 Taler aufgebracht worden. Mit

Wir Wilhelm,
von Gottes Gnaden
König von Preußen etc.

das Verdienst-Kreuz für Frauen und Jungfrauen

19

Sophie Henschel erhielt 1871 ihre erste Auszeichnung vom preußischen König: das Verdienstkreuz für Frauen und Jungfrauen.

Text:
Wir Wilhelm von Gottes Gnaden König von Preußen etc: haben auf Vorschlag Ihrer Majestät der Kaiserin und Königin, nach vorgängiger Prüfung durch die verordnete Kommission, der Frau Kommerzienrath Sophie Henschel, geb. Caesar aus Rothenhoff zu Cassel, das Verdienst-Kreuz für Frauen und Jungfrauen verliehen, und ertheilen derselben über den rechtmäßigen Besitz dieser Auszeichnung das gegenwärtige Beglaubigungs-Schreiben mit Unserer eigenen Unterschrift und dem beigedruckten Königlichen Insiegel. Berlin, den 18. Juni 1871. Wilhelm.

1.450 anderen Frauen in Preußen erhielt auch Sophie Henschel am 18. Juni 1871 für ihren Einsatz während des Krieges das ‚Verdienstkreuz für Frauen und Jungfrauen'. Dieses neu gestiftete Verdienstkreuz war ausdrücklich auf Wunsch der Kaiserin, die auch die Frauen zur Verleihung vorschlug, vom kürzlich ausgerufenen Kaiser Wilhelm I. als Auszeichnung im Sinne einer deutschen Einheit angelegt worden, sollten doch nicht nur Preußinnen, sondern auch Frauen aus anderen deutschen Bundesstaaten geehrt werden.[144] Konsequenterweise erfolgte am 12. August 1871 dann auch der Zusammenschluss der Vaterländischen Frauenvereine Preußens mit denen anderer deutscher Staaten zum ‚Verband der Deutschen Frauenvereine vom Roten Kreuz'. Ein Jahr später, am 18. Oktober 1872, wurde Sophie Henschel noch die ‚Kriegsgedenkmünze für Nichtcombattanten' für die im Rahmen des Vaterländischen Frauenvereins während des deutsch-französischen Krieges geleistete Pflege Verwundeter und Kranker zugesprochen. Es waren Sophie Henschels erste Auszeichnungen, denen zahlreiche weitere nachfolgen sollten.

Sophie Henschel wurde im Oktober 1871 mit anderen Frauen, die im Depot tätig gewesen waren, zu einem Empfang des in Kassel weilenden Kronprinzen geladen. Als Kaiserin Augusta einen Monat später die Fabrik der Henschels besichtigte, fragte sie nach der Unternehmergattin. Als sie erfuhr, dass diese in ihrer Villa am Weinberg mit 50 anderen Frauen damit beschäftigt war, für die Angehörigen der Kasseler Soldaten, die noch in Frankreich waren, Weihnachtsgaben zu nähen, verlangte sie dringend, auch noch zur Villa zu fahren. Wegen des engen Zeitplans ihres Besuches in Kassel konnte ihr Wunsch dann doch nicht erfüllt werden. Während ihres Kasseler Aufenthaltes lud die Kaiserin schließlich noch die ‚Depot-Damen' zum Empfang auf das Schloss. Diese Begebenheiten zeigen, dass durch die Tätigkeit im Vaterländischen Frauenverein für Sophie Henschel ein Bereich entstanden war, der sie unabhängig von der Firma in eine eigenständige Beziehung zum Hof setzte.

20
Das junge Fabrikantenpaar im Jahr 1871

Ein erstes ‚Krankenpensionat' und der Beginn der Ausbildung von Krankenpflegerinnen

In Kassel war man nach Kriegsende grundsätzlich gewillt, die Vereinsziele für den Frieden umzusetzen. Man wollte deswegen nicht nur die Kranken- und Armenpflege bestehender Vereine unterstützen, sondern zusätzlich eine eigene Krankenpflegerinnen-Station einrichten.[145] Diesem Vorhaben war jedoch kein Erfolg beschieden. Das Abflauen der patriotischen Begeisterung, die in vielen Landesteilen zu beobachten war, trat auch in Hessen-Nassau ein. Sophie Henschels Mitarbeit im Verein war durch familiäre Ereignisse stark eingeschränkt. Am 13. April 1872 starb ihre Schwiegermutter Ernestine, und am 3. Oktober 1873 wurde ihr Sohn Karl geboren. Im Frühjahr 1874 unternahm sie mit ihrem Mann und in Begleitung von August Bromeis (1813-1881), Professor an der Kasseler Kunstakademie, eine längere Italienreise.

Im Jahr 1875 startete der Kasseler Vaterländische Frauenverein erneut den Versuch, eine

Krankenpflegerinnen-Station einzurichten. Als Grund wurde deutlich der „Mangel an geübten Krankenpflegerinnen“ angesprochen. Da der Frauenverein Kenntnis davon erhalten hatte, dass auch das Diakonissenhaus Treysa eine Station in Kassel plane, vergewisserte er sich zunächst über dessen Pläne, um Möglichkeiten einer Kooperation zu prüfen. Dessen Vorstand erklärte im Februar 1875, er wolle lediglich im bescheidensten Maße eine Unterkunft für seine in Kassel und dessen Nähe beschäftigten Schwestern gründen. Der Frauenverein war jedoch mit dem Ziel angetreten, „dem Publikum die Wohlthat einer geordneten und zuverlässigen Krankenpflege“ zu verschaffen. Daher musste er nun an die Verwirklichung einer eigenen Station gehen. Aber auch die war zunächst sehr bescheiden geplant, erst wenn das Angebot erfolgreich angenommen werden sollte, wollte man an eine Ausdehnung denken. In der Station sollten keine Kranken aufgenommen, sondern Pflegerinnen untergebracht werden, die für Hauspflege in Anspruch genommen werden konnten. Bemerkenswert ist, dass sich dieses Modell einer „geordneten“ Krankenpflege an unterschiedliche Gesellschaftsschichten richtete. Die geltenden Kostensätze für die Krankenpflege waren mit Ärzten abgesprochen, Ärmere sollten die Pflege günstiger erhalten. Vermögendere wurden gebeten, sich nicht an die Sätze zu halten, sondern im Verhältnis ihrer Mittel das wohltätige Unternehmen kräftigst zu unterstützen. Die Pflege für einen halben Tag kostete 75 Pfennige.[146] Wegen der Anstellung geübter Pflegerinnen wandte sich der Frauenverein erneut an das Diakonissenhaus in Treysa. Der Vorstand des Diakonissenhauses lehnte jedoch den Einsatz von Diakonissen in der geplanten Station mit der Begründung ab, „Diakonissen könnten nicht unter den Vorstand des Vat. Frauenvereins gestellt werden“[147].

Die ersten Versuche, für die Station Räume zu erhalten, scheiterten. Weder im Elisabethenhospital, noch im später neu erbauten Süsterhaus konnte man unterkommen. Die Pflegerinnen in Privatfamilien unterzubringen war ebenfalls nicht möglich. Daher wurde am 15. Oktober 1875 ein festes ‚Asyl für freiwillige Krankenpflege’ in einigen gemieteten Zimmern in der Frankfurter Straße 31 eingerichtet. Die Pflegerinnen wohnten hier, so heißt es, unter dem Schutz einer verwitweten Pastorin. Es wurden vier Pflegerinnen – zwei ausgebildete und zwei Lehrschwestern – untergebracht, die für Hauspflege in Anspruch genommen werden konnten. Die beiden ausgebildeten Schwestern hatte der Verein vom ‚Badischen Frauenverein unter dem Roten Kreuz’ übernommen. Dies war die Keimzelle des ‚Verbandes der Schwesternschaften unter dem Roten Kreuz’ in Kassel. Die Einrichtung des Asyls war nach Angaben Sophie Henschels sehr bescheiden und stammte größtenteils aus Schenkungen. Kaiserin Augusta, die sich selbst intensiv um die Entwicklung der Vaterländischen Frauenvereine kümmerte, wünschte, die Station zu besuchen. Als Vorsitzende des Vaterländischen Frauenvereins Kassel hatte die Frau des Oberpräsidenten Freiherr Ludwig August von Ende (1815-1889)[148], Freiherrin Eleonore von Ende (1831-1907), dem Oberhofmeister der Kaiserin jedoch erklärt, dies ginge nicht, weil diese Station ein „Schweineloch“ wäre. Die Kaiserin ließ sich davon jedoch nicht abhalten, fand wohl auch die Zustände nicht so schlimm und fragte die Vorsitzende: „Ou est donc le trou de cochons? [Wo ist denn der Schweinetrog?, O. W.-H.]“.[149] Sophie Henschel hatte bei dieser Gelegenheit einen glücklicheren Auftritt. Sie überreichte als stellvertretende Vorsitzende der Kaiserin ein Bukett. Sophie Henschel hatte dafür Blumen binden lassen, die das rote Kreuz in weißem Feld bildeten, und die sie mit einer kleinen Ansprache überreichte. Als Dank übersandte ihr die Kaiserin eine Brosche mit dem preußischen Adler.

Dieses Ereignis stellte eine Schlüsselsituation in der Vereinsentwicklung dar. Ganz offensichtlich erfreute sich Sophie Henschel des Wohlwollens der Kaiserin, was bei mehreren Gelegenheiten schon zum Ausdruck gekommen war. In der kritischen Frage an die amtierende Vereinsvorsitzende schwang mit, dass die Kaiserin deren negative Grundstimmung für den Verein als hemmend empfand.[150] Möglicherweise hatte sie, die als Protektorin der Vaterländischen Vereine energisch und beständig deren Entwicklung anschob, den Wunsch, Sophie Henschel, die ihr offensichtlich sympathisch war und auch fähig erschien, stärker in die Vereinsverantwortlichkeit zu ziehen.

Parallel zur Einrichtung der Station unternahm der Kasseler Verein einen ersten Anlauf, Krankenpflegerinnen in Kassel ausbilden zu lassen. Die Lehrzeit sollte drei Monate umfassen und im Landkrankenhaus in Bettenhausen unter Anleitung der dortigen Ärzte durchgeführt werden. Die Kosten wollte der Vaterländische Verein übernehmen. Somit konnten sich auch mittellose Frauen diese Ausbildung leisten. Mit dem Hinweis auf die „Bedeutung einer wohlgeordneten Krankenpflege“ für alle Klassen und auf den Mangel an Kräften versuchte man Bedenken der Kirchen zu begegnen, die in dieser Initiative eine Konkurrenz zur Diakonissenarbeit sahen. Deutlich wurde darauf verwiesen, dass die Krankenpflege der Diakonissen eine Liebesarbeit aus rein christlichen Motiven sei, der sich nur die wenigsten widmen würden, während der Vaterländische Frauenverein aus „reinen Gründen der Humanität“ und „praktischen Erwägungen“ eine größere Zahl von Pflegekräften ausbilden wolle. Mit Bezug auf die beruflichen Anforderungen und die Verantwortung sollte Interessierten eine „gesicherte Existenz“[151] geboten werden. Diese Initiative bedeutete den Einstieg zu einer beruflichen Krankenpflegerinnenausbildung in Kassel.

Der Vaterländische Frauenverein Kassel zählte zu diesem Zeitpunkt 276 Mitglieder, demnach nur geringfügig mehr als 1869. Auf seiner Jahresversammlung hatte er beschlossen, in Zukunft drei Aufgaben wahrzunehmen: 1. die Pflege armer Wöchnerinnen, 2. die Unterhaltung geübter Krankenpflegerinnen, 3. die Ausbildung von Krankenpflegerinnen. Es ist mit Sicherheit davon auszugehen, dass diese Entscheidungen ein Ergebnis des ersten Verbandstages der Deutschen Rotkreuz-Frauenvereine vom 7. bis 9. Oktober 1874 waren, auf dem intensiv über die Gewinnung weiblicher Kräfte für die Krankenpflege, die planmäßige Ausbildung von Krankenpflegerinnen und ihre genossenschaftliche Stellung als eine gemeinsame Aufgabe aller Frauenvereine debattiert worden war. Auf diesem Verbandstag wurde noch ein zweiter, weitreichender Beschluss gefasst: Zur effektiven Erfüllung der Vereinsziele sollte die lokale Kranken- und Armenpflege in Zusammenarbeit mit den Provinzial-, Kreis- und Kommunalbehörden getätigt werden. Die Tätigkeit der Vereine sollte damit in eine symbiotische Beziehung zu den provinzialen, regionalen und kommunalen Gebietskörperschaften gebracht werden. Einerseits sollten die Vaterländischen Frauenvereine diesen Organen der Selbstverwaltung immer wertvoller werden. Andererseits hoffte man darauf, dass diese bewogen werden könnten, im Gegenzug den Vaterländischen Frauenvereinen eine dauerhafte Unterstützung zuzusichern: „Wir können mit Zuversicht erwarten, daß die Förderung lokaler und provinzieller Interessen durch unsere Vereine und Anstalten uns mit der Zeit auch einen kräftigen Halt bei den Vertretern derselben verschaffen, und dadurch unsere eigene Entwickelung fördern wird.“[152]

Trotz der auf Weiterentwicklung drängenden Beschlüsse der Zentrale in Berlin blieb die Kasseler Initiative zögerlich. Der Verein kam nicht recht voran. Mit dem Phänomen der schleppenden Entwicklung in einigen deutschen Bundesstaaten und Regionen hatte sich der Gesamtverband in diesen Jahren mehrfach zu beschäftigen. Mit seiner Protektorin an der Spitze versuchte er hartnäckig, die Frauen wieder zu mobilisieren. In der nationalen Frauenvereins-Zeitschrift erschien eine kritische Betrachtung der stagnierenden Arbeit an einigen Orten, auch in Kassel: „Die Provinz Hessen-Nassau hat 1 Station für freiwillige Krankenpflege in Cassel, 3 Krankenhäuser, 1 Rettungshaus, 1 Industrieschule, 2 Kleinkinderschulen und 17 Krankenpflegerinnen unterstützt. Hier wie in Hannover scheinen der raschen Entwicklung des Zweig-Vereinswesens lokale Verhältnisse entgegen zu stehen. Die Provinz besitzt seit 3 Jahren 16 Zweigvereine.“[153] Nach dieser nationalen Schelte kam etwas mehr Bewegung in die Sache: Der Kasseler Vaterländische Frauenverein beschloss 1876 eine Neuorganisation. Für eine effektivere Umsetzung der Vereinsziele wurden Abteilungen, sogenannte Sektionen, eingerichtet. Vorerst waren es drei: eine zur Pflege kranker und armer Wöchnerinnen, eine zweite zur Beschaffung von Kleidungsstücken und eine dritte, die sich der freiwilligen Krankenpflege widmen sollte. Jede der Sektionen stand unter der Leitung einer Vorstandsdame. Erneut wurde die Krankenpflege zur Schwerpunktaufgabe erklärt.

Allmählich entwickelten sich die noch bescheidenen Unternehmungen erfolgreicher. Ein Jahr nach der Einrichtung von Sektionen waren sechs Pflegerinnen ausgebildet, von denen fünf in Kassel tätig waren. Eine war zu einer speziellen Ausbildung nach Straßburg geschickt worden. In diesem Jahr waren 1.323 Tages- und 1.214 Nachtpflegen durchgeführt worden. Die Unterhaltungskosten einschließlich der Einrichtung des Asyls hatten 8.000 Mark betragen. Der Hauptvorstand in Berlin hatte für die weitere Fundierung der Station 1.000 Mark zur Verfügung gestellt. Die Krankenpflegerinnen, die möglichst „auskömmlich“ gestellt werden sollten, erhielten bei freier Station als Minimal-Monatsgehalt 12,50 Mark, was sich je nach Dienstzeit steigern konnte. Außerdem war für sie schon 1875 eine Pensions- und Unterstützungskasse wohl mit einem geringen Betrag gegründet worden, die jedoch beständig angereichert werden sollte. Das, wenngleich niedrige, Gehalt und die Bereitschaft, auch für zukünftige Pensionen der Schwestern zu sorgen, waren bedeutende Hinweise darauf, dass die Krankenpflege als Erwerbsberuf für Frauen angelegt wurde. Für die unentgeltliche Pflege armer Kranker hatte der Verein von der Stadt Kassel einen Betrag von 400 Mark erhalten.[154] Ein zusätzlicher kleiner Erfolg bestand darin, dass auch die Mitgliederzahlen des Vereins etwas gestiegen waren.

Diese Ergebnisse ermutigten 1878 zu weiteren Schritten. Zum einen wurde die vierte Sektion ‚Vertheilung von Gaben an verschämte Arme' gegründet. Zum anderen wurde das erste bescheidene ‚Krankenpensionat' im Torgebäude am Wilhelmshöher Platz 6 eingerichtet, das zum ersten Mal für die Pflege von Kranken drei bis vier Betten, kurze Zeit später vier Zimmer mit sieben Betten zur Verfügung hatte. Die Leitung lag in den Händen der Schwester Victorine Herckenrath, der ersten Oberin der Rotkreuz-Schwesternschaft in Kassel.[155]

Sophie Henschel als Vorsitzende des Vaterländischen Frauenvereins

Sprunghaft entwickelte sich der Verein allerdings erst, nachdem im Jahr 1879 Sophie Henschel seinen Vorsitz übernahm, den sie 36 Jahre lang innehaben sollte. Sophie Henschel hatte mit hoher Wahrscheinlichkeit schon im Jahr zuvor als stellvertretende Vorsitzende stärker in die Führung des Vereins eingegriffen, denn unter Aufrufen und Briefen fehlte die Unterschrift der Vorsitzenden, während ihr Name stets mit dem Zusatz „stellvertretende Vorsitzende" versehen war. Leider gibt es keine Dokumente, in denen sich Sophie Henschel über ihre Motive, diese Aufgabe zu übernehmen, äußerte. Allerdings geben die mit Beginn ihres Vorsitzes vollzogenen Änderungen und die vom Verein sofort in Aussicht genommenen Projekte entscheidende Hinweise darauf, wie sie ihre Verantwortung auffasste und auszufüllen gedachte.

Sophie Henschel folgte von Beginn an der Devise: „Je mehr geordnete Arbeit dem Verein obliegt, desto größer auch die Betheiligung an demselben." Unter ihrer Leitung änderte sich als erstes die Vorstandsarbeit. Sie bewog die Vorstandsmitglieder, ihren Einsatz zu intensivieren. Sie versprach sich hiervon eine Belebung des Vereinslebens und hoffte, hierdurch auch das Interesse an dem Verein zu vergrößern und „demselben neue Freunde, Gönner und Mitglieder"[156] gewinnen zu können. Die Kassenführung und das Akten- und Registraturwesen wurden auf eine akkurate Grundlage gestellt. Um die Flexibilität zu erhöhen und eigenständig Rechtsgeschäfte tätigen zu können, wurden als nächstes die Vereinsstatuten revidiert. Das Verhältnis des Vereins als Bezirksverein zu seinen Anschlussvereinen wurde präzisiert und Statuten für die einzelnen Sektionen erarbeitet. Die Arbeit der Sektionen wurde durch regelmäßige Zusammenkünfte ihrer Vorstandsmitglieder und die Absprachen mit dem Vereinsvorstand aktiviert. In der Öffentlichkeit wurde mit einer „rastlose[n] Aufklärung in Wort und Schrift"[157] begonnen, wofür der Verein die Unterstützung aller Lokalzeitungen gewann.

Da durch die Belebung der Vereinsarbeit seit Amtsantritt der neuen Vorsitzenden die Anforderungen an den Verein permanent gewachsen waren, wurde der Vorstand erweitert und setzte sich nun aus 16 Frauen und fünf Männern zusammen. Dabei wurden in weitaus stärkerem Umfang als bisher Frauen aus der Gruppe der städtischen Eliten aufgenommen, etwa die Frau des Oberbürgermeisters, des Polizeidirektors, eines Pfarrers, eines Stadtrates, eines Fabrikanten und weitere Personen ohne Berufsangaben.

Um die Rolle und die Möglichkeiten Sophie Henschels als Vorsitzende erkennen zu können, erscheint es sinnvoll, an dieser Stelle die Struktur des Vereins nach der Revidierung der Statuten darzustellen. Satzungsgemäß unterschied er zwischen „Mitgliedern", „außerordentlichen Mitgliedern" und „Wohltätern". Die Mitglieder waren ausschließlich weiblich. Nach der Revision der Vereinsstatuten am 19. Februar 1881 lautete der Paragraph fünf, Mitglied und somit stimmberechtigt für die Generalversammlung könne „jede unbescholtene Frau oder Jungfrau ohne Unterschied des Glaubens und Standes"[158] sein. Sie hatte monatlich wenigstens 25 Pfennige zur Vereinskasse zu zahlen und musste sich verpflichten, nach Auftrag des Vorstandes oder einer Sektionsvorsteherin weibliche Handarbeiten unentgeltlich auszuführen oder sonst für den Verein tätig zu sein. Zu den außerordentlichen Mitgliedern konnten Männer gehören. Sie zahlten ebenfalls einen regelmäßigen Beitrag, hatten auch das Recht, an der Generalversammlung teilzunehmen und mitzuberaten, besaßen jedoch kein Stimmrecht. Wohltäter wurden diejenigen genannt, die dem Verein einmalige Geschenke an Geld oder anderen Gegenständen zuwendeten.

Die Vorstandsdamen wurden in der Generalversammlung gewählt. Diese wiederum wählten eine Vorsitzende aus ihren Reihen, einen Herrn als Schriftführer und einen als Kassierer und für beide auch einen Stellvertreter. Der fünfte Mann im Vorstand sollte möglichst ein praktischer Arzt sein, um den Verein in medizinischen Angelegenheiten beraten zu können. Der Vorstand sollte mindestens vierteljährlich im Vereinshaus tagen, die Vorsitzende hatte dazu schriftlich, mit Angabe der Tagesordnung einzuladen. Die Vorsitzende oder ihre Stellvertreterin hatten die Verhandlungen des Vorstandes und die Generalversammlung zu leiten, waren jedoch berechtigt, die Leitung nach ihrer Eröffnung bis kurz vor Schluss der Sitzung einem der Vorstandsherren zu übertragen. Der Vorsitzenden wurde auch das Recht zugestanden, an den Sitzungen der fünf Sektionsvorstände beratend, nicht aber beschließend teilzunehmen. Diese Festlegung wies darauf hin, dass die Selbstständigkeit der einzelnen Sektionen gewahrt sein sollte. Über ihre Aktivitäten und Bedürfnisse hatten diese allerdings dem Vereinsvorstand regelmäßig zu berichten.

Nach dem Amtsantritt Sophie Henschels begann der Frauenverein unverzüglich mit der Planung des ambitionierten Projektes eines eigenen Hospitals. Hierfür musste er die Rechte einer juristischen Person besitzen. Daher wurde bei der preußischen Regierung beantragt, die Korpora-

21
Sophie Henschel, Vorsitzende des Vaterländischen Frauenvereins zu Cassel

tionsrechte zu erhalten.[159] Noch bevor man diese Rechte endgültig zugesprochen bekam, wurde Ende 1880 ein Grundstück für ein eigenes Haus erworben – ein Beleg dafür, wie konsequent man gewillt war, die gefassten Pläne zu realisieren. Auf allen Ebenen des Vereins, auch in den einzelnen Sektionen, intensivierte sich die Arbeit. Auch die Sektion I berichtete von ihrem erweiterten wohltätigen Einsatz: „So werden denn jährlich etwa 150 arme verheirathete Wöchnerinnen mit Wochenkost oder rohen Viktualien oder Wickelzeug oder ausnahmsweise Geld unterstützt, nachdem die betreffenden Bezirksdamen des Sektionsvorstandes mit menschenfreundlicher Selbstverleugnung persönlich die Noth und andererseits die Würdigkeit der zu Unterstützenden festgestellt haben." Selbstbewusst äußerten die Vereinsmitglieder Kritik an der staatlichen und kommunalen Armenpflege, die ihnen „fast überall unzureichend und oft genug sogar unrichtig"[160] schien. Auch in der Ausbildung von Schwestern war man einen großen Schritt weitergekommen: Inzwischen belief sich deren Anzahl auf 27.

Sehr schnell hatte Sophie Henschel deutlich gemacht, dass sie ihre Aufgabe nicht als eine rein repräsentative ansah, indem sie dem Verein ausschließlich als bedeutende Person aus der Kasseler Wirtschaftselite mit ihrem angesehenen Namen präsidierte. Vielmehr brachte sie sofort sich selbst und ihren Sachverstand ein. Von Anfang an agierte sie mit Verhaltensweisen und Strategien, die einen Eigentümer-Unternehmer auszeichneten. Es ist erkennbar, dass sie durch intensive Mitarbeit Vorbild für die Mitstreiterinnen sein wollte. Gleichwohl beabsichtigte sie, durch Mitsprache Einfluss auf den Gang der Ereignisse zu nehmen. Aus ihrem Familienunternehmen kannte sie die Rolle des Unternehmers, der gewohnt war, Entscheidungen zu treffen und hierfür Verantwortung zu unternehmen. Ihr war präsent, dass die Voraussetzung für die Entwicklung eines Unternehmens der persönliche Einsatz und ein hohes Maß an Identifikation mit der zu leitenden Einrichtung war. Obwohl ihr die hohe Arbeitsbelastung ihres Mannes bewusst war, war Sophie Henschel ambitioniert genug, den arbeitsreichen Vorsitz des Vaterländischen Frauenvereins anzunehmen.

Ein weiteres Moment kam hinzu: Aus der günstigen Entwicklung der Firma Henschel war ihr geläufig, dass der Erfolg eines Projektes von einer soliden Leistung abhing, wozu die entsprechenden strukturellen und personellen Voraussetzungen zu schaffen waren. Es war notwendig, sich konsequent und für alle verlässlich auf die gestellte Aufgabe zu konzentrieren. Es musste darum gehen, auf den Zweck bezogen rational und vernünftig vorzugehen. Darüber hinaus war ihre soziale Kompetenz gefordert. Notwendig war die Fähigkeit, soziale Gruppen zu bilden, in denen sich Menschen, die vom Sinn der Unternehmung überzeugt waren, versammelten und sich zu begeistertem Engagement bewegen ließen. Diese Gruppen galt es im Sinne eines ‚esprit de corps' zu führen und sich dabei auch in schwierigen Situationen zu bewähren. Nur auf diese Weise konnte ein guter Ruf entstehen, der langfristig nach innen und außen vertrauensbildend und erfolgversprechend war. Zugleich war es für sie von großer Bedeutung, mit fachlich versierten, aber auch loyalen und dynamischen Mitarbeitern und Mitarbeiterinnen langfristig eng zusammenzuarbeiten. Als Dame der höheren Kreise, die bestimmte Konventionen der Gesellschaft bezüglich des schicklichen, das heißt zurückhaltenden Auftretens von Frauen in der Öffentlichkeit einhielt, war sie auch in dieser Hinsicht auf männliche Kooperation angewiesen.

In der ersten Phase fand sie einen engen Mitarbeiter in Paul Chuchul (1847-1921), der am 1. Oktober 1879 als junger Staatsanwalt nach Kassel versetzt wurde. Mit ihm, der schon in Gnesen als Schriftführer des Vaterländischen Frauenvereins Erfahrung gesammelt hatte, brachte Sophie Henschel zahlreiche wegweisende Projekte auf den Weg, die nicht nur in Kassel einmalig waren, sondern auch dem Hauptverein in Berlin mehrfach Anlass boten, auf die hier ausgearbeiteten pionierhaften Modelle und realisierten Erfahrungen zurückzugreifen und diese allen Vaterländischen Frauenvereinen zu empfehlen. Sieben Jahre, bis 1887, währte die vertrauensvolle Zusammenarbeit zwischen ihm und Sophie Henschel. Dann wurde Paul Chuchul zum Ersten Staatsanwalt in Lissa in Posen, anschließend Frankfurt a. d. Oder und später zum Geheimen Oberjustizrat und Landgerichtspräsidenten erst in Meseritz und dann in Stendal befördert. Aber auch nach seinem Weggang blieb eine kooperative Verbindung zwischen ihm und Sophie Henschel bestehen, denn Paul Chuchul übernahm im Rahmen des Deutschen Roten Kreuzes weiterhin zentrale Funktionen, etwa als Mitglied im deutschen und preußischen Zentralkomitee vom Roten Kreuz, im Hauptvorstand des Vaterländischen Frauenvereins und im Vorstand des ‚Volksheilstätten-Vereins vom Rothen Kreuz'. Darüber hinaus wurde er von 1902 bis 1919 Vorsitzender des ‚Verbandes Deutscher Krankenpflege-Anstalten vom Rothen Kreuz', den er 1882 maßgeblich mitbegründet hatte. Dieser Verband stellte sich die Aufgabe, den „interkonfessionellen Schwestern vom Roten Kreuz nicht bloß technische und ethische Ausbildung zu verschaffen, sondern auch wirtschaftliche Sicherheit und volle Gleichberechtigung neben den katholischen barmherzigen und evangelischen Diakonissen, gegenüber Erwerbs-Pflegerinnen."[161] An seinen späteren Arbeitsorten organisierte Paul Chuchul die Gründungen beziehungsweise Strukturierungen Vaterländischer Frauenvereine nach Kasseler Muster. Über Jahrzehnte war er häufig Referent auf zentralen Konferenzen und ferner Autor zahlreicher Artikel und Schriften des Roten Kreuzes.

Nach seinem Weggang trat an seine Stelle in Kassel als Schriftführer des Frauenvereins und enger Mitarbeiter Sophie Henschels Landesbankrat Dr. jur. Rudolf Osius (1847-1924), der mit der Tochter Emma des Medizinalrates Dr. Ernst Schotten verheiratet war. Dr. Schotten war als medizinischer Berater seit 1880 Mitglied im Vorstand des Kasseler Frauenvereins. Rudolf Osius sollte die Schriftführertätigkeit – und damit auch die zentrale Darstellung des Kasseler Vereins in der Öffentlichkeit – 21 Jahre ausüben. Er veröffentliche zahlreiche Artikel über die Tätigkeit des Kasseler Frauenvereins in der Verbandszeitschrift ‚Deutscher Frauen-Verband'. Neben seiner Vereinstätigkeit in Kassel kooperierte Rudolf Osius mit Paul Chuchul auf nationaler Ebene. Wie dieser sollte er dem ‚Verband Deutscher Krankenpflege-Anstalten vom Rothen Kreuz' als Vorsitzender von 1894 bis 1902 verbunden sein.

Mit der Übernahme des Vorsitzes hatte sich Sophie Henschel dafür entschieden, ihre Aufmerksamkeit und Arbeitskraft gemäß dem liberalen Ideal der sich selbst organisierenden Gesellschaft auf einen Verein zu richten. Mit ihm war ein Ort gegeben, wo sich Frauen als Bürgerinnen aktiv den öffentlichen Belangen zuwenden und sich an der Gestaltung des Gemeinwesens und der Verbesserung der Lebensverhältnisse der Stadtbevölkerung beteiligen konnten. Der Verein als ein Verbund von Personen sah sich zur Mitarbeit am Gedeihen des Ganzen und der Wohlfahrt der Bevölkerung aufgerufen. Es war Aufgabe der Vorsitzenden, diese Gemeinschaft umsichtig und kompetent zu organisieren, fürsorglich zu betreuen und dabei Probleme, Spannungen und Misserfolge zu vermeiden. Keineswegs bedeutete diese freiwillige Gemeinschaft von Bürgern und Bürgerinnen, dass sie Berührungsängste gegenüber dem Staat hatte, im Gegenteil: Dieser Verein war von seinem Anspruch her ein staatsnaher Verein, der die Zusammenarbeit mit staatlichen und kommunalen Behörden ausdrücklich suchte und unter dem Protektorat von Führungskräften Preußens und des Reiches stand. Er verstand sich aber nicht als deren Erfüllungsgehilfe, sondern als Vermittlungsinstanz zwischen Staat und Gesellschaft. Bei der Verwirklichung seiner Zielsetzung, Bedürfnisse der Bürgerschaft zu erfüllen, besaß der Verein autonome Handlungsräume.

Von entscheidender Bedeutung ist, dass sich Sophie Henschel einer Organisation zuwandte, die kein traditioneller Wohltätigkeitsverein sein wollte, der nur Hilfe leistete, in dem er Almosen verteilte. Vielmehr war es sein erklärtes Ziel, Almosen nur denen zu spenden, die erwerbsunfähig waren, bei anderen Notleidenden wollte man Selbsthilfe und Selbsttätigkeit anregen und generell Lebensverhältnisse verbessern. Dieser Vorgehensweise lag eine veränderte Vorstellung von Wohltätigkeit zugrunde. Im Prinzip lag hier der Beginn einer Bewegung für eine umfassende Wohlfahrtskultur, die nicht mehr Wohltat, sondern Wohlfahrt im Sinne des Gemeinwohls leisten wollte. Es war nicht mehr nur das traditionelle christliche oder konventionell weibliche barmherzige, eher passive soziale Mittun, sondern der stringente Ausbau des engagierten Ehrenamtes für Frauen auf verschiedenen Feldern der sozialen Arbeit. Mit der Ausübung zahlreicher Ehrenämter bewegten sich Frauen immer stärker in der gesellschaftlichen Öffentlichkeit und legten die Grundlagen für den späteren Einstieg von Frauen in die berufliche Sozialarbeit und in attraktive Erwerbsmöglichkeiten. Für diesen Prozess war entscheidend, dass sich der Rotkreuz-Frauenverein auf verschiedenen Arbeitsfeldern nicht allein am Gemeinwohl, sondern insbesondere auch am Frauenwohl orientierte.

Es musste Sophie Henschel als Unternehmergattin entgegenkommen, dass die Vaterländischen Frauenvereine über eine „umsichtige Verwendung der eingegangenen Gaben nach gesunden wirtschaftlichen Grundsätzen“[162] debattierten. Mit ihren Hauptarbeitsfeldern ‚Krankheitspflege', ‚Hygiene' und ‚soziale Arbeit' griffen sie drängende aktuelle, nationale und lokale Themen auf. Vor allem die Gesundheitsfrage sollte ein Kerngebiet der Sozialreform des Kaiserreichs werden, Gesundheit sich zu einem Leitbegriff in der Moderne entwickeln. Bei der Lösung der durch die Industrialisierung und Urbanisierung hervorgerufenen ‚sozialen Frage', mit der die Zeitgenossen die Notlage der arbeitenden Bevölkerung, ihr Elend, ihre Arbeits- und Lebensbedingungen und ihren moralischen Zustand zusammenfassend bezeichneten, maßen Zeitgenossen wie Rudolf Virchow oder der Hygieniker Max von Pettenkofer der Verbesserung der gesundheitlichen Situation der Bevölkerung eine zentrale Bedeutung zu. Gesundheitspflege und Gesundheitspolitik rückten immer stärker ins öffentliche Bewusstsein.

Gesundheitspolitische Fragen mussten Sophie Henschel auch wegen der eigenen Firma am Herzen liegen. Besonders in der Eisen-, Stahl- und Maschinenbauindustrie waren die Arbeitsbedingungen hart. Es gab lange Arbeitszeiten, hohe körperliche Beanspruchung, Umgang mit gefährlichen Stoffen und schweren Maschinen, Witterungseinflüsse und große Unfallgefahren. Dies bedeutete eine Bedrohung für die Gesundheit der Arbeiter. Für die Belegschaft war die Notwendigkeit einer ausreichenden und möglichst guten Krankenpflege und moderne Maßnahmen zur Wiederherstellung von Gesundheit und Arbeitskraft evident. Wenn Sophie Henschel den Vorsitz einer bürgerschaftlichen Wohltätigkeitseinrichtung mit sozialen und gesundheitspflegerischen Arbeitsfeldern übernahm, so entsprach dies dem Selbstverständnis der Familie Henschel, das fürsorgerische und soziale Sicherungsmaßnahmen als Bindeglied zwischen Unternehmer und Beschäftigten ansah. Der Verein beabsichtigte in diesem Sinne das finanzielle und ideelle Engagement aller Bürger und Bürgerinnen für die Bürgergemeinschaft, wobei er insbesondere die besser Gestellten zur Verantwortung für die sozial Schwachen aufforderte. Sophie Henschel verlor dabei ihre spezifische Verantwortung für die Henschelaner nicht aus den Augen, in dem sie ihnen durch zusätzliche Stiftungen wie Freibetten im Krankenhaus und später Kuraufenthalte unentgeltlich die Vereinsangebote öffnete.

Für die Stadt Kassel lässt sich ab Mitte des 19. Jahrhunderts eine Verstädterung feststellen, die ihr in Folge davon eine ‚soziale Frage' bescherte. Als Parameter hierfür lässt sich eine erhebliche Zunahme der Bevölkerung anführen. Während sie 1855 über 36.849 Einwohner verfügte, war diese Zahl im Jahre 1878 schon auf 55.406 angestiegen. Nur 20 Jahre später sollte sie bei 72.477 liegen und um 1900 war die 100.000-Marke überschritten.[163] Die Bevölkerungsmassierung, die Zunahme der Industrie und die Ausbreitung urbaner Lebensformen erforderten auch in Kassel immensen Handlungsbedarf. Die Stadt hatte in dieser Hinsicht Nachholbedarf. Es mussten Einrichtungen zur Versorgung und Entsorgung geschaffen werden. Die traditionelle Entsorgung von Abwässern, Exkrementen und Abfällen war nicht nur zu einer unerträglichen Belästigung, sondern auch zu einem Hort von Darm- und Magenkrankheiten, aber auch epidemischen Krankheiten wie Cholera und Typhus, geworden. Die Wasserversorgung durch den Bau von Wasserleitungen stellte eine dringliche Aufgabe dar. Die Stadt musste mit den neuen technischen Errungenschaften in Bezug auf eine Versorgung mit Gas und Elektrizität ausgestattet werden. Die räumliche Trennung von Wohn- und Arbeitsplatz erforderte ein innerstädtisches Transportwesen und neue Verkehrssysteme, die die Planung einer Infrastruktur und Stadtentwicklung notwendig machten. Ein nahezu unbegrenzter Wohnungsbedarf machte sich geltend, Hygiene und Gesundheitsvorsorge tauchten als kommunale Aufgaben auf. Eine weitere kommunale Pflichtaufgabe betraf das Schulwesen. Die Stadt hatte ausreichend Schulen vorzuhalten, für die Personalkosten der Lehrer, für die Sachaufwendungen bei Bau und Unterhaltung der Gebäude sowie für die Anschaffung und Unterhaltung von Mobiliar und Lehrmitteln zu sorgen. Zunehmend wurden an die Stadt auch Forderungen nach Erholungs- und Vergnügungseinrichtungen gestellt. In einzelnen Bereichen entstand zur Lösung der Probleme mit Kommunalwirtschaftsunternehmen ein neuer Typus von öffentlicher Wirtschaft. Insgesamt wurden an die Verwaltung der Stadt immense Aufgaben im Rahmen einer umfassenden Daseinsfürsorge und -vorsorge herangetragen, der sie zu diesem Zeitpunkt weder finanziell noch mit den Mitteln ihrer Verwaltung gewachsen war.

Die Kapitalanleihen, die die Stadt Kassel beim preußischen Staat beantragte, belegen die Schritte, die sie zur Bewältigung der Anforderungen einschlug. Anleihen sind aktenkundig für die Jahre 1868, 1872, 1878, 1888, 1893 und 1901.[164] Im Jahr 1868 holte sie die erste Genehmigung für ein Darlehen in Höhe von 1,3 Millionen Talern ein. Es sollte zum Bau von fünf bis sechs Schulhäusern, der Errichtung einer Wasserleitung, zur Ausführung des Stadterweiterungsplans und zur Konvertierung schon vorhandener städtischer Schulden dienen. Das Gesuch vier Jahre später bezog sich auf eine zusätzlich Kapitalaufnahme von 700.000 Taler. Als Begründung wurden die nicht vorgesehenen Ausgaben für die Stadt in Folge des Krieges und für Maßnahmen angegeben, die nicht länger aus sanitätspolizeilichen Rücksichten hätten verschoben werden können, womit eine Kanalisierung der Stadt gemeint war. Auch die Kosten für die Stadterweiterung seien zu gering veranschlagt gewesen. Bei den geplanten Schulbauten hätte die Stadt bisher nur die Realschule, die Bürgerknabenschule und die Töchterschule berücksichtigen können, erforderlich seien aber der Bau von zwei Freischulen und der Töchtermittelschule.

In der Beurteilung dieses Gesuches der Stadt durch den Regierungspräsidenten wurde die Stadt aufgefordert, „jede außerordentliche Ausgabe, sofern nicht die äußerste Nothwendigkeit dazu zwingt, gänzlich zu vermeiden". Dennoch ist 1878 die Rede davon, dass sich mit jedem Jahr die Balancierung der Ausgaben mit den Einnahmen der Stadtverwaltung schwieriger gestaltete und zuletzt zu bedenklichen Finanzoperationen geführt hätte. Das Heil wurde erneut in der Aufnahme von Darlehen gesehen. Die Anleihen von 1878 und 1893 hatten eine Höhe von 6 beziehungsweise 8,5 Millionen Taler. Sie wurden eingesetzt für die Vermehrung des Wasserzuflusses, Erbauung von Volksschulen und einer Realschule, Errichtung einer Gasanstalt und eines Elektrizitätswerkes, Schiffbarmachung der Fulda mit Hafen-Anlagen, Erweiterung und Verbesserung des Kanalnetzes, Herrichtung von Anlagen zur Klärung der Kanal-Abwässer, den Bau neuer Straßen, Platzanlagen und verschiedener Neuanlagen des Schlacht- und Viehhofes. Ein Posten Krankenpflege oder Krankenhaus war in der Prioritätenliste der Stadt nicht aufgeführt. Die kommunale Selbstverwaltung sah hierfür offensichtlich keine Notwendigkeit. Es war evident, dass zum Ausgleich fehlender urbaner Strukturen und zur Verbesserung schlechter Lebensbedingungen die private Initiative der Bürger, ihre Stiftungen und Spenden notwendig waren.

Ende der 1870er Jahre besaß Kassel für die Allgemeinheit nur das Landkrankenhaus in Bettenhausen, das vorzugsweise arme mittellose Kranke aufzunehmen hatte. Generell gab es zu diesem Zeitpunkt noch keine klare Funktionstrennung zwischen einem Krankenhaus im engeren Sinn, das auf stationäre Behandlung und Heilung von Erkrankten spezialisiert war, und einer Armenanstalt. Die frühen Hospitäler fungierten in erster Linie als Bewahr- und Pflegeanstalten für Arme, waren daher ursprünglich ein Instrument der Armenpflege gewesen. Die meisten Krankenanstalten beherbergten daher immer noch häufig Arme, bedürftige Kranke und Sieche und hatten niedrige bis mangelhafte Standards in ihrer Krankenpflege. Die meisten Patienten stammten aus der Unterschicht. Die Krankenanstalten, in denen oft schlechte hygienische Zustände herrschten, hatten den Ruf von Einrichtungen für Arme und wurden von den höheren Schichten gemieden.

Kassel war mit 21 anderen Städten mit einer Einwohnerzahl von 40.000 bis 70.000 dem Reichsgesundheitsamt unterstellt, das 1879 eine Statistik der Geburts- und Sterblichkeitsverhältnisse veröffentlichte. Auch wenn der Kasseler Stadtphysikus Dr. Gießler der Ansicht war, dass die sanitären Verhältnisse der Stadt nicht ungünstig seien, meinte er doch darauf hinweisen zu müssen, dass man von einem idealen Zustand in hygienischer Hinsicht noch weit entfernt sei: „Viele Erkrankungs- und Todesfälle lassen sich gewiß vermeiden und namentlich kann eine allseitige Fürsorge es zweifellos verhindern, daß ansteckende Krankheiten, die, wie das Wochenbettfieber, die Diphteritis, häufig unmittelbar übertragen werden, so relativ häufige Todesfälle bei uns noch im Gefolge haben."[165]

Vor diesem Hintergrund ergaben sich für die Vorsitzende und ihren Verein lohnende Herausforderungen. Die Realisierung eines vereinseigenen modernen Krankenhauses, das in der Bauweise höheren hygienischen Standards genügte, das eine verbesserte medizinische und pflegerische Betreuung und ebenso gute Verpflegung anböte, würde die Misere in der Krankenpflege beheben können. Ein so angelegtes und ausgestattetes Haus würde auch vermögenderen Schichten eine stationäre Behandlung interessant machen. Die Fortführung der vom Verein schon begonnenen Sicherstellung von Standards in der Ausbildung von Krankenpflegerinnen würde auch die Hauskrankenpflege noch begehrter machen, war doch schon in den letzten Jahren die vorhandene Nachfrage nach qualifizierten Kräften in der Privatkrankenpflege deutlich geworden. Sophie Henschel übernahm den Vorsitz in einer Zeit, als die Krankenpflege als Schwerpunktaufgabe formuliert war – sie konnte nun daran gehen, die vorhandenen Provisorien aus den Anfangsjahren zu beenden. Ihr Start war gleichbedeutend mit einer wichtigen Zäsur in der Vereinsentwicklung. Der Kasseler Verein begann unter ihrer Leitung ein gewichtiger Faktor im städtischen und regionalen Leben zu werden und auf das Geschehen im nationalen Verband auszustrahlen. Das erste große Projekt ihrer Amtszeit, das Augusta-Hospital, sollte eine „Musteranstalt wie hinsichtlich seines Personals und seiner Verwaltung so auch hinsichtlich seiner äußeren Erscheinung"[166] werden.

Vor dem Hintergrund dieser weit reichenden Veränderungen beurteilte der Geschäftsbericht das Jahr 1880 als Jahr von hervorragender Bedeutung für die Entwicklung des Vereins. Neben der Ausweitung der Vereinstätigkeit bestätigten auch steigende Mitgliederzahlen, inzwischen waren es 500, und die Neugründung von Zweigvereinen die erfolgreich eingeschlagene Strategie Sophie Henschels. Das erste Jahr unter der Vorsitzenden Sophie Henschel wurde mit dem Resümee abgeschlossen: „Die einzelnen Vorstandsmitglieder haben in erhöhtem Maße dem Vereine ihre Kräfte gewidmet, das Interesse an dem Vereine und dem Vereinsleben ist aber dadurch in hohem Grade vermehrt und in weitere Kreise übertragen."[167] Die nationale Vereinszeitung kommentierte anerkennend: Der Kasseler Verein werde von „einer Vorsitzenden unter Herrenbeistand"[168] geleitet.

‚Kaiserin-Augusta-Stiftung':
die erste ‚Krankenpflegeanstalt Rotes Kreuz'

Schon bald nach Einrichtung des Krankenpensionates am Wilhelmshöher Platz im Jahr 1878 hatte sich gezeigt, dass dieses nun auf ein stärkeres städtisches Bedürfnis traf. 26 Kranke waren während eines Jahres aufgenommen und zum Teil einige Monate lang gepflegt worden. Auch die Hauspflege war sehr nachgefragt worden: 596 zusammenhängende Tag- und Nachtpflegen und 213 einzelne Tages- und 60 einzelne Nachtpflegen waren durchgeführt worden. 24 Prozent der Pflegearbeit hatte die unentgeltliche Pflege von Armen ausgemacht. Für das Krankenpensionat und die Hauspflege hatten die Oberin und sechs Schwestern zur Verfügung gestanden. Der Verein legte Wert auf die Mitteilung, dass sich die Verpflegung nach den ärztlichen Verordnungen und nicht nach dem gezahlten Vergütungssatz gerichtet hatte. Die Kranken waren von ihren eigenen Ärzten oder vom Vereinsarzt behandelt worden.[169] Zwei Schwestern waren außerdem zur Pflege der an Typhus erkrankten Bevölkerung nach Tann i. d. Rhön versandt worden, die man ferner mit einer Spende von 6.000 Mark unterstützt hatte.

Eine wichtige Erfahrung war, dass inzwischen aufgrund der hohen Nachfrage Pflegebedürfnisse abgewiesen werden mussten. Außerdem war die Krankenstation nicht dafür geeignet, Kranke mit ansteckenden Krankheiten aufnehmen zu können. Eine weitere Schwierigkeit bestand darin, dass keine ausreichende Zahl von ausgebildeten Pflegerinnen zur Verfügung stand. Da das eigene Institut noch zu klein war, waren die

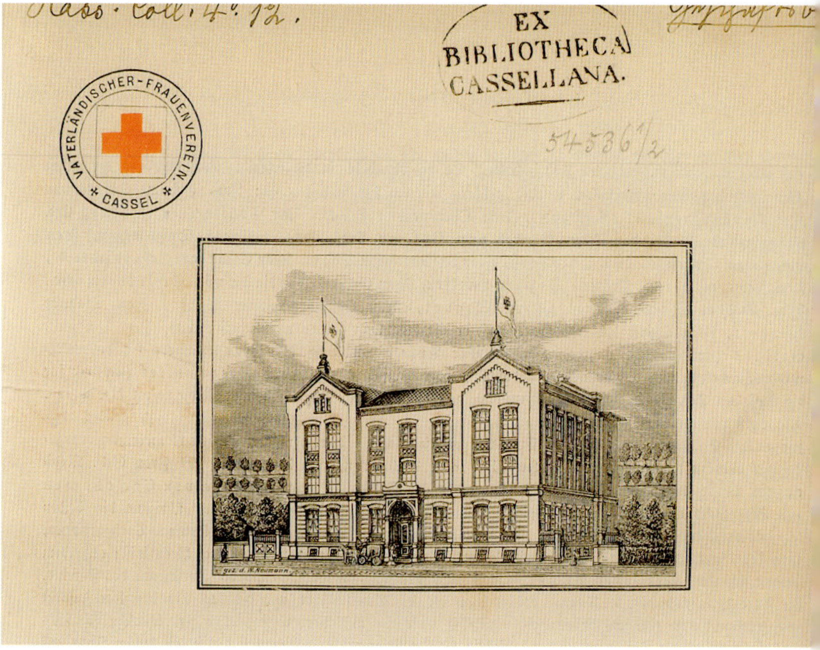

22
Die Krankenpflegeanstalt ‚Kaiserin-Augusta-Stiftung', Am Königsthor Nr. 38¼, erbaut durch den Vaterländischen Frauenverein 1881/82: die Vorgänger-Einrichtung des späteren Roten Kreuz Krankenhauses in der Hansteinstraße.

Lehrschwestern vorerst zur Ausbildung auf Vereinskosten in größere Krankenhäuser, insbesondere nach Frankfurt und in das Großherzogtum Baden, gesandt worden. Der Gedanke lag nahe, das Krankeninstitut zu vergrößern, um es weiteren Kreisen zugänglich machen zu können und damit zugleich die Voraussetzung zu schaffen, die eigenen Pflegerinnen auszubilden. Für eine Erweiterung waren allerdings erhebliche Mittel notwendig.

Einen Anlass für eine größere Spendenaktion bot die goldene Hochzeit Kaiser Wilhelms I. und Kaiserin Augustas am 11. Juni 1879. Das Kaiserpaar hatte anstelle von Geschenken um die Begründung „milder Stiftungen“ oder um Spenden für wohltätige Anstalten gebeten. Dies war für Provinzen, Kreise, Gemeinden, Genossenschaften sowie Vereine und Privatpersonen der Anstoß Krankenhäuser, Asyle, Pensions- und Altersversorgungskassen, Taubstummen- und Blindenanstalten zu gründen. Die Geldsammlung aller Vaterländischen Frauenvereine ergab eine Summe von 70.000 Mark. Kaiserin Augusta legte dieses Geld als „bleibender Nationalbesitz“ in einer Stiftung mit dem Namen ‚Frauen-Trost‘ an. Die Zinsen des Kapitals sollten jährlich an die Vaterländischen Frauenvereine für besondere Fälle ausgeschüttet werden. Daneben gab es Vaterländische Frauenvereine, die im Rahmen dieser Kampagne Spenden einwarben, um sie für eigene Projekte zu verwenden. Diese Sammlung ergab nochmals einen Betrag von 206.000 Mark.[170]

Auch der Verein in Kassel rief zu einer zweckgebundenen Sammlung auf. Der Erlös sollte zur Gründung eines eigenen Heims für die Krankenstation und das Krankenpflegerinnen-Institut, für ein Augusta-Hospital, verwendet werden. Der Regierungspräsident wurde veranlasst, den Kasseler Polizeipräsidenten sowie die Landräte und Amtmänner des Regierungsbezirkes um Unterstützung dieser Sammlungen zu bitten.[171] Das Resultat war eine Spendensumme von 9.000 Mark. Dies war ein Grundstock, um „die Erwerbung oder den Bau eines eigenen Hauses“[172] ernsthaft in Angriff nehmen zu können.

Nach wiederholter Umarbeitung der Statuten erhielt der Verein schließlich am 25. April 1881 den Status einer juristischen Person. Jetzt galt es, für den geplanten Hospitalbau weitere Gelder einzuwerben. Man wurde beim Hauptverein des Vaterländischen Frauenvereins, beim Zentralkomitee zur Pflege verwundeter und im Felde erkrankter Krieger, bei den kommunalständischen und anderen Behörden vorstellig. Die Bemühungen erbrachten 3.000 Mark vom Hauptverein und 1.000 Mark vom Zentralkomitee. 7.000 Mark wurden aus einem Kapitalfonds zur Verfügung gestellt, der nach dem Krieg 1870/71 vom Hauptverein angelegt worden war. Die nun vorhandenen Mittel reichten jedoch noch lange nicht für das Bauprojekt. Die zurückhaltende Position des preußischen Fiskus in Bezug auf staatliche Hilfen für wohltätige Zwecke machte der Finanzminister bei der Einbringung der Notstandsvorlage im Jahre 1880 deutlich. Er bemerkte hier, wenn der Staatssäckel geöffnet werde, könne man nicht mehr auf eine Betätigung der Privatwohltätigkeit hoffen.[173]

So blieb dem Vaterländischen Frauenverein nichts anderes übrig, als sich auf seine eigenen

Kräfte zu stützen. Er entschloss sich, weitere Sammlungen und Benefizveranstaltungen durchzuführen. Einen wesentlichen Betrag erzielte ein dreitägiger Bazar, der im Herbst 1881 im Militär-Civil-Kasino veranstaltet wurde. Arrangiert war er als Jahrmarkt mit Buden, in denen zahlreiche kostümierte Frauen allerlei verkauften. Weinstuben, Cafés und ein „Biertunnel" waren eingerichtet, Bänkelsänger traten auf, Militär- und sonstige Kapellen spielten, eine Vogel-Voliere, eine Menagerie, Seiltänzer, Kasperle-Theater verschafften kurzweilige Vergnügungen, und auch ein Schießplatz fehlte nicht: „Der von allen Kreisen der Bevölkerung besuchte Bazar bildete eine Zeitlang das Tagesgespräch und das größte Vergnügen unserer Stadt."[174] Es sei damit ein Jahrmarkt durchgeführt worden, wie er in Kassel noch nicht zum Geldausgeben gelockt hätte, mitunter sei das Gewoge der insgesamt 4.500 Besuchern kolossal gewesen. Dies schlug sich in der stattlichen Summe von 15.000 Taler nieder sowie in einer gewachsenen Popularität des Roten Kreuzes und seines geplanten Projektes.

Die Spenden, die in den nächsten zwei Jahren für die Baukasse eingingen, belegen nicht nur eindrucksvoll die Spendenbereitschaft, sondern auch die Fähigkeit des Vereins, diese zu mobilisieren. Eine kleine Gruppe machten die Einzelspender aus, die namentlich aufgeführt wurden: Justizrat Friedrich Oetker (2.990 Mark), Kaiserin Augusta (1.000 Mark), Kronprinzessin Viktoria (500 Mark), Prinz Karl von Preußen (200 Mark), Prinz Wilhelm von Preußen (150 Mark), Landgraf Alexis von Hessen (300 Mark), Fürst von Pleß (500 Mark). Eine zweite Gruppe stellten die Spenden von Vereinen: Männergesangsverein Kassel (1.142 Mark), Kapelle des 83. Infanterieregiments (123 Mark), Kaufmännischer Verein (35 Mark). Weitere finanzielle Unterstützung gewährten Teilvereine des Roten Kreuzes: Hessischer Provinzialverein (12.500 Mark), Zentralkomitee (500 Mark), Hauptverein des Vaterländischen Frauenvereins Berlin (5.000 Mark). Der Hessische Kommunallandtag überwies 6.000 Mark. Der größte Betrag kam jedoch durch Kollekten in der Bürgerschaft zusammen: etwa 36.000 Mark.

Sophie Henschel wird zunächst nicht als Einzelspenderin für das Bauprojekt aufgeführt. Allerdings hatten „24 Wohlthäter" über 8.000 Mark in Chargen von 50 bis 6.000 Mark zu Beginn der öffentlichen Kollekte gezeichnet. Im Hinblick darauf, dass dieser Beginn anregend auf die allgemeine Spendenfreudigkeit wirken sollte, liegt die Vermutung nahe, dass sie sich hieran anonym beteiligt hatte. Im Bericht über den Abschluss der Baukasse im Anhang des Geschäftsberichts 1883 wird sie dann aber als Spenderin einer Summe von 6.300 Mark genannt. Ein Jahr später wird außerdem erwähnt, dass sie ein von ihr gegebenes zinsloses Darlehen von 4.000 Mark dem Verein geschenkt habe. Damit hatte sie den weitaus größten Betrag unter den Einzelspendern gestiftet. Der Geschäftsbericht 1881 notierte angesichts der nun vorhandenen Gelder: „... so mag wohl die Hoffnung berechtigt erscheinen, daß es den Bemühungen des Vorstandes im kommenden Jahr gelingen wird auch die zur schuldenfreien Vollendung des Baues und der Einrichtung noch fehlenden etwa 90.000 M zu beschaffen."[175]

23
Schwesternhaus zum Roten Kreuz, erbaut 1889/90 als Nachbargebäude zur ‚Kaiserin-Augusta-Stiftung'

Der schon getätigte Grundstückskauf wurde rückgängig gemacht, da der Magistrat der Stadt dem Verein unter kulanten Bedingungen ein Grundstück anbot, das dem Verein geeigneter erschien: „Mitten im gesundesten und besten Theil der Stadt, an breiter Straße, mit Gas- und Wasser-Leitung sowie Kanal-Anschluß, bequem erreichbar durch Trambahn und doch nicht unmittelbar im Lärm und Staub der nahen Wilhelmshöher-Allee, zwischen voraussichtlich stets freie Luft lassenden Nachbargrundstücken ..."[176] Das Grundstück war 100 Quadratmeter groß, kostete 12.500 Mark und lag ‚Am Königsthor Nr. 38¼'.

Um dem selbstgesetzten Anspruch gerecht zu werden, eine Musteranstalt zu erbauen, setzte der Vorstand eine Baudeputation ein, die sich im Vorfeld der Planungen große Mühe machte. Ihr gehörte selbstverständlich auch Sophie Henschel an. Insgesamt umfasste sie 13 Personen, außer Sophie Henschel sechs weitere Damen und sechs Herren. Diese Kommission tagte während der zweijährigen Bauphase sehr häufig, in verschiedenen Phasen des Projektes sogar über längere Zeit täglich mehrere Stunden. Zunächst befasste sie sich mit den Plänen anderer derartiger Einrichtungen, holte die Meinung zahlreicher Sachverständiger ein und ließ dann mehrere Konzeptionen für die eigenen Vereinszwecke ausarbeiten, die wiederum technischen und medizinischen Sachverständigen zur Begutachtung vorgelegt wurden. Erst dann entschied sich der Vorstand für den Entwurf des Privatbaumeisters Wilhelm Neumann aus Kassel.

Das am 21. Oktober 1881 eröffnete Krankenhaus besaß 34 Zimmer und Säle und konnte regulär 38, maximal 48 Kranke in großfenstrigen Zimmern erster bis dritter Klasse aufnehmen. Es enthielt einen nach neuester Technik eingerichteten Operationssaal, vier Badestuben, sechs Klosetts, ein Arztzimmer, eine Hausapotheke, fünf Teeküchen, eine Hauptküche, breite gewölbte Korridore „mit bester Ventilation", vier große Tagräume und drei Balkons für die Rekonvaleszenten, eine Wohnung für die Oberin und „behagliche gesunde Wohnungen für 28 Schwestern beziehungsweise Pflegeschülerinnen".[177] Außerdem waren vorhanden ein großer Versammlungs- und Betsaal, ein Büro, ein Magazin für Kriegs- und Notstandsmaterial der Sektion I, eine Wohnung für den Hausdiener, große Keller und Bodenräume. Im Hof und im Garten konnten bei Krieg oder Epidemien Baracken aufgestellt werden. Der Pflegesatz pro Tag kostete in der ersten Klasse 5,50 Mark, in der zweiten 4 Mark und in der dritten Klasse 1,50 Mark. Mitglieder des Vaterländischen Frauenvereins erhielten, wenn sie dem Verein länger als ein Vierteljahr angehörten, ermäßigte Pflegesätze und zahlten auch für die Pflegeschwestern in der Hauspflege reduzierte Honorare.

Die Gesamtkosten des Baus beliefen sich am Ende auf insgesamt 145.131 Mark. Für die Einrichtung wurden nochmals 24.000 Mark gebraucht. Durch die eingeworbenen Unterstützungsbeiträge und Spenden konnte der Frauenverein davon 85.000 Mark aufbringen, der restliche Betrag musste in Form von Darlehen aufgenommen werden. Sophie Henschel hatte mit ihren Spenden etwa 10 Prozent der Gesamtsumme getragen. Zusätzlich stiftete sie 1899 ein Kapital von 12.000 Mark für ein Freibett für Familienangehörige der Arbeiter von Henschel & Sohn, wodurch in jedem Jahr zwischen zehn bis zwölf Kranke kostenlos aufgenommen werden konnten. Zu Beginn waren fünf Schwestern und drei Pflegeschülerinnen im ‚Krankenhaus vom Roten Kreuz', wie der Volksmund die ‚Kaiserin-Augusta-Stiftung' nannte, tätig. Bis zum Bau des Nachfolgeinstitutes im Jahre 1908 in der Hansteinstraße steigerte sich deren Anzahl kontinuierlich auf 99. Das Prinzip von stationärer Pflege im Krankenhaus und ambulanter Hauspflege wurde beibehalten. Im ersten Jahr wurden stationär 142 und ambulant 70 Kranke, darunter 10 Arme unentgeltlich, an 2.489 Tagen gepflegt. Im Jahr 1908 war die Zahl der im Krankenpflegeinstitut aufgenommenen Kranken auf 1.426 angestiegen, die Zahl der zu Hause gepflegten dagegen auf 120 zurückgegangen.[178]

Die Unterhaltung des Krankenhauses bedeutete eine enorme finanzielle Herausforderung für den Frauenverein. Die Einnahmen reichten nicht, um die laufenden Ausgaben zu decken, und die darauf lastende Hypothek musste kontinuierlich abgetragen werden. Obwohl die Pflegesätze niedriger als in vergleichbaren Krankenhäusern anderer Orte waren, hielt man an den Preisen fest, denn man erhoffte sich zum Ausgleich weitere Spenden aus der Bevölkerung. Gleichzeitig wurde durch die ehrenamtliche Arbeit der Vereinsmitglieder Geld gespart: Mehrere ‚Nähkränzchen' halfen beim Ausbessern und Ergänzen der notwendigen Krankenhauswäsche. Eine neue Einrichtung war die Einsammlung eines Fonds für zunächst drei Freibetten, der armen Kranken den unentgeltlichen Aufenthalt im Krankenhaus ermöglichen sollte.

Im Mai 1884 wurde eine ‚Poliklinik' eingerichtet. Hierbei handelte es sich um eine Art Krankenhaus-Sprechstunde an vier Tagen für unbemittelte Kranke. In den lokalen Zeitungen wurden die Zeiten dieser Sprechstunden veröffentlicht. Im ersten Jahr wurden hier 65 Personen von Ärzten unentgeltlich behandelt. Dieses Angebot wurde in den folgenden Jahren von einer ständig wachsenden Zahl angenommen: So hatten sich im Jahr 1901 bereits 819 Kranke in der Poliklinik behandeln lassen. Von Anfang an hielt das Rotkreuz-Krankenhaus mit dem Angebot der freien Arztwahl eine Besonderheit bereit, die in nur wenigen deutschen Krankenhäusern praktiziert wurde. Jeder Krankenhauspatient konnte die Behandlung durch einen von ihm gewünschten Stadtarzt erhalten, jeder Arzt eigene Patienten zur stationären Aufnahme bringen und auch weiterbehandeln. Dies erschwerte wohl die Hausverwaltung und auch die Schwesternausbildung, man hielt diese Einrichtung aber im Interesse der Ärzte und der Patienten für sinnvoll.

Die ständig steigende Anzahl der aufgenommenen Patienten, die mehr Pflegepersonal erforderten, und auch die immer größer werdende Anzahl von auszubildenden Lehrschwestern, brachten das Krankenpflegeinstitut sehr schnell an den Rand seiner Kapazitäten. So fasste der Frauenverein schon 1887 den Gedanken, zur Unterbringung der Schwestern ein eigenes Schwesternhaus zu bauen. Auf einem an das Krankenhaus angrenzenden Grundstück sollte eine einfache Villa mit Wohn- und Schlafräumen für die Schwestern, ein größerer Saal für den Hausgottesdienst und Versammlungen und ein Arbeitszimmer für den Vereinsvorstand entstehen. Von der Stadt wurde das Grundstück erworben und Regierungsbaumeister Röse mit dem Bau betraut. Auch in diesem Fall war Sophie Henschel Mitglied der fünfköpfigen Baukommission. Es entstand ein Backsteinbau im neogotischen Stil, der entsprechend seinem Verwendungszweck ein teils säkulares, teils kirchliches Aussehen erhielt. Mit dem Krankenpflegeinstitut war er durch einen Verbindungsgang verbunden. Im Dachreiter war eine Glocke untergebracht, die zum Gebet rief und gestorbenen Kranken das letzte Geleit gab. Sie war dem Verein von Sophie Henschel im Namen ihres Sohnes Karl geschenkt worden. An der Vorderfront des Gebäudes waren fünf Wappenschilder angebracht, die das rote Kreuz, den deutschen und den preußischen Adler, den hessischen Löwen und die Kleeblätter des Kasseler Stadtwappens zeigten.

Die Gesamtkosten für den Bau und seine Ausstattung beliefen sich auf etwa 70.000 Mark. Fast drei Viertel konnte der Verein durch Spenden (20.000 Mark), den Erlös einer Benefizveranstaltung (10.000 Mark) und eigene Geldmittel (24.500 Mark) decken. Ein staatlicher Zuschuss wurde bei der preußischen Regierung beantragt. Auch dem Kaiser trug man eine Bitte um Unterstützung vor. Beide Instanzen lehnten jedoch ab.[179] Deshalb musste auch für diesen Bau eine Hypothek in Höhe von 22.500 Mark aufgenommen werden. Die höchste Einzelspende kam auch in diesem Fall von Sophie Henschel in einer Höhe von 4.000 Mark.

Sophie Henschel absolvierte in den ersten Jahren ihrer Tätigkeit als Vorsitzende ein großes Arbeitspensum. Sie war nicht nur an den aufwändigen und häufigen Beratungen der Baudeputation beteiligt, sondern hatte auch die Vorstandssitzungen, sechs im Jahr, durchzuführen. Ein Mal im Jahr war die Generalversammlung des Zweigvereins und im gleichen Monat die des Bezirksvereins zu organisieren. Als Vorsitzende nahm sie außerdem die Gelegenheit wahr, an vielen Sektionssitzungen teilzunehmen. Zusätzlich war sie an einem Tag der Woche vormittags im Vereinshaus gemeinsam mit der Vorsteherin der Sektion II und den Schriftführern zur Besprechung laufender Geschäfte anwesend und stand für Fragen der inzwischen fast 600 Vereinsmitglieder zur Verfügung. Zieht man noch die zahlreichen öffentlichen Veranstaltungen des Vereins und die häufigen Besprechungen mit Behörden hinzu, dann wird erkennbar, dass Sophie Henschel eine umfangreiche Vereinsarbeit entwickelt hatte.

Beim lokalen Engagement sollte es nicht bleiben, denn der Blick richtete sich auf den preußischen Hauptverein. Der Kasseler Verein stand bereit, in der Zentrale mitzuarbeiten. Sophie Henschel nahm mehrfach an den Generalversammlungen in Berlin teil, in denen sie über die Tätigkeiten des Kasseler Vereins berichtete und – einem Berliner Zeitungsbericht zufolge – sich auch „lebhaft“ an den Beratungen beteiligte.[180] Auf der Generalversammlung am 25. März 1882 in Berlin wurde sie in den Vorstand des Hauptvereins gewählt. Bei dieser Gelegenheit wurden die beiden Delegierten aus Kassel, Sophie Henschel und Paul Chuchul, auch von der Kronprinzessin Viktoria empfangen, die sich ausführlich über die Vereinstätigkeit und den Krankenhausbau berichten ließ. Diese Gelegenheit nutzten sie, um eine für Kassel einmalige Erlaubnis zu erhalten: den Anschluss des unter dem Protektorat der Kronprinzessin stehenden Viktoria-Bazars an den Rotkreuz-Frauenverein. Da auch nach dem Anschluss deren Protektorat weiterbestehen sollte, hatte der Kasseler Verein – nach Erhalt auch der Genehmigung der Kaiserin – mit dieser Konstruktion nun eine Doppelprotektion erreicht. Der preußische Hauptverein sparte nicht mit anerkennendem Lob für den Frauenverein in Kassel und bezeichnete ihn in der Vereinszeitschrift als „Glanzpunkt“ der Provinz Hessen-Nassau. Besonders anerkennenswert sei, dass seine „hervorragenden Leistungen“[181] in der Kranken- und Armenpflege in einem verhältnismäßig kurzen Zeitraum entstanden seien.

Das Kasseler Modell in der Armenpflege: ein bahnbrechendes Pionierprojekt

Auf mehreren Feldern wurde der Kasseler Vaterländische Frauenverein unter der Leitung Sophie Henschels zum Vorreiter für zukunftsweisende innovative Projekte, die vom Beginn der achtziger Jahre des 19. Jahrhunderts bis zum Ersten Weltkrieg nationale Beachtung und Nachahmung fanden. Hierzu zählen seine verschiedenen Krankenhausbauten, eine Reihe von Maßnahmen, die wie die Alters- und Invalidenversorgung im berufsständischen Interesse der Rotkreuzschwestern lagen, die Initiative zur Zusammenarbeit aller Kasseler Wohltätigkeitsvereine und die Erstellung eines ‚Wohlthätigkeits-Auskunftsbuches', die Ausarbeitung eines Bereitschaftsplanes der Krankenpflege im Falle eines Krieges, die Herstellung und Verbreitung einer Mustersammlung von Verbandmitteln, die Unterstützung der Einführung des hauswirtschaftlichen Unterrichts in die Mädchenvolkshochschule sowie der Entwurf und die Produktion eines transportablen Musterschrankes für eine Wanderhaushaltungsschule. Zu diesen Pionierprojekten zählt als prominentestes Beispiel auch die Zusammenarbeit des Vaterländischen Frauenvereins mit der Armenpflege der Stadt Kassel, die unter dem Namen „Kasseler Modell" in die Literatur des kommunalen Armenwesens einging. Erstmals und vorerst einmalig für ganz Deutschland wurden 1881 in Kassel Frauen des Rotkreuz-Frauenvereins als ehrenamtliche Armenpflegerinnen in die öffentliche Armenpflege einbezogen. Kassel war auf der Grundlage eines bahnbrechenden Vertrages die erste Stadt Deutschlands, die Frauen gleichberechtigt mit den Männern zur Mitarbeit an der städtischen Armenpflege berief.

Es begann mit einem Vortrag von Paul Chuchul auf der Frankfurter Versammlung der deutschen Frauenvereine unter dem Roten Kreuz am 28. September 1880. Er referierte hier über das „von Ihrer Majestät der Kaiserin Augusta" gestellte Thema Armenpflege und hatte als Titel seines Vortrages gewählt: „Teilnahme der deutschen Frauen-Vereine an der Armenpflege"[182]. Auf seinen Vorschlag hin wurde eine Resolution angenommen, dass eine „dauernde und geordnete Verbindung der Frauenvereine mit den Organen der staatlichen und kommunalen Armenpflege wo nur irgend möglich zu erstreben sei."[183] Im Anschluss daran begann man in Kassel, die Stadtverwaltung für die Verwirklichung eines solchen Projektes zu gewinnen. Bürgermeister Hermann Klöffler[184], der als Dirigent der städtischen Armenverwaltung mit einer Neuordnung der Armenpflege betraut war, nahm die vom Vaterländischen Frauenverein vorgetragenen Ideen auf. Paul Chuchul konnte daraufhin bei der nächsten Delegiertenversammlung der Vaterländischen Frauenvereine in Berlin am 20. März 1881 die Grundzüge eines Vertrages mit der Stadt vortragen. Die Verhandlungen zwischen Frauenverein und Stadtverwaltung hatten ein zweifaches Ergebnis. Zum einen gründete der Frauenverein am 7. April 1881 eine neue Sektion V mit dem Titel: ‚Personalhülfe bei der öffentlichen Armenpflege der Residenzstadt Cassel', für die ein Sonderstatut ausgearbeitet wurde. In seinem Paragraphen eins wurde als Zielsetzung der Sektion formuliert, man wolle den Organen der städtischen Armenverwaltung in allen Instanzen den Rat und die Hilfe sachverständiger Frauen gewähren. Zum anderen legten Verein und Armenverwaltung in schriftlichen Vereinbarungen die Art und Weise ihrer Kooperation nieder. Dem Verein war bewusst, dass er mit diesem Projekt in eine „hochwichtige neue Phase"[185] eingetreten war.

Um den Bedenken gegen dieses Modell entgegenzukommen, war im Vertrag eindeutig formuliert, dass Privatwohltätigkeit und öffentliche Armenpflege nach wie vor getrennt bleiben sollten. Letztere bliebe alleinige Sache der Stadt, sie gebe damit weder einen Anspruch auf ihr zugewiesene Gelder auf, noch würde der Frauenverein einen finanziellen Beitrag leisten. Der Eintritt von Frauen in die Armenpflege erfolge nur zur Personalhilfe: „Der Verein übernimmt also nur die Verpflichtung geeignete Frauen zu stellen bezw. zu schulen, die Stadtverwaltung dagegen nur die, diese Frauen mitrathen und mitthun zu lassen."[186] Beide Seiten unterstrichen ihre Zielsetzung, zu erreichen, dass den Organen der öffentlichen Armenpflege der Rat und die Hilfe sachverständiger Frauen bei jeder Gelegenheit willkommen sei. Besonders bemerkenswert ist die schriftlich fixierte Einsicht, dass Frauen neben Männern nur dann stets willig sein würden und Tüchtiges würden leisten können, wenn das weibliche Geschlecht in jeder Instanz vertreten wäre. Daraus ergab sich die Vereinbarung, dass zu jeder Sitzung der Armendirektion, als des obersten kommunalen Organs, die Vorsteherin der Sektion V beratend zugezogen werden müsste. Die Armenpflegerinnen wiederum, die die Mitglieder der Sektion V stellten, sollten nicht nur in ihren einzelnen Revieren ebenso selbstständig wie die männlichen Pfleger arbeiten können, sondern sollten in den Sitzungen der Bezirksarmenkommissionen die gleiche Stimmenanzahl wie die männlichen Armenpfleger erhalten. Die Pflegerinnen standen im übrigen unter der Aufsicht der Sektionsvorsteherin. Offiziell wurden sie genau wie die Pfleger auf Vorschlag der Bezirkskommission von der Armendirektion bestellt. Vor einem Vorschlag musste jedoch in jedem Fall die Ansicht der Sektionsvorsteherin eingeholt werden.

Mit diesem Modell hatte man sich in Kassel für die Einführung des ‚Elberfelder Armenpflegesystems' in die städtische Armenpflege entschlossen. Mit der konsequenten Verwirklichung der Prinzipien Individualisierung, Dezentralisierung und Bestimmung von Zuständigkeiten nach engmaschigen stadträumlichen Kriterien hatte die Stadt Elberfeld 1853 die Kosten für die offene Armenfürsorge drastisch verringert. Dieses System hatte außerdem der ehrenamtlichen Tätigkeit eine zentrale Bedeutung zugewiesen und verzahnte die Vereinsarmenpflege mit der der politischen Gemeinde. Es beabsichtigte nicht nur die genauere Berechnung und Kontrolle der Armenunterstützung, sondern versprach sich durch erzieherische Maßstäbe auch eine effektivere Hilfe. In Kassel erfuhr das Elberfelder System durch die Einbeziehung der Frauen eine Erweiterung. Mit seiner Verankerung wurden soziale Erwartungen verknüpft, die sich hier auch an Frauen richtete: „Die Heranziehung aller Schichten der Bevölkerung, insbesondere auch der für die Armenpflege so hervorragend geeigneten Frauen, zur ehrenamtlichen Liebestätigkeit und die ständige Berührung zwischen den bemittelten und unbemittelten Bevölkerungsklassen, die erziehliche Tätigkeit, die von den Organen der Armenpflege gegenüber ihren Pflegebefohlenen geübt wird, ist vielleicht der schönste Erfolg des Elberfelder Systems. Arm und Reich lernen sich so einander besser kennen und durch das Erkennen der Verhältnisse, der vielen Schäden und Nöte, die Abhülfe erheischen, ist der Wohltätigkeitssinn, wie überhaupt das Verständnis für soziale Fragen außerordentlich gewachsen."[187]

Auch die Verfechter dieses Modells wussten um die Schwierigkeiten in der Praxis. Diese resultierten ihrer Meinung nach hauptsächlich aus dem „Mangel an Vertrauen der beiden Geschlechter zueinander“[188], der die Frage der „richtigen Wohltätigkeit, Armenpflege und erfolgreichen Disputierfähigkeit“ betraf und der sowohl andernorts als auch in Kassel vorherrsche. Der Verein musste zugeben: „Es war daher für die betreffenden Frauen gewiß eine recht schwere und oft unangenehme Aufgabe, welche sie übernahmen.“ Sophie Lauffer, die Vorsitzende der neuen Sektion V und vorher langjährige Mitarbeiterin in der Sektion für die Unterstützung verschämter Armer, nahm am 1. September 1881 zum ersten Mal als Sektionsvorsteherin an einer Sitzung der städtischen Armendirektion teil. Von ihr wurde berichtet, dass sie rasch Akzeptanz gefunden hätte. Sie habe alle früheren Gegner der Frauenmitarbeit in kurzer Zeit gewonnen und zu Anhängern dieses Modells machen können. Für die zwölf Armenpflegerinnen der Sektion, zunächst eine für jeden Armenbezirk, musste dagegen zugegeben werden, dass diese mehr als die Vorsteherin zu kämpfen gehabt hätten mit dem „Mangel an Verständnis und höflichem Entgegenkommen einiger ihrer männlichen Beratungsgenossen“. Von amtlicher Seite sei ihre Tätigkeit jedoch so gut angesehen, dass darüber nachgedacht würde, ihnen weitere Verantwortlichkeiten zu geben. Der erste Bericht des Vereins über diese Kooperation schloss mit der Hoffnung: „Möge dies ein aufmunterndes Beispiel für Alle sein, welche ... noch zweifelten an dem Geschick der Frauen zur öffentlichen Armenpflege und mehr noch an der Möglichkeit, die staatlichen wie kommunalen Männer-Organe für Aufnahme der Frauen in ihre Domäne zu gewinnen.“

Die Armenpflegerinnen in Kassel hatten zwei Aufgaben mit stark erzieherischen Dimensionen. Die eine ihrer Tätigkeiten war, Arme und Kranke ihres Bezirkes zu besuchen, um vor Ort zu sehen, wie zu helfen war. Die zweite richtete sich auf die Pflegekinder, die von der städtischen Armendirektion in Betreuungsfamilien untergebracht waren. Das Ergebnis im ersten Aufgabenkreis war, dass sich die Zahl der Unterstützungsempfänger verminderte. Wurden im Jahr 1879 1.142 Familien beziehungsweise allein stehende Personen regelmäßig durch die Armenkasse unterstützt, so waren es zehn Jahre später nur noch 688. Dementsprechend fiel auch der hierfür aufgewandte Betrag: von 101.453 auf 46.077 Mark. Der Betrag, der für Naturalunterstützung aufgebracht wurde, stieg dagegen. Dieser Spareffekt musste der finanziell schwach ausgestatteten Stadtkasse sehr hilfreich erscheinen. Von den Befürwortern dieser Konstellation wurde allerdings betont, dass den wirklich Bedürftigeren „eingreifendere Hilfe zu Teil“ werden würde als früher. Den sozial aktiven Frauen, die die Erwartungen der Öffentlichkeit erfüllen und das Klischee der sentimentalen, unorganisierten Frau widerlegen mussten, war dennoch das Spannungsfeld zwischen Prüfen und Disziplinieren auf der einen Seite und verständnisvollem Helfen auf der anderen Seite bewusst: „Bei der Sektion IV ‚für Unterstützung verschämter Armer' fungirten als Vorstandsdamen Frau Oberbürgermeister Weise und Fräulein Sophie Lauffer, stadtkundig gewissenhaft peinlich die Bedürftigkeit und Berechtigung zur ‚Verschämtheit' prüfend und andererseits so zart und diskret helfend, wie es eben bei dieser Art Armen allein zweckentsprechend und daher statutarisch vorgeschrieben ist.“[189] Wie eng die ehrenamtliche und die Berufsarbeit verknüpft waren, kann daran erkannt werden, dass die Armenpflegerinnen der Sektion V sehr bald forderten, für die Krankenpflege im Rahmen der Armenpflege eine Rotkreuz-Gemeindeschwester anzustellen.

Die positive Resonanz der Stadtverwaltung auf die Arbeit der Armenpflegerinnen zeigte sich darin, dass sie nicht nur deren Anzahl erhöhte, sondern ab 1886 die Sektionsvorsteherin mit der Verteilung der öffentlichen Stiftungsgelder betraute, die durch die ‚Von Sodenstern'sche-Stiftung'[190], die ‚Henriette Mond-Stiftung'[191] sowie die ‚Georg Hütterott'sche Stiftung'[192] zur Verfügung standen. Im Prinzip weiteten sich in den folgenden Jahren die Aufgabenfelder der Sektion immer stärker aus. Sie unterstützte den ‚Verein zur Fürsorge für entlassene Strafgefangene', in dem sie die Unterbringung und Beaufsichtigung besonders der weiblichen Strafgefangenen übernahm. Dann übernahm sie die Fürsorge für „trunkbetroffene Familien“ im Sinne von vorbeugender Armenpflege. Es folgte die Übernahme der Aufgabe, bei den Mietern in den der Stadt gehörenden Häusern die Miete abzuholen. Anschließend wurde den Armenpflegerinnen bestätigt, dass in den von ihnen häufig besuchten Häusern Ordnung und Sauberkeit vorgeherrscht habe und ihr Scharfblick wirkliche Not von Nachlässigkeit und Unordnung unterschieden habe. Nach der Einführung der Alters- und Invalidenrente waren sie älteren und kranken Menschen behilflich, ihre Ansprüche anzumelden. Mädchen suchten sie in hauswirtschaftliche Ausbildungen in Familien zu vermitteln, und in der Krankenpflege arbeiteten sie eng mit den Schwestern des Roten Kreuzes zusammen. Für ihre Tätigkeiten qualifizierten sie sich durch den Erfahrungsaustausch auf den regelmäßigen Sektionssitzungen, durch das Studium der Zeitschrift des Roten Kreuzes, der Zeitschrift ‚Die Frau im gemeinnützigen Leben' sowie aller Drucksachen des ‚Deutschen Vereins für Armenpflege und Wohlthätigkeit'.

Für dieses in Deutschland einzigartige Konzept Kassels warb Paul Chuchul in den folgenden Jahren auf Versammlungen des Hauptvereins der Vaterländischen Frauenvereine. Er stieß damit bei vielen auf Interesse, so dass andere Bezirksvereine das Modell aufgriffen. Auch bei der Delegiertenversammlung der Rotkreuz-Männervereine hielt Paul Chuchul ein Referat über die Beteiligung der Frauenvereine an der kommunalen Armenpflege und erreichte die Annahme einer Resolution, die unterstrich, dass die Frauenvereine ganz besonders berufen seien, in die kommunale Armenpflege einzutreten. Er, später auch Rudolf Osius, referierte auch auf anderen Foren, wie etwa denen des Deutschen Vereins für Armenpflege und Wohlthätigkeit, und publizierte Schriften zu diesem Thema.[193]

Auf dem Kongress des Deutschen Vereins für Armenpflege und Wohlthätigkeit 1885 in Bremen resümierte Bürgermeister Klöffler, die Tätigkeit des Frauenvereins in der öffentlichen Armenpflege habe sich voll bewährt, und die Verbindung beider sei „als eine unlösliche“[194] zu bezeichnen. Obwohl dieses Modell auch Zuspruch von ministerieller Seite erhielt, gab es dennoch viele, vor allem Behörden, die der Teilnahme von Frauen an der Armenpflege ablehnend gegenüberstanden. Viele Vertreter von Städten vertraten den Grundsatz: „Die Frau darf nicht auf's Rathaus."[195] Fünfzehn Jahre später war noch immer zu resümieren: „Jedoch scheint bei einigen Bezirkskommissionen ein gewisses Vorurteil gegen die Frauen immer noch vorhanden zu sein, da sich das Bestreben bemerkbar macht, die Zulassung der Frauen zu dem Ehrenamte soviel als möglich zu hindern. Den Armenräten und Pflegern alten Schlages sind die Frauen unbequem."[196] Der Kasseler Rudolf Osius nahm in seiner Kritik an diesem Umstand kein Blatt vor den Mund, in dem er auf Männerkreise verwies, in denen „wenn auch uneingestanden, sich vielfach ein starkes Widerstreben gegen eine solche Gleichstellung geltend macht, und daß das alte mulier taceat in ecclesia [„das Weib soll in der Kirche schweigen", nach 1. Kor. 14, 34, O. W.-H.], noch so fest sitzt, daß es für viele Männer auch heute noch wenig anmutend ist, mit Frauen im öffentlichen Leben gemeinsam zu arbeiten".[197] Dagegen unterstrich er erneut, dass ein gedeihliches Zusammenwirken beider Geschlechter in der Armenpflege nur „auf der Basis der vollständigen Gleichberechtigung aufgebaut" werden könne. Das hier aufscheinende (emanzipations-)politische Argument für die Praxis in Kassel wurde mehrfach bekräftigt: „Wir geben den Frauen, wenn wir sie zur öffentlichen Armenpflege heranziehen, wichtige bürgerliche Ehrenämter. Wir geben ihnen damit äußerlich die Stellung, die sie durch Bethätigung einer edlen hilfreichen Gesinnung, einer reinen Menschenliebe verdienen. Wir geben sie ihnen nicht umsonst, sie sollen sie erwerben durch angestrengte aufopfernde Tätigkeit."[198]

Aus diesen Äußerungen geht hervor, dass das Bahnbrechende an dem Kasseler Modell zum einen darin bestand, dass das bürgerliche Ehrenamt des Armenpflegers, das im späten 19. Jahrhundert in den meisten Städten Männern vorbehalten war, nun auch von Frauen eingenommen wurde, und es zum anderen in der Praxis mit dem Prinzip einer quantitativen und qualitativen Gleichberechtigung realisiert wurde. Eine Grenze fand das Kasseler Modell in der noch immer geltenden kurhessischen Gemeindeordnung. Diese war dafür verantwortlich, dass die Sektionsvorsteherin an der Armendirektion nur mit beratender und nicht beschließender Stimme teilnehmen konnte. Sie sah, wie die meisten Städteordnungen dieser Zeit, für das politisch klassifizierte Ehrenamt in der städtischen Selbstverwaltung nur „unbesoldete und gebildete" Männer vor. Die politische Sphäre war von Rechts wegen eine Domäne der Männer. Vor diesem Hintergrund ist der langanhaltende Widerstand gegen eine Aufnahme von Frauen in die öffentliche Armenpflege und sind die weitläufigen Debatten um diese Frage zu sehen. Den Frauen das bürgerliche Ehrenamt zuzugestehen bedeutete, dass sich damit der gesamte politische Raum neu ordnen würde. Die Frauenbewegung hatte schon in den späten 1860er Jahren im Rahmen ihrer Vorstellungen, wie die Trennung der Sphären zwischen Männern und Frauen in eine Welt des Staates und eine Welt der Familie überwunden werden könne, die Forderung erhoben, Frauen öffentliche Aufgaben zu übergeben, in dem man sie in städtische Ehrenämter wählte. Sie hatte vorgeschlagen, Frauen in der Armenpflege mitarbeiten zu lassen, ihnen die Aufsicht über Kranken-

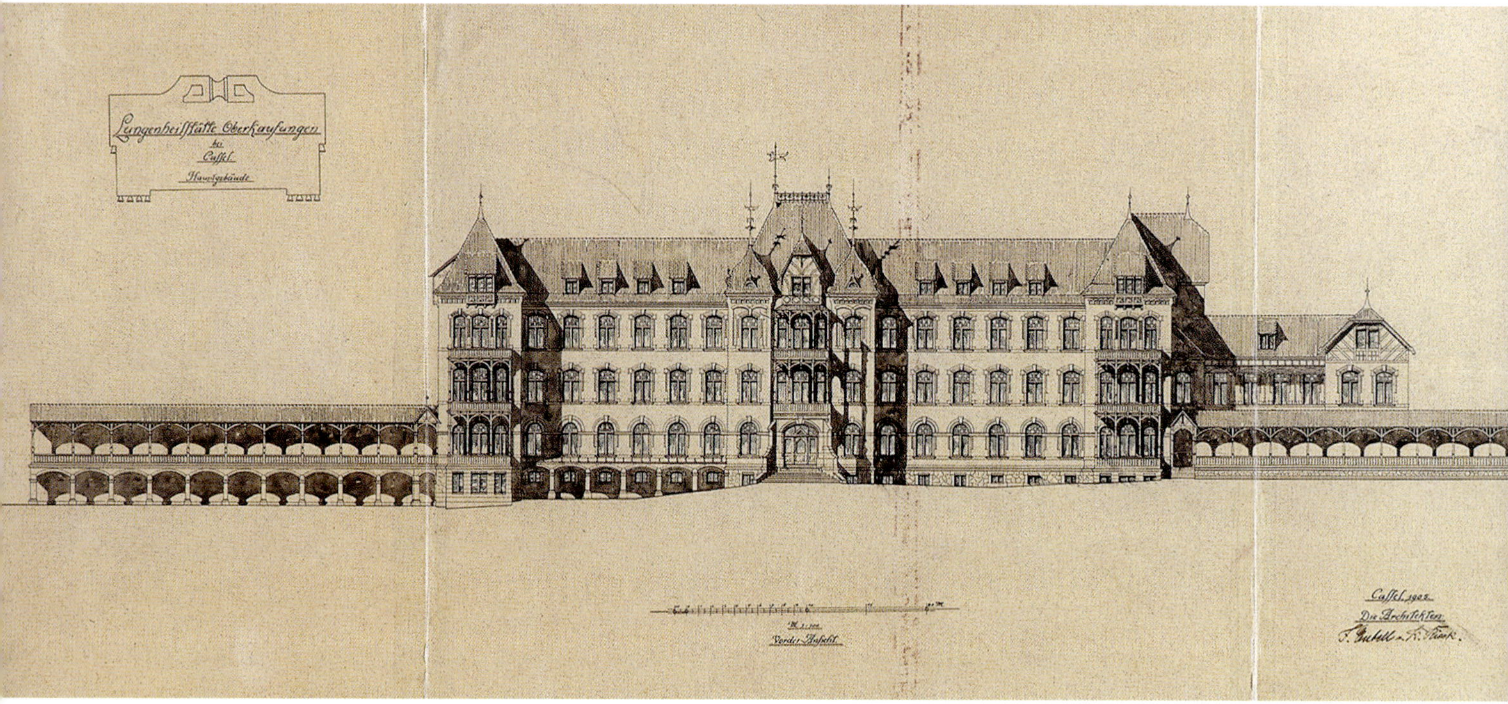

24
Aufriss der Vorderansicht des Hauptgebäudes der Lungenheilstätte Oberkaufungen. Die Zeichnung stammt von 1905 und wurde angefertigt von den Architekten Julius Eubell und K. Rieck.

häuser, das städtische Schulwesen und andere gemeinnützige Anstalten zu geben. In den Debatten der 1890er Jahre schlugen Vertreterinnen der Frauenbewegung wie Auguste Schmidt, Mathilde Weber und Jeanette Schwerin das Kasseler Modell als nachahmenswert vor.[199]

Dem von vielen gelobten fortschrittlichen Kasseler Modell war nur ein Anfang gelungen, standen doch auch in der Kasseler Armenverwaltung in 1906 den 27 Armenpflegerinnen 182 Armenpfleger und 19 Armenräte gegenüber.[200] Dennoch würdigte auch die Geschichtsschreibung des Vaterländischen Frauenvereins die innovative Leistung ihres Kasseler Vereins im Bereich der Armenpflege: „Vorbildlich auf diesem Gebiete war der Zweigverein zu Cassel, der unter Leitung der hochverdienten Vorsitzenden, Frau Geheime Kommerzienrat Henschel, und des rührigen Schriftführers, Staatsanwalts Chuchul, eine lebhafte Wirksamkeit entfaltete“.[201]

Die Lungenheilstätte Oberkaufungen

Mitte der 1890er Jahre entstand in Deutschland eine Bewegung zur Bekämpfung der Lungentuberkulose, die sich hygienische Aufklärung sowie die Errichtung von Volksheilstätten für Lungenkranke zum Ziel setzte. Sie war die Reaktion auf Veröffentlichungen des kaiserlichen Reichsgesundheitsamtes, dessen Statistiken das Ausmaß dieser tödlichen Volkskrankheit drastisch deutlich gemacht hatten. Hinzu kam, dass der von Robert Koch 1890 entwickelte Impfstoff Tuberkulin nicht das hielt, was man sich von ihm versprochen hatte. 1895 erfolgte die Gründung des ‚Deutschen Zentralkomitees zur Bekämpfung der Tuberkulose', auf dessen Anregung einige Städte wie Berlin, Dresden, Hannover, Frankfurt und München Heilstätten für „arme Lungenkranke“ errichteten, da die Tuberkulose als soziale Krankheit galt.

Unter dem Dach des Roten Kreuzes wurde im gleichen Jahr der ‚Volksheilstätten-Verein vom Rothen Kreuz' gegründet, der seine Initiativen zum Bau von Heilstätten ganz wesentlich vom Kasseler Vaterländischen Frauenverein befördert sah: „Im Juli 1899 wurde auf Anregung der Frau Oberpräsident, Staatsminister Sophie von Bötticher die in weitern Kreisen bekannte ‚Volksheilstätte für lungenkranke Frauen und Mädchen' im Forstbezirk Vogelsang durch den sächsischen Provinzialverband begründet und in Benutzung genommen, und wenige Monate später fand die Einweihung der großartigen Lungenheilstätte des Casseler Vereins für Männer und Frauen in Oberkaufungen statt, zu deren Zustandekommen Frau Geheime Kommerzienrat Henschel zum Gedächtnis ihres verstorbenen Gatten weitaus das meiste beigetragen hatte. Beide Anstalten standen vollkommen auf der Höhe ihrer Zeit und waren geradezu musterhaft eingerichtet.“[202] Die am 11. April 1900 eröffnete Lungenheilstätte Oberkaufungen gehörte zu den ersten Privatheilanstalten für unbemittelte Lungenkranke in Deutschland, von denen es im Jahr 1904 erst 32 geben sollte. Vom Volksheilstätten-Verein war ihr zugedacht gewesen, so günstig und doch solide zu bauen, dass die Bewegung in Deutschland hierdurch Impulse erhielt.

Der Städtische Bürger-Ausschuß in Kassel beriet auf seinen Sitzungen im Februar und April 1896 über die Verhinderung der Ausdehnung der Tuberkulose und regte die Gründung eines örtlichen Komitees zur Errichtung einer Heilstätte im Regierungsbezirk an. Am 12. Juni 1896 berief Oberpräsident Eduard von Magdeburg (1844-1932)[203] in Kassel eine Versammlung ein, auf der ein Ausschuss gebildet wurde, der dieses Ziel verfolgen sollte. Grundsätzlich erklärte der Vaterländische Frauenverein zu Anfang seine Bereitschaft zur Mitarbeit, eventuell wollte er die Verwaltung einer Anstalt übernehmen.

Woher aber sollten die hierfür notwendigen erheblichen Gelder kommen? Als das Komitee schon langsam verzagte, erklärte Sophie Henschel, dass sie dem Vaterländischen Frauenverein zunächst 250.000 Mark zum Bau einer Heilstätte zur Verfügung stellen wolle. Als Erklärung für ihre Großzügigkeit gab sie an, dass es schon längere Zeit ihre Absicht gewesen sei, eine größere gemeinnützige Anstalt zum Gedächtnis ihres verstorbenen Mannes errichten lassen zu wollen. Zwei Jahre zuvor, am 18. November 1894, war Oskar Henschel 57-jährig an einer Lungenentzündung gestorben. Er hatte schon seit einigen Jahren gesundheitliche Probleme, aber dennoch kam sein Tod für die Angehörigen unerwartet schnell. Schon einige Wochen danach hatte Sophie Henschel einen folgenreichen Beschluss gefasst, der ihre großzügige Spendenbereitschaft und ihren noch intensiveren sozialen Einsatz der nächsten Jahre begründete: „Ich beschloß dieses schwerste Jahr meines Lebens mit dem festen Vorsatz, die mir verbleibende Kraft bis an mein Ende zu ver-

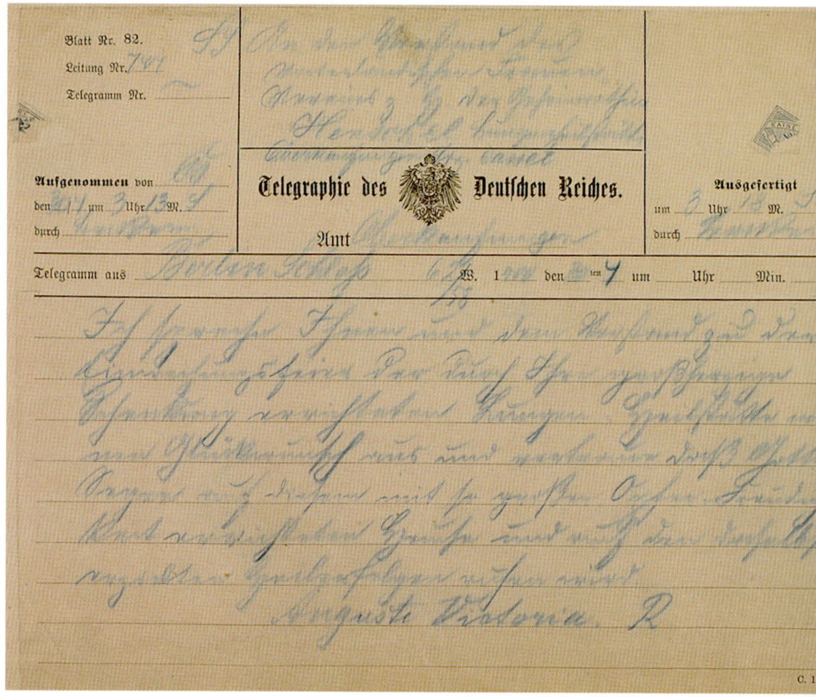
Blatt Nr. 82.
Leitung Nr.
Telegramm Nr.
Aufgenommen von
den um Uhr M.
durch
Telegraphie des Deutschen Reiches.
Amt
Ausgefertigt
um Uhr M.
durch
Telegramm aus W. 1 den um Uhr Min.
Auguste Victoria. R
C. 1

25

Telegramm der Kaiserin Auguste Victoria vom 30.4.1900 anlässlich der Einweihung der Lungenheilstätte Oberkaufungen.

Text:
Ich spreche Ihnen und dem Vorstand zu der Einweihungsfeier der durch Ihre großzügige Schenkung errichteten Lungen-Heilstätte meinen Glückwunsch aus und vertraue daß Gottes Segen auf diesem mit so großer Opferfreudigkeit errichteten Hause und auf den daselbst erzielten Heilerfolgen ruhen wird. Auguste Victoria. R.

wenden, Liebe zu üben und Anderen Leid u. Noth zu lindern.“[204]

Unter diesen neuen Bedingungen übernahm der Frauenverein nun die Aufgabe, eine Lungenheilstätte für 100 Kranke zu bauen, die schon im Frühjahr 1898 eröffnet werden sollte. Die Beteiligten ahnten nicht, dass die Hindernisse bei der Realisierung erheblich sein würden und die Heilstätte erst zwei Jahre später ihre Pforten würde öffnen können. Zunächst wurde eine weitere Sektion, die Sektion VII ‚Erbauung einer Lungenheilstätte für Leidende aus den unbemittelten Ständen’, gegründet und eine Baukommission eingerichtet, deren Leitung Sophie Henschel übernahm. Familiäre Unterstützung erhielt sie von ihrem Schwiegersohn Oberst a. D. Ernst Kieckebusch, der im Sommer 1895 seinen Abschied als Oberstleutnant und Kommandeur der 6. Dragoner in Diedenhofen genommen hatte und mit seiner Frau Erna geb. Henschel nach Kassel zurückgekehrt war.[205] In Kassel war er sofort nach seiner Ankunft als Schriftführer in den Vorstand des Vaterländischen Frauenvereins und ebenfalls in den Sektionsvorstand II ‚Krankenpflege’ gewählt worden, sicherlich um Sophie Henschel in den Trauerjahren zur Seite zu stehen.[206] Ab dem Jahr 1897 gehörte auch Sophie Henschels Sohn Karl der Baukommission an.

Die ersten Schwierigkeiten stellten sich bei der Auswahl eines geeigneten Grundstücks für die Lungenheilstätte ein. Zunächst wurde ein dem Fiskus gehörendes Grundstück in der Nähe von Harleshausen gefunden. Die Gemeinde Harleshausen war bereit, der Heilstätte weiteres Land unentgeltlich abzutreten. Das Ministerium für Landwirtschaft, Domänen und Forsten gab jedoch trotz zahlreicher Verhandlungen nicht seine Genehmigung. Schließlich fiel die Wahl auf ein Grundstück in der Nähe von Oberkaufungen, das ideal erschien. Die Lage erfüllte alle für eine Lungenheilstätte wünschenswerten Vorzüge: Windschutz und Staubfreiheit, Waldluft und Waldesstille und dennoch dörfliches Leben in nächster Nähe. Dieser Bauplatz hatte allerdings den schwerwiegenden Nachteil, dass die Kosten des Baus auf jeden Fall 20 Prozent höher als geplant liegen würden. Das acht Hektar große Grundstück gehörte zum Gutsbezirk Rottebreite, das in der Gemarkung Nieste lag. Nach einem Wettbewerb unter den Architekten der Region – der Jury gehörten drei Herren des Architektenvereins und drei Mitglieder der Baukommission an – wurde der Kasseler Architekt Julius Eubell mit der Bauplanung beauftragt.

Die nächsten Schwierigkeiten tauchten mit dem Einspruch des Ritterschaftlichen Stiftes Kaufungen und der Gemeinde Oberkaufungen gegen die Ansiedlung der Heilstätte auf, da sie befürchteten, dass durch den Bau die Quellen der Stiftswasserleitung geschädigt werden könnten. Das Stift beschritt den Weg der Klage bis zum Oberverwaltungsgericht in Berlin. Kurz vor der Schlussverhandlung am 11. Juli 1898 wurde die Klage zurückgenommen, da ein weiteres Gutachten eine Gefährdung der Stiftsquellen ausgeschlossen hatte. Die Bauarbeiten, die der Verein trotz des Risikos durch das schwebende Gerichtsverfahren begonnen hatte, konnten nun weitergehen. Durch die steile Hanglage und den schwierigen Transport der Baumaterialien auf nicht ausgebauten Zufahrtswegen wurden die weiteren Bauarbeiten erheblich erschwert. Da die Baukosten auch noch durch eine allgemeine Preissteigerung und die Erhöhung von Arbeitslöhnen erheblich angestiegen waren, schenkte Sophie Henschel nochmals 100.000 Mark. Außerdem stiftete sie einen Kapitalfonds von 60.000 Mark für Freibetten, der zur unentgeltlichen Unterbringung von Angehörigen der Arbeiter der Henschel'schen Fabrik zur Verfügung stand.

Am 11. April 1900 wurde die Lungenheilstätte Oberkaufungen vom Vaterländischen Frauenverein Kassel eröffnet. Die Heilstätte war eingerichtet für 76 Männer und 36 Frauen. Sie gehörte zu den sogenannten Volksheilstätten, die an erster Stelle Kranke aus unbemittelten Ständen aufnahm, in zweiter Linie dann auch weniger Bemittelte. Die Kur sollte mindestens zwölf Wochen dauern. Die Behandlung war im wesentlichen eine hygienisch-diätetische, stark unterstützt von hydro-therapeutischen Anwendungen. Die Kosten für das Grundstück und den Bau, einschließlich Wasserleitung und Wegen, beliefen sich auf 462.684,85 Mark. Mehr als 70 Prozent davon hatte Sophie Henschel mit ihren Spenden getragen. Da Sophie Henschels Stiftung der Erinnerung an ihren Mann gewidmet war, war im Vestibül die mit Blumen reichgeschmückte Büste Oskar Henschels aufgestellt worden. Sie war von dem Bildhauer Professor Karl Begas gestaltet worden, der 1894 an der Kasseler Akademie unterrichtete. Bei der Eröffnungsfeier hieß es: „Der Name Oscar Henschel's, des Mannes der selbst in seinem Leben unermüdlich thätig gewesen, lebt in diesem Hause fort. Ihm und seiner Gemahlin, unserer hochverehrten Vorsitzenden, danken wir dieses Haus."[207]

Die Heilstätte bestand aus einem dreistöckigen Hauptgebäude, dem Wohnhaus des Chefarztes und dem Wirtschaftsgebäude, die mit einer Zentralheizung beheizt wurden. Bei der Einrichtung waren die Grundsätze ‚gediegen', ‚einfach', ‚zweckentsprechend' und besonders ‚hygienisch' verfolgt worden. Die Zimmer waren mit zwei bis sechs Betten ausgestattet. Jedes Stockwerk verfügte über sanitäre Einrichtungen, die Toiletten waren mit Wasserspülung ausgerüstet. Die Männerabteilung war von der der Frauen durch Wände abgetrennt. Die nach Süden offene Liegehalle für die Männer schloss sich im Westen an das Hauptgebäude, die der Frauen im Osten an. Die Beleuchtung der Anstalt geschah durch elektrisches Licht, das seinen Strom vom Elektrizitätswerk des Oberkaufunger Mühlenbesitzers Euler erhielt. Im Wirtschaftsgebäude befanden sich ein Stall, eine Waschküche und eine Werkstatt.

Die Leitung der Heilstätte lag in den Händen des Chefarztes Dr. Pickert, der von der bekannten Heilanstalt in Falkenstein im Taunus geholt worden war. Unterstützt wurde er durch einen Assistenzarzt und Medizinalpraktikanten. Dem Chefarzt zugeordnet waren eine Oberschwester und drei weitere Schwestern vom Roten Kreuz, die in der Kaiserin-Augusta-Stiftung in Kassel ausgebildet worden waren. Die Oberschwester stand der gesamten Haushaltung vor. Sie führte die Kasse, die Wirtschaftsbücher sowie Aufnahme- und Kontobuch der Kranken. Je eine Schwester betreute die Männer- beziehungsweise die Frauenabteilung. Die dritte Schwester war für Küche, Gemüsegarten, Wäscherei und Hühnerhof verantwortlich. Das Dienstpersonal bestand am Anfang aus einem Hausmeister, einem Maschinisten, vier Wärtern, einer Köchin, einer Oberwäscherin, sechs Hausmädchen, zwei Küchen- und zwei Waschmädchen. Für Arbeiten in Hof und Garten war ein Tagelöhner beschäftigt. Belegt wurde die Heilstätte in den ersten Jahren an erster Stelle von Patienten, deren Kosten verschiedene Landesversicherungsanstalten und der Verein zur Bekämpfung der Schwindsuchtsgefahr trugen. Die Pflegesätze für Krankenkassen, die eine Versicherung mit dem Vaterländischen Frauenverein abgeschlossen hatten, waren niedriger angesetzt. Eine große Gruppe Patienten waren Selbstzahler. Die Überlegungen der Geschäftsführung und der medizinischen Leitung gingen über eine reine Kurbehandlung hinaus. So beriet man sowohl über die Situation der Familie eines Kranken, die durch die Reduzierung des Einkommens in vielen Fällen prekär war, als auch über Möglichkeiten leichterer Beschäftigung der Patienten, die eine Wiederheranführung an eine Erwerbsarbeit bewerkstelligen könnten.

Auf große Begeisterung stieß der Fernblick: „Bis tief hinein in die waldigen Schluchten der Söhre vermag das Auge zu schauen; die Thürme Cassels, die blauen Höhen des Habichtswaldes, ja die Häupter des Dörnbergs und die Weidelsburg bieten sich dem nach West und Nordwest gerichteten Blicke. Nach Süden hinaus aber erheben sich die grünen Kuppen des Kaufunger Waldes, darüber hinaus die Höhen, welche das Thal der Werra einfassen."[208] Diese Begeisterung war geeignet, die Mühsal und den Ärger des Anfangs etwas zu mildern. Allerdings blieb die Verwaltung der Heilstätte weiterhin schwierig, denn es häuften sich die Beschwerden gegen die Anstalt, die teils berechtigt, teils von Vorurteilen und Voreingenommenheiten gegen eine solche Einrichtung getragen waren. Hinzu kam, dass es nicht einfach war, Pflege- und Dienstpersonal zu finden.

Dennoch wurde die Heilstätte von Anfang an sehr in Anspruch genommen: Die Zahl der Kranken stieg ständig. In den ersten acht Jahren wurden 4.000 Lungenkranke behandelt, von denen sich etwa 60 Prozent laut einer Umfrage einige Jahre nach ihrer Kur als wieder voll arbeits- und erwerbsfähig bezeichneten. Sehr schnell wurden in Oberkaufungen An- und Ausbauten notwendig. Die Heilstätte geriet zum Vorbild in Deutschland und im Ausland. Auf Veranlassung des Reichsgesundheitsamtes wurden ihre Baupläne in Frankfurt und London, auf einem Tuberkulose-Kongress in Paris und auf der Weltausstellung in St. Louis ausgestellt. Dort erhielt sie auch einen ‚Großen Preis'. Die amerikanische Harvard-Universität kaufte zwei Pläne an. Oft wurde die Heilstätte von deutschen Ärzten und Besitzern von Lungenheilanstalten besichtigt.

Im Jahr 1909 wurde die Heilstätte gegen die Zahlung von 5.000 Mark in den Gemeindeverband Kaufungen aufgenommen. Da vor allem für kranke Frauen lange Wartezeiten entstanden, entschloss man sich – auch auf Anraten der Landesversicherungsanstalt Hessen-Nassau –, im Jahr 1910 ein weiteres Haus zu bauen, das ausschließlich für 80 Frauen zur Verfügung stehen sollte. Für dieses Bauvorhaben schenkte Sophie Henschel nochmals 100.000 Mark. Im Jahr 1912/13 wurde eine Kapelle gebaut, deren Baukosten in Höhe von etwa 45.000 Mark ebenfalls von ihr übernommen wurden. Außerdem stiftete sie eine Glocke und ein Harmonium. Der Kanzel gegenüber befand sich ein Pfeiler, an dem Sophie Henschel eine Bronzetafel zu Ehren des Schriftführers der Sektion VII des Vaterländischen Frauenvereins Kassel anbringen ließ. Die Inschrift lautete: „Als dauernde Erinnerung an die unvergänglichen Verdienste des Herrn General Theodor v. Roques um die Heilstätte Oberkaufungen bei Einweihung von deren Kapelle gewidmet von der Vorsitzenden des Vaterländischen Frauenvereins in Cassel."

Ergänzend zur Lungenheilstätte entstand die Walderholungsstätte Kragenhof, die präventiv Tuberkuloseerkrankungen vorbeugen sowie den Genesungsprozess bei geheilten Rekonvaleszenten unterstützen wollte. Sie wurde am 17. Juni 1903 auf dem Gut Kragenhof, das der Stadt 1901 von seinem Besitzer Friedrich Thomée geschenkt worden war, eröffnet und von einer Rotkreuzschwester geleitet. Träger der Walderholungsstätte wurde der ‚Verein Erholungsstätten Kragenhof'. Den Anstoß hierfür hatte der ‚Verein zur Bekämpfung der Schwindsuchtgefahr in der Provinz Hessen-Nassau und dem Fürstentum Waldeck' gegeben. Zunächst konnten Erholungssuchende nur tagsüber aufgenommen werden, da die Schlafgelegenheiten fehlten. Aber Schritt für Schritt wurden in den folgenden Jahren entsprechende zusätzliche Einrichtungen gebaut. Es entstanden Wirtschaftsgebäude, eine Männerhalle, eine Frauen- und eine Kinderstation. In einer Art konzertierten Aktion unterstützten Sophie und Karl Henschel sowohl den in der ganzen Provinz tätigen Verein zur Bekämpfung der Schwindsuchtsgefahr als auch insbesondere die Walderholungsstätte Kragenhof. Aktenkundig ist eine Spende Sophie Henschels für deren Kinderstation in Höhe von 3.000 Mark. Ab ihrem 60. Geburtstag stiftete sie außerdem jährlich den Aufenthalt von 100 Kindern von Betriebsangehörigen der Firma Henschel. Die Krankenkasse der Fabrik Henschel übernahm zunächst die Kosten für den Aufenthalt von Beschäftigten. Ihre Entscheidung, auch deren Angehörige in die Walderholungsstätte zu senden, wurde anderen Krankenkassen zur Nachahmung empfohlen.

Die Maßnahmen des Vereins zur Bekämpfung der Schwindsuchtgefahr, der im Jahr 1906 in der Provinz Hessen-Nassau (außer Frankfurt) und dem Fürstentum Waldeck 1.048 Mitglieder zählte, waren vielfältig. Er betrieb die Einrichtung von Krankenstationen für Lungenkranke, führte Aufklärungskampagnen durch und engagierte sich in der Wohnungsfürsorge. Überall dort, wo ein Tuberkulosekranker gestorben war, wurde die Wohnung desinfiziert. Mit seiner finanziellen Unterstützung wurden Betroffene in der Lungenheilstätte oder in Walderholungsstätten aufgenommen, Sprechstunden für unbemittelte Lungenkranke angeboten und auch Nahrungsmittel verteilt. Auf einer Versammlung des Vereins 1906 konnte bekannt gegeben werden, dass zwischen 1902 und 1906 die Anzahl der in Kassel an Tuberkulose Gestorbenen von 22,7 auf 17 Prozent gesunken war.[209]

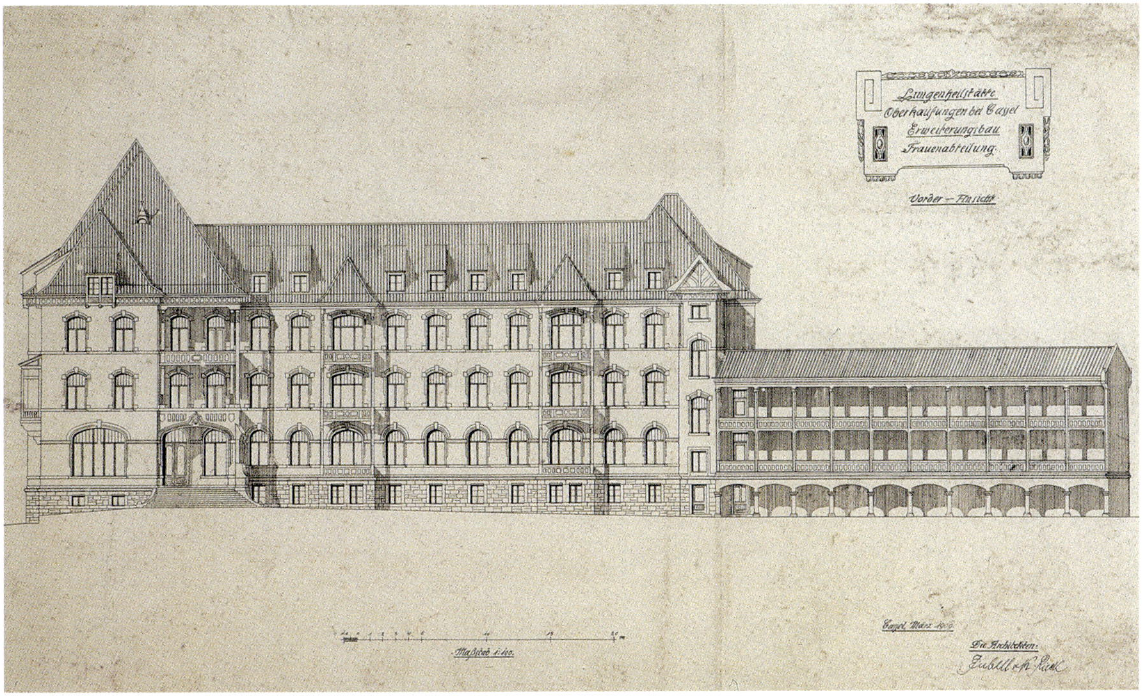

26

Aufriss der Vorderansicht des Erweiterungsbaus für eine Frauenabteilung der Lungenheilstätte Oberkaufungen. Die Zeichnung stammt von 1909 und wurde angefertigt von den Architekten Julius Eubell und K. Rieck.

Sophie Henschel war die Lungenheilstätte, die von Anfang an eine Herausforderung war und viel Einsatz verlangte, sicherlich auch im Andenken an ihren Mann, besonders ans Herz gewachsen. Sie investierte in die Realisierung des Baues und die Leitung der Anstalt nicht nur Kapital, komplettierte die Ausstattung nicht nur mit zahlreichen Sachspenden, sondern sie brachte auch sehr viele Arbeitsstunden ein. Dies ist um so beachtlicher, wenn man bedenkt, dass sie daneben nicht nur ihre Gesamtverantwortlichkeit im Frauenverein ausfüllte, sondern seit dem Tod ihres Mannes als Eigentümerin auch das Großunternehmen Henschel & Sohn leitete. Der Schlüssel zur Erklärung für diesen umfangreichen und rastlosen Einsatz ist in ihrer persönlichen Situation nach dem Tode ihres Mannes zu finden. In ihren Aufzeichnungen schrieb Sophie Henschel: „... aber wie arm war mein Leben geworden u. statt der schönen Zweisamkeit, wie Kieckebusch unser häusliches Leben nannte seit unsere Kinder das Vaterhaus verlassen, war nun Einsamkeit mein Loos. Eine Wohlthat war mir vornehmlich die Arbeit bei der man scharf denken musste.“[210] Sophie Henschel war bewusst, dass sie ihre Trauer um ihren Mann mit angestrengter Arbeit zu bewältigen versuchte. Die Folge war, dass sie im Jahr 1900 einen leichten Schlaganfall erlitt: „Mitte November, ich glaube es war am 18ten Oscar's Todestag, hatte ich Morgens nach dem Ankleiden einen leichten Schlaganfall, ich hatte in der Zeit, wo die traurigen Erinnerungen besonders lebendig waren, das Bedürfniß nach einer fieberhaften Thätigkeit, die meine Gedanken voll beschäftigte, ich fühlte mich am Vorabend überarbeitet, legte dem aber kein Gewicht bei.“[211] Da ihr nun von ärztlicher Seite strengste Ruhe verordnet war, musste Sophie Henschel zumindest für einige Monate ihr bisheriges Arbeitspensum reduzieren. Jetzt konnte sie sich auch nicht mehr weigern, einen gummibereiften Wagen für ihre Ausfahrten zu benutzen: Zu Weihnachten erhielt Sophie Henschel von ihren Kindern, die sich Sorgen wegen ihres vielen ‚Hin und Her' auf holprigem Pflaster machten, einen gummibereiften Wagen geschenkt. In Erinnerung an ihren Mann hatte sie stets das teure Gefährt abgelehnt, denn der hatte sich „trotz seiner empfindlichen Kopfnerven diesen Luxus nicht gegönnt“[212].

Theodor von Roques, der mit Sophie Henschel 14 Jahre lang im Sektionsvorstand der Heilstätte Oberkaufungen gearbeitet hatte, berichtete, dass sie auch während ihrer schweren Erkrankung bis kurz vor ihrem Tod gedanklich mit dem Geschehen in Oberkaufungen verbunden gewesen war: „An dieser ihrer Schöpfung hat sie mit großer Liebe gehangen und für sie auch während ihrer Leidenszeit ein so großes Interesse gehegt, daß sie noch im November vorigen Jahres [gemeint ist 1914, O. W.-H.] um meinen Besuch bitten ließ, damit ich ihr über die Verhältnisse draußen Bericht erstatte.“[213] Im Jahr 1916 wurden in der Heilstätte 901 Kranke aufgenommen und an 72.244 Tagen gepflegt. Der Wert der Anstalt wurde zu diesem Zeitpunkt auf etwa 1,1 Millionen Mark geschätzt.

Die neue ‚Krankenpflegeanstalt Rotes Kreuz'

Noch während der Konsolidierungsphase der Lungenheilstätte meldete sich die Sektion II mit der Bitte zu Wort, den Neubau eines Krankenhauses in Erwägung zu ziehen. Seit Jahren tauchte in ihren Jahresberichten die Meldung auf, dass Kranke wegen Platzmangels nicht hätten aufgenommen werden können. In den Geschäftsberichten 1904 und 1905 war die Rede von 300 beziehungsweise 374 abgewiesenen Patienten. Die Sektion begründete ihre Bitte damit, dass das Haus der Krankenpflegeanstalt ‚Kaiserin-Augusta-Stiftung' nicht mehr ausreiche. Statt der bisherigen 75 Betten müssten mindestens 150 Betten zur Verfügung stehen, um den quantitativen und qualitativen Ansprüchen der Stadtbevölkerung an die Krankenpflege Genüge zu tun. Trotz kontinuierlicher Modernisierungen und Anbauten in den vergangenen 25 Jahren würden die vorhandenen Anlagen auch nicht mehr den Anforderungen moderner ärztlicher Wissenschaft genügen. Es fehle ein Isoliergebäude, Röntgeneinrichtungen, Anschlüsse für elektrische Behandlungen, Räume und Apparate für bakteriologische Untersuchungen und mikroskopische Arbeiten sowie Möglichkeiten für medizinische Bäder. Auch die bisher günstige Lage am Königstor, lange eine stille Gegend vor den Toren der Stadt, sei nicht mehr akzeptabel, da um das Krankenhaus herum ein geräuschvolles, geschäftiges Verkehrsgeschehen entstanden sei. Die Verantwortlichen der Sektion II vermuteten, dass dies in Zukunft noch unzuträglicher durch den Bau eines städtischen Feuerwehrdepots in nächster Nähe werden würde.[214]

Aufgrund dieser Eingabe bildete der Vorstand des Vaterländischen Frauenvereins eine Kommission, die den Sachverhalt prüfen sollte. Der Kommission gehörten neben Sophie Henschel drei weitere Vorstandsmitglieder an. Die Prüfung ergab, dem Vorstand einen Neubau zu empfehlen. Die schon bestehende Kommission wurde nun zu einer 20-köpfigen Baukommission für das in Angriff zu nehmende Projekt erweitert, in der neben Sophie Henschel nur noch drei weitere Frauen vertreten waren. An dem ausgeschriebenen Wettbewerb beteiligten sich 62 Architekten aus ganz Deutschland mit 600 Zeichnungen. Im ausführlichen Ausschreibungstext war für die Architektur des Neubaus ‚vornehme Einfachheit' gewünscht worden. Alle Entwürfe wurden 14 Tage lang in den Räumen der Murhard-Bibliothek öffentlich ausgestellt, und zahlreiche auswärtige Besucher nutzten die Gelegenheit, diese genau zu studieren. Vier Architekten aus Stuttgart, Steglitz, Essen und Frankfurt am Main wurden mit Preisen ausgezeichnet. Den Auftrag erhielten schließlich die Kasseler Architekten Julius Eubell und K. Rieck, die schon den Bau der Lungenheilstätte Oberkaufungen zu verantworten hatten.

In der Zusammensetzung der großen Baukommission kann der Versuch erkannt werden, ein möglichst breites Bündnis von Fachleuten, städtischen Entscheidungsträgern und Vereinsmitgliedern zu schmieden, um das ambitionierte Vorhaben erfolgreich zu verwirklichen. Dies war um so notwendiger, als die Planungen des Vaterländischen Frauenvereins in der Öffentlichkeit von einer kontroversen Debatte begleitet waren. Im Casseler Tageblatt war ein Leserbrief erschienen, der der Stadt einen „zweifelhaften Ruhm" attestierte, weil sie als eine der wenigen Großstädte mit mehr als 100.000 Einwohner

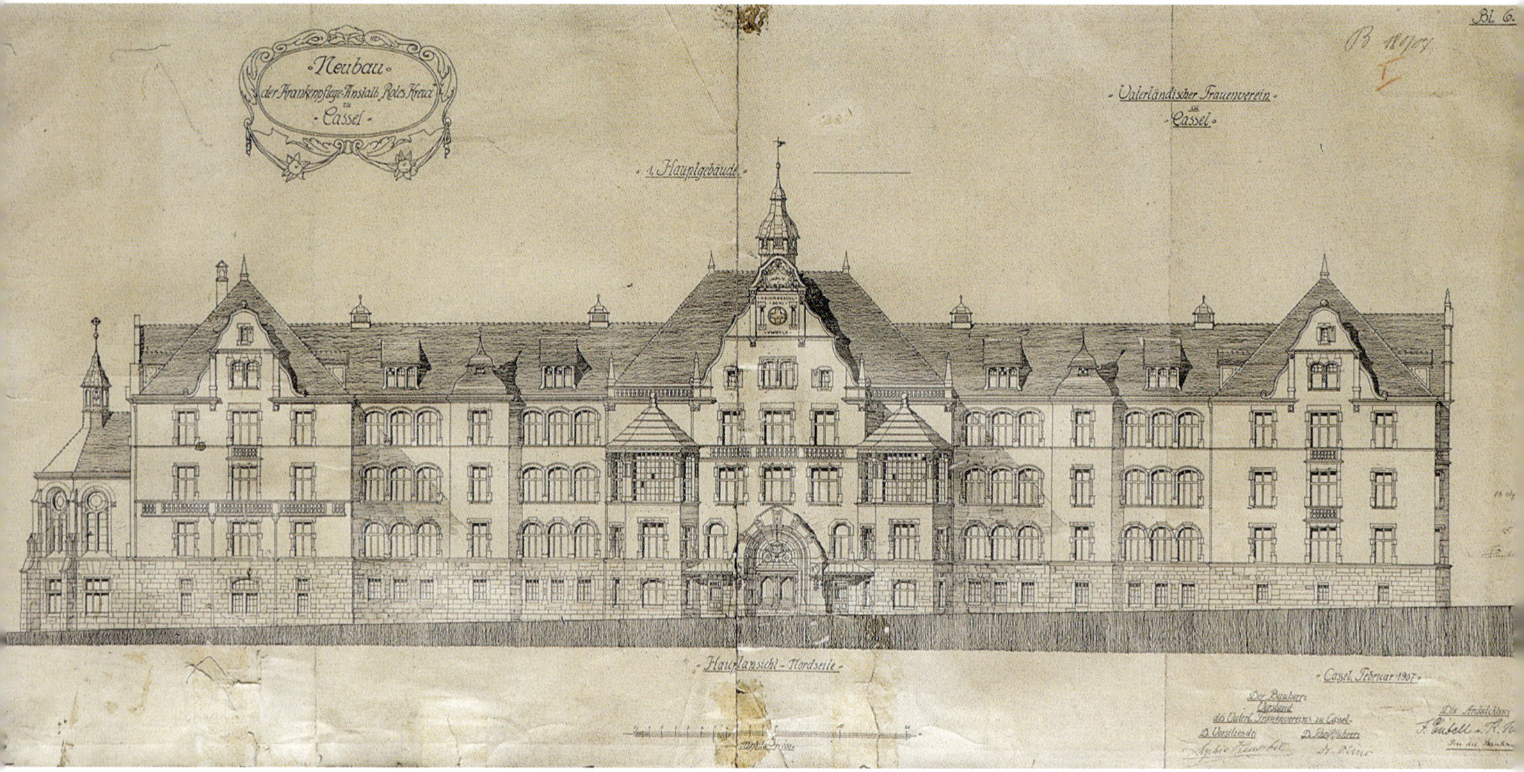

27

Aufriss der Vorderansicht (Nordseite) des Hauptgebäudes der ‚Krankenpflegeanstalt Rotes Kreuz'. Die Zeichnung im Maßstab 1:100 stammt vom Februar 1907 und wurde angefertigt von den Architekten Julius Eubell und K. Rieck. Für den Bauherrn, den Vorstand des Vaterländischen Frauenvereins zu Cassel, ist die Zeichnung von der Vorsitzenden Sophie Henschel und dem Schriftführer Rudolf Osius autorisiert. Als Schriftführer der Baukommission unterschrieb Oberstleutnant z. D. Hock.

noch immer kein eigenes städtisches Krankenhaus besitze. Die Stadt verhandele mit dem Kommunallandtag über einen Erweiterungsbau des Landkrankenhauses, wofür sie mehrere 100.000 Mark und einen regelmäßigen bedeutenden Jahreszuschuss bewilligen wolle. Dies wurde vom Autor kritisiert, denn ein Erweiterungsbau könne weder den krankenpflegerischen Anforderungen der Zeit gerecht werden, noch besäße die Stadt einen Einfluss auf die Verwaltung des Krankenhauses. Dem „schreienden Notstand" der „ungenügenden Krankenfürsorge in unserem Gemeinwesen" könne nur durch die Erbauung eines großen städtischen Krankenhauses abgeholfen werden. Auch die Planungen des Vaterländischen Frauenvereins für einen Neubau wurden als nicht hilfreich betrachtet, sei doch die projektierte Aufnahmekapazität viel zu gering, um die vorhandenen städtischen Bedürfnisse zu erfüllen.[215] Der Frauenverein reagierte auf diese Einlassungen mit dem Angebot, ein Krankenhaus nicht für 100, sondern für 150 Kranke zu bauen. Als Ausgleich hierfür forderte er aber einen zusätzlichen städtischen Zuschuss. Über die Modalitäten trat die Baukommission in längere Verhandlungen mit der Stadtverwaltung ein.

Die kontroverse Diskussion fand ihren Niederschlag auch in einer Debatte der Stadtverordnetenversammlung über das Thema Krankenhausbau. Anlass war der Antrag des Stadtverordneten Dr. Carl von Wild, dem Vaterländischen Frauenverein für den geplanten Neubau auf zehn Jahre einen jährlichen Zuschuss von 8.000 Mark zu gewähren. Dafür verpflichte sich der Verein so zu bauen, dass statt der geplanten 100 noch 50 weitere Betten dritter Klasse aufgenommen werden könnten. Der Stadtverordnete August Jordan, der der sozialdemokratischen Partei angehörte, beantragte die Ablehnung dieses Antrages und forderte ebenfalls sofort den Bau eines städtischen Krankenhauses. In der Debatte wurde kritisch geäußert, die Stadt habe bisher auf Kosten der Privatwohltätigkeit gezehrt. Schließlich wurde der Antrag mehrheitlich angenommen.

Für den geplanten Neubau eines Rotkreuz-Krankenhauses kaufte der Vaterländische Frauenverein schließlich nach zweijährigem Suchen eines geeigneten Baugeländes ein Grundstück von 21.000 Quadratmetern auf dem ‚Langen Feld' südlich der Wilhelmshöher Allee. Wie schon bei der Kaiserin-Augusta-Stiftung am Königstor sollte auch dieses Mal das projektierte Vorhaben eine wichtige Rolle bei der Erschließung und Entwicklung eines Stadtteils spielen. Die Gesamtkosten für den Erwerb des Grundstückes, den Ausbau der anliegenden Straßen, Kanalkostenbeiträge und eine einmalige Abfindung von 10.000 Mark für die der Stadt erwachsenden Zinsverluste beliefen sich auf 477.108,50 Mark. Am 10. April 1907 genehmigte der Vorstand des Vaterländischen Frauenvereins die Inangriffnahme des Baus.

Durch die Einrichtung einer effektiven Leitungsstruktur – es wurde eine ‚engere Baukommission' gebildet, die sowohl mit den Architekten zusammenarbeitete, als auch der großen Baukommission und dem Vorstand des Vereins beschlussreife Vorlagen unterbreitete – gelang es, dass schon nach einem halben Jahr alle Gebäude im Rohbau fertiggestellt waren. Fast alle damit in Zusammenhang stehenden Bauarbeiten waren Kasseler Firmen übertragen worden. Im Frühjahr wurde mit dem Innenausbau begonnen, der im September 1908 abgeschlossen war. Obwohl sich der Verein bewusst war, dass durch den Bau seine finanziellen Kräfte auf das Äußerste angespannt wurden, galt die Devise, nur „das Allerbeste und dem neuesten Stand der Wissenschaft Entsprechende zu leisten“[216].

Am 2. November 1908 wurde die ‚Krankenpflegeanstalt Rotes Kreuz nebst Schwesternhaus und staatlicher anerkannter Krankenpflegeschule’ eingeweiht. Der Vorstand des Vaterländischen Frauenvereins übergab das neue Haus der Oberin und der Schwesternschaft. Die Anlage bestand aus dem Hauptgebäude, einem Wirtschaftshaus, einem Infektionshaus und einem Leichenhaus. Die Krankenpflegeanstalt besaß 150 und das Isolierhaus nochmals 20 Krankenbetten. Die Kosten inklusive des Grundstücks und seiner Erschließung beliefen sich auf insgesamt 1,9 Millionen Mark. Sophie Henschel spendete hierfür allein 755.000 Mark, ihr Sohn Karl 140.000 und ihre Tochter Erna von Kieckebusch 3.000 Mark. Von Franziska Gerland, der Nichte Sophie Henschels, gingen 300 Mark ein. Damit deckten die Spendenbeiträge der Familie Henschel fast 50 Prozent der Gesamtkosten ab.

Das dreistöckige Hauptgebäude bestand aus einem Mittelbau und zwei Flügelbauten. Auf der nach Süden gelegenen Rückseite waren Liegehallen und Veranden mit Fernsicht auf die hessischen Berge vorgebaut. Im Erdgeschoss waren die Zimmer für die männlichen Patienten der dritten Klasse, im ersten Obergeschoss die der Frauen und Kinder und im zweiten die der Patienten erster und zweiter Klasse. Für die Schwestern stand der östliche Flügel als eine in sich abgeschlossene Abteilung zur Verfügung. Das Hauptgebäude beherbergte neben einer Operationsabteilung auch eine Abteilung für medizinische Heilbäder. Insgesamt waren in diesem Gebäude 320 Räume untergebracht.

Im zweistöckigen Infektionshaus mit Flachdach befand sich im Erdgeschoss eine Abteilung für Lungenkranke und im Obergeschoss eine für Infektionskranke, jeweils mit getrennten Männer- und Frauenabteilen. Auch hier waren nach Süden hin offene Liegehallen vorgebaut. Das Wirtschaftsgebäude enthielt die Kesselanlage für die Heizung des Hauptgebäudes, die Wäscherei, die Desinfektionsanlage, Akkumulatorenräume, die elektrische Hauptschaltestation und eine Maschinistenwohnung. Ein unterirdischer, begehbarer Gang, in dem sämtliche Leitungen lagen, verband das Kellergeschoss mit dem Hauptgebäude. Das Leichenhaus war massiv gebaut und besaß einen Aufbewahrungsraum, einen Sezierraum und einen Einsegnungsraum.

Die Einweihung der neuen Krankenpflegeanstalt – „ein stolzes Bauwerk der Nächstenliebe und barmherzigen Hülfe“[217] befand eine Kasseler Zeitung – fand mit großer Beteiligung statt: Nahezu 1.000 Personen nahmen daran teil. Dies zeigte einmal mehr die Breite des kooperativen sozialen Geflechtes, das zur Realisierung des großen Projektes geknüpft worden war, aber auch die Anerkennung, die der Hof, die verschiedenen zentralen Rotkreuz-Verbände, staat-

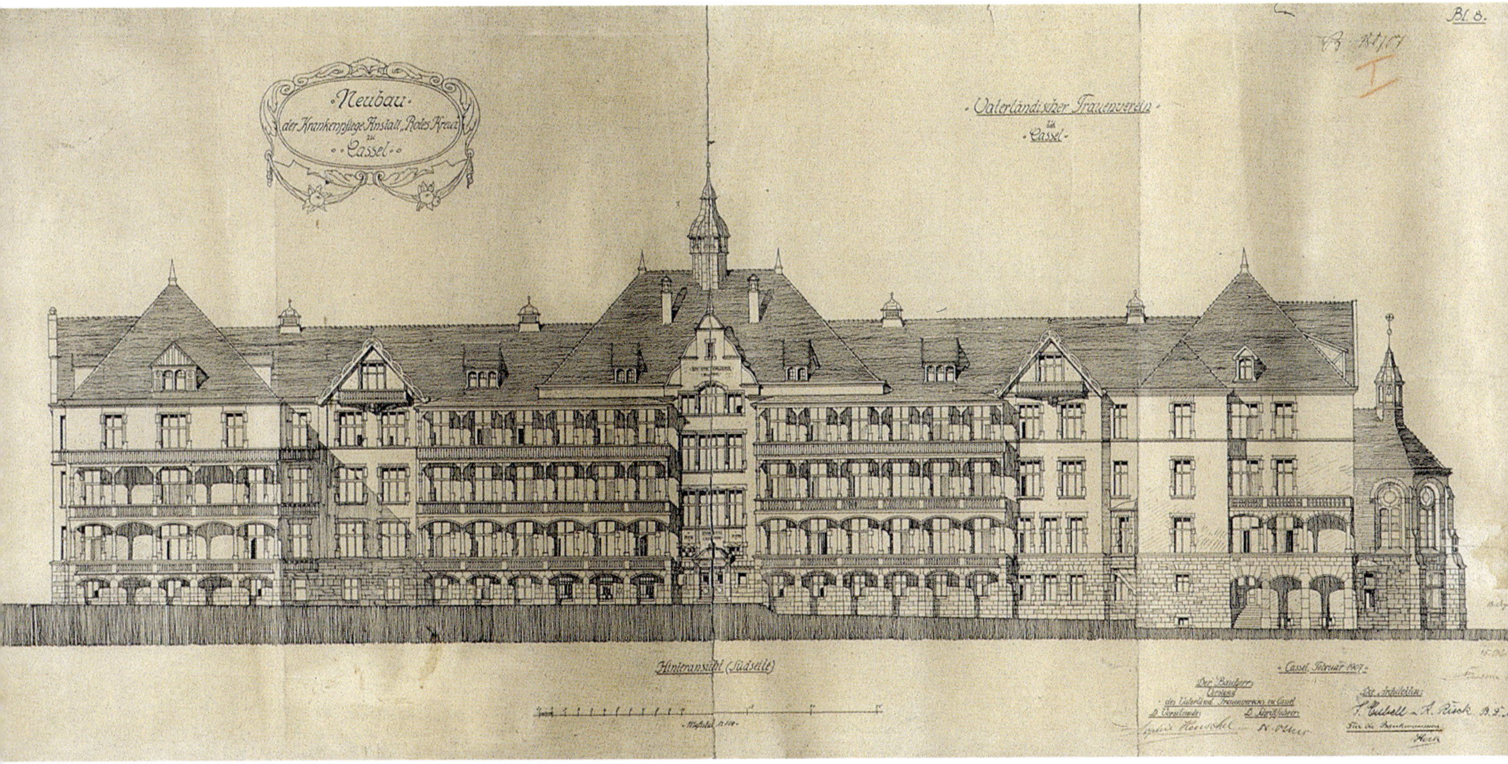

28

Aufriss der Hinteransicht (Südseite) des Hauptgebäudes der ‚Krankenpflegeanstalt Rotes Kreuz'

liche sowie kommunale Vertreter dem Unternehmen zollten. Oberbürgermeister Müller beglückwünschte zu dem „großen und modernen Krankenhaus", das auch der Stadt Kassel zugute käme. Der Vereinsvorstand selbst ließ aber keinen Zweifel daran, dass er einige Zeit brauchen werde, um die durch den kostspieligen Bau stark in Anspruch genommenen Finanzen des Vereins wieder zu ordnen. Daher fehlte bei der Eröffnung auch nicht der Appell an die weitere Spendenbereitschaft der Bürgerschaft. Mit einer ersten positiven Nachricht in dieser Hinsicht trat der Oberbürgermeister auf, der von dem Stadtverordneten Bankier Moritz Wertheim eine Spende von 10.000 Mark überreichte. Über den konkreten Anlass hinaus geriet die Festveranstaltung zu einer Würdigung Sophie Henschels als Gönnerin und Vorsitzenden des Kasseler Vereins seit 29 Jahren. Ohne ihre finanzielle und ideelle Hilfe wären eine Reihe von Vereinsprojekten – so waren sich die Redner sicher – nicht zu verwirklichen gewesen. Das Vereinsvermögen wurde zu diesem Zeitpunkt auf etwa 3,3 Millionen Mark geschätzt, dem 1,2 Millionen Mark Schulden gegenüber standen.

Der Vaterländische Frauenverein und die Entstehung einer Wohlfahrtskultur

Bis zu ihrem Tod am 5. Februar 1915 blieb Sophie Henschel, trotz erheblicher gesundheitlicher Beeinträchtigungen in den Jahren davor, Vorsitzende des Vaterländischen Frauenvereins Kassel. Der letzte vorliegende Geschäftsbericht aus ihrer Ära stammt aus dem Jahr 1913. 46 Jahre hatte sie dem Kasseler Vorstand angehört, ihn 36 Jahre als Vorsitzende geleitet. Bis 1904 war sie auch Vorsitzende des Bezirksverbandes des Vaterländischen Frauenvereins für den Regierungsbezirk Kassel gewesen. Nach dessen Konstituierung als eigenständiger Verband gehörte sie auch diesem weiterhin als stellvertretende Vorsitzende an. Unter ihrer Leitung hatte sich der Bezirksverband und insbesondere sein Zweigverein Kassel zu einem der „bedeutendsten"[218] und finanzstärksten Vaterländischen Frauenvereine in Deutschland entwickelt.

Die Bilanz war beachtlich. Der Bezirksverband umfasste im Jahr 1913 47 Zweigvereine mit 10.263 Mitgliedern. Davon entfielen auf den Kasseler Frauenverein 1.337 Mitglieder, die eine eindrucksvolle Aktivität in zahlreichen eigenen Anstalten entfalteten. Der Kasseler Zweigverein besaß ein Krankenhaus mit inzwischen 200 Betten und einem Schwesternhaus für die Oberin, für 130 Rotkreuzschwestern und 23 Lehrschwestern. Zu dem weiblichen Krankenpflegepersonal, das der Verein über die Schwestern hinaus beschäftigte, waren noch 97 Helferinnen und 20 Hilfsschwestern zu zählen. Außerdem gehörte ihm eine Heilstätte für ebenfalls etwa 200 Lungenkranke. Gleichzeitig betrieb er 34 Gemeindekrankenpflegestationen, zwei Hauswirtschaftsschulen in Kirchditmold und Wolfsanger sowie zwei Kochschulen. Im Rahmen der Wöchnerinnen- und Säuglingsfürsorge hatte er eine Mütterberatungsstelle, eine Milchküche und eine Wöchnerinnenpflegestelle eingerichtet. Der Sektion VI ‚Viktoria-Bazar zur Förderung und Verwertung des Hausfleißes' gehörte ein Laden in der Oberen Königstrasse, in dem hauptsächlich weibliche Handarbeiten vermittelt und verkauft wurden. Die Sektion hatte hierzu 48 Arbeiterinnen beschäftigt.

Das Gründungskapital des Vereins hatte sich einstmals auf geringe 77½ Taler, die Einnahmen des ersten Jahres auf 628 Taler belaufen. Im Jahr 1913 bilanzierte allein die Hauptkasse des Kasseler Vereins – seine acht Sektionen führten darüber hinaus eigene Buchhaltungen – Einnahmen von 212.000 Mark, denen Ausgaben von 153.000 Mark gegenüber standen. An Sicherheitsrücklagen besaß er 25.000 Mark. Die Schulden hatten sich zwischen 1908 und 1913 auf 750.087 Mark reduziert. Alle Sektionen arbeiteten wirtschaftlich ausgeglichen mit zum Teil hohen Summen. Die Sektion II ‚Krankenpflegeanstalt Rotes Kreuz' etwa hatte im gleichen Jahr 310.879 Mark an Einnahmen, die Ausgaben machten 310.466 Mark aus. Die Sektion III zur Unterstützung bedürftiger Wöchnerinnen erzielte bei Einnahmen von etwa 15.000 Mark noch ein Plus von 4.600 Mark. Die Sektion IV unterstützte 109 Familien mit 1.463 Mark. Sie hatte parallel einen Reservefonds in Höhe von 6.700 Mark für Notfälle angesammelt. Die Sektion VI ‚Viktoria-Bazar' konnte auf Einnahmen von etwa 25.000 Mark verweisen, auch bei ihr blieben die Ausgaben von 24.500 Mark darunter. Die Sektion VII, die die Lungenheilstätte leitete, legte ebenfalls eine günstige Bilanz vor. Ihre Einnahmen wurden mit 384.443 Mark und ihre Ausgaben mit 384.030 Mark beziffert. Auch die jüngste Sektion, die erst im Sommer 1898 gegründete Sektion VIII ‚Zur Einrichtung von Haushaltungsschulen auf dem Lande', hatte ausgewogen gewirtschaftet. Sie hatte soviel eingenommen wie ausgegeben: 6.971 Mark.[219]

Zu dieser beachtlichen Bilanz gehörte nicht zuletzt der mit Beginn der Krankenpflege in Kassel Ende 1875 eingerichtete Schwesternpensionsfonds. Auf seinen stetigen Aufbau hatte Sophie Henschel immer besonderen Wert gelegt. Die Rotkreuzschwestern sollten im Falle von Dienstunfähigkeit oder Erreichung des erwerbsunfähigen Alters durch eine Rente abgesichert sein. Man begann 1875 mit 8,25 Mark, im Jahr 1913 wies der Fonds einen Bestand von 235.000 Mark auf. Wie sehr Sophie Henschel diese Einrichtung am Herzen lag, ist schließlich daran zu erkennen, dass sie neben ihren jahrelangen kontinuierlichen Zuwendungen dem Pensionsfonds in ihrem Testament 50.000 Mark vermachte. Ein Jahr zuvor hatte der Verein noch mit der Einrichtung einer Stiftung eine grundlegende Sicherung des Fonds erwirkt. Bei seinem Gesamtvorstand in Berlin sowie bei staatlichen Stellen war er mit dem Plan vorstellig geworden, den Pensionsfonds in eine Stiftung ‚Ruhegehaltsschatz der Schwestern vom Roten Kreuz des Vaterländischen Frauenvereins zu Cassel' umzuwandeln. Als wichtigste Gründe hierfür hatte man vorgetragen, man müsse diesen Fonds gegenüber dem Verein, dessen Vorstand und Gläubigern unabhängig machen.

In seiner Argumentation hatte der Verein zunächst noch einmal die zentrale Bedeutung eines Pensionsfonds hervorgehoben: „Die Schwestern, die dem Vaterländischen Frauenverein lange Jahre hindurch ihre Kräfte gewidmet, die im Dienste des Roten Kreuzes alt und dienstunfähig geworden sind, haben einen berechtigten Anspruch darauf, daß sie für die Zeit des Alters und der Invalidität absolut sicher gestellt sind.

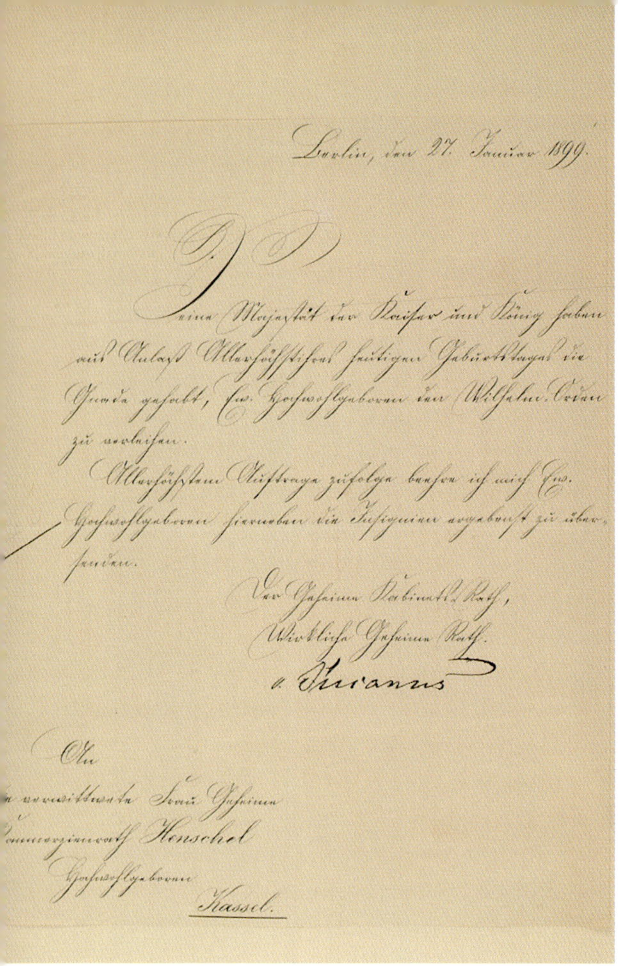
Berlin, den 27. Januar 1899.

P. P.

Seine Majestät der Kaiser und König haben aus Anlaß Allerhöchstihres heutigen Geburtstages die Gnade gehabt, Ew. Hochwohlgeboren den Wilhelm-Orden zu verleihen.

Allerhöchstem Auftrage zufolge beehre ich mich Ew. Hochwohlgeboren hierneben die Insignien ergebenst zu übersenden.

Der Geheime Kabinets-Rath,
Wirkliche Geheime Rath.
v. Lucanus

An
die verwittwete Frau Geheimen
Commerzienrath Henschel
Hochwohlgeboren
Kassel.

29

Am 27. Januar 1899 verlieh Kaiser Wilhelm II. Sophie Henschel den Wilhelms-Orden, die höchste preußische Auszeichnung, die an Frauen verliehen werden konnte.

Ein ebenso großes Interesse daran hat aber auch der Vaterländische Frauen-Verein selbst. Denn nur wenn die eintretenden Schwestern unbedingt sicher auf eine ausreichende Alters- und Invalidenversorgung rechnen können, werden sich stets in genügender Zahl Mädchen und Frauen finden, aus denen für unsere Aufgaben die Geeignetesten ausgewählt werden können."[220] Zugleich war dem Frauenverein bewusst, dass die Schwestern bei dem verhältnismäßig geringen Gehalt selbst keine Rücklagen bilden konnten. Auch die Renten der – inzwischen – staatlichen Versicherung reichten seiner Meinung nach nicht aus, um den Schwestern ein sorgenfreies Alter zu sichern: „Auch in Zukunft wird stets unser Pensionsfonds eintreten und einen erheblichen Zuschuß zu den staatlichen Versicherungsrenten zahlen müssen." Im Hinblick darauf, dass der Pensionsfonds bisher als ein dem Verein gehörender Fonds verwaltet wurde, war die Befürchtung aufgetaucht, dass er „stets von dem Schicksale des Ortsvereins, insbesondere von dessen pekuniären Verhältnissen abhängig" bleibe. Bei dessen erheblichen Schulden sei auch der Pensionsfonds grundsätzlich den Gläubigern haftbar, die unter Umständen darauf zugreifen könnten. Vor diesem Hintergrund seien die Ruhegehaltsansprüche der Schwestern einer starken Unsicherheit ausgesetzt, die man dadurch vermeiden wolle, dass der Fonds eine eigene Rechtspersönlichkeit erhielte. Eine zweite Gefahr sah man außerdem darin, dass er de facto und de jure von stets wechselnden Vorstands- oder Generalversammlungsmajoritäten abhängig sei: „Gerade in finanziell schwierigen Zeiten wird die Gefahr bestehen, daß Teile des Pensions-

Urkunde

über die Verleihung der

Kaiserin Augusta-Medaille

des Vaterländischen Frauen-Vereins

Es wird hierdurch bezeugt, daß die Kaiserin Augusta-Medaille auf Grund der §§ 2 und 3 der Allerhöchst genehmigten Bestimmungen durch Beschluß vom 30. August 1911

der Frau Geheimen Kommerzienrat

Sophie Henschel, geb. Caesar,

in herzlicher Dankbarkeit für treue Mitarbeit verliehen worden ist.

Berlin den 30. Sept. 1911

Der Hauptvorstand des Vaterländischen Frauen-Vereins

Vorsitzende Schriftführer

30

Am 11. September 1911 wurde Sophie Henschel eine der ersten drei Kaiserin-Augusta-Medaillen des Hauptvereins des Vaterländischen Frauenvereins verliehen.

fonds oder gar sein ganzer Bestand zur Deckung anderer Verbindlichkeiten oder zu sonstigen Zwecken des Vereins verwendet werden – in der Hoffnung, daß pekuniär günstigere Zeiten bald die Auffüllung des Fonds wieder gestatten werden.“ Diese Risiken waren dem Vereins- und Sektionsvorstand II zu hoch. Nach einem längeren Schriftwechsel erhielt der Verein auf Grund der Genehmigung der preußischen Minister des Innern und der Justiz am 7. Januar 1914 die landesherrliche Genehmigung des Kaisers zur Errichtung einer rechtsfähigen Stiftung ‚Ruhegehaltskasse der Schwestern vom Roten Kreuz des Vaterländischen Frauenvereins zu Cassel'.

Unter der Leitung Sophie Henschels hatte sich der Vaterländische Frauenverein Kassel immer wieder durch Initiativen und Impulse auf verschiedenen Gebieten der sozialen Arbeit und Wohlfahrt hervorgetan. Waren seine Unternehmungen anfangs noch improvisiert gewesen, so gewannen sie bald feste organisatorische Gestalt. Der Verein hatte seine Arbeit zunehmend mit anderen Vereinen, Verbänden sowie staatlichen und lokalen Behörden vernetzt. Große Gruppen von Frauen hatte er für ein ideelles, finanzielles, aber auch aktives soziales Engagement gewinnen können. Beachtenswert ist, dass eine Anzahl seiner weiblichen Mitglieder sich nicht auf die Teilnahme an Benefizveranstaltungen und Wohltätigkeitsbazaren beschränkt hatte, sondern gesellschaftliche Konventionen bereit war zu verletzen, in dem sie selbst in die Armen- und Arbeiterviertel gingen. Generell führte die immer umfangreichere Vereinsarbeit dazu, dass sich die Präsenz von Frauen in der

31
Erna von Kieckebusch geb. Henschel. Sie heiratete Ernst von Kieckebusch am 9. Oktober 1886.

32
Ernst von Kieckebusch

Öffentlichkeit erheblich verstärkt hatte und ihre Kompetenz für bürgerschaftliche Belange wuchs.

Bei der Auswertung der Unterlagen ließ sich feststellen, dass der Verein organisatorisch gut aufgestellt, zielstrebig, effektiv und pragmatisch zugleich im Regierungsbezirk mit Schwerpunkt in Kassel agierte. Auch dann, wenn er für seine Unternehmungen Anstöße von seinem preußischen Hauptverein oder auch von anderen Vereinen erhalten hatte, denen er sich verbunden fühlte, war das Geschehen nicht selten dadurch charakterisiert, dass ein Modell in einem Tätigkeitsfeld etabliert wurde, und anschließend auf Grund von Erfahrungen differenzierte Angebote folgten. Ein Beispiel hierfür ist die Ausbildung von Krankenpflegerinnen. Da mit den Rotkreuzschwestern nicht alle Bedürfnisse an krankenpflegerischem Personal abgedeckt werden konnten, wurden zwei weitere Konzepte entwickelt. Das eine beinhaltete das Angebot eines Dreimonatskurses, in dem Pflegerinnen ausgebildet wurden, die weder in den Schwesternverband eintreten noch weitere Verpflichtungen eingehen mussten. Diese sollten ihre Kenntnisse in der Familie, in der Armen- und Krankenpflege im Rahmen des Vaterländischen Frauenvereins oder auch in der Gemeindepflege einsetzen können. Das zweite Angebot betraf die Durchführung sogenannter ‚Damenkurse in der Verwundeten- und Krankenpflege' durch die ärztlichen Berater des Vereins, die ausschließlich krankenpflegerische Grundkenntnisse vermitteln sollten. Diese und die sich anschließenden Repetitionskurse zur Auffrischung stießen auf großes Interesse, was die Teilnahme von mehreren hundert Frauen deutlich macht.

Neben dem Alltagsgeschäft hatten immer wieder Katastrophen, Unglücksfälle oder Epidemien eine Herausforderung für den Verein dargestellt. Kurz nach Ausbruch der Cholera-Epidemie in Hamburg im Jahre 1892 hatte der Vorstand als erstes seinen Schwestern eine Instruktion zugehen lassen. Zugleich hatte er die notwendigen Desinfektionsmittel beschafft und sich gegenüber dem Polizeipräsidium bereit erklärt, sein Terrain zur Errichtung eines Krankenzeltes zur Verfügung zu stellen und auch dessen Verwaltung zu übernehmen. Außerdem hatte er anderen Lazaretten der Stadt die Mitarbeit seiner Ärzte und Pflegerinnen angeboten. Die Vereinsärzte hatten öffentliche Vorträge gehalten, wie sich Familien bei einem Cholerafall zu verhalten hätten und über die Pflege eines Cholerakranken informiert. Acht Schwestern des Vereins waren zur Unterstützung nach Hamburg entsandt worden.[221]

Gleich in mehrfacher Hinsicht hatte sich der Kasseler Frauenverein im Laufe seiner Geschichte allerdings als Motor von zukunftsweisenden Entwicklungen erwiesen, und dies keineswegs nur in Bezug auf den Bau großer Einrichtungen. Der Hauptverein für Preußen verwies in seinen Publikationen häufig auf das Geschehen in Kassel, „weil es lehrreich und anregend für alle Vereine ist".[222] Immer wieder gab es Anlass, über die unter geschickter, sorgfältiger, ebenso vorsichtiger wie energischer Leitung sich entwickelnden Vereinsunternehmen zu berichten. Moderne Instrumente waren in der Arbeit kreiert, ausprobiert und ausgeweitet worden. Hierzu zählte auch die Entwicklung von privaten Versicherungen zur Krankenpflege, die zum Teil gemeinsam mit dem Diakonissenkrankenhaus angeboten wurden. Bemerkenswert ist ferner das breit ausgestaltete Vertragswesen der Krankenpflegeanstalt sowie der Lungenheilstätte mit seiner hohen Anzahl von Abschlüssen mit Dutzenden von Krankenkassen und anderen Versicherungsträgern.

Besondere Bedeutung kommt der Etablierung von ehrenamtlich tätigen Frauen in den Städten und Gemeinden des Bezirks zu. Auf diesem Weg wurde in Stadt und Region nicht nur hygienisches Wissen bekannt gemacht und entsprechendes Verhalten eingeübt, sondern vor allem auch die Idee von der Notwendigkeit der sozialen Mitarbeit verbreitet. Dies beförderte wesentlich die Ausgestaltung einer umfassenden Wohlfahrtskultur, wie sie für das wilhelminische Kaiserreich charakteristisch werden sollte. Wie schon erwähnt, kam dabei dem Kasseler Modell in der Armenpflege, mit welchem dem Verein die Akzeptanz des weiblichen Ehrenamtes in der Kasseler Stadtverwaltung gelang, für ganz Deutschland eine Schrittmacherfunktion zu. Dies sollte auf lange Sicht nicht nur die Verberuflichung der weiblichen Sozialarbeit befördern, sondern legte in Kassel generell das Fundament für eine zukünftige enge Kooperation privater Wohltätigkeitsvereine mit der städtischen Verwaltung. Auf mehreren Tätigkeitsfeldern bildete sich in den folgenden Jahren eine Zusammenarbeit heraus. Dies galt sowohl für die Einführung des Haushaltungsunterrichtes in die Mädchenvolksschule, als auch für die Übergabe der städtischen Stellenvermittlung für weibliche Arbeitssuchende an den Verband der Kasseler Frauenvereine im April 1902, der ein erster Versuch von Arbeitsvermittlung für Arbeitnehmerinnen und Arbeitgeber in Kassel darstellte.

Schließlich wäre in diesem Zusammenhang noch auf die Gründung der ‚Gesellschaft für Gemeinwohl in Cassel' im Mai 1909 aufmerksam zu machen. Deren Hauptzweck bestand darin, die Tätigkeit der auf dem Gebiet der Wohlfahrtspflege aktiven Organisationen zu koordinieren und übergreifende Aufgaben wie Auskunfts- und Beratungsstellen zu übernehmen. Im Jahr 1914 gehörten der Gesellschaft 152 Kasseler Vereine und Behörden sowie 334 Einzelpersonen an. Der stellvertretende Vorsitzende der Gesellschaft war der Stadtsyndikus und spätere Bürgermeister Carl Brunner. Schon sehr früh hatte der Vaterländische Frauenverein eine Kooperation mit anderen Vereinen gesucht. Im Jahr 1875 ist mit der Gründung eines ‚Comités zur Unterstützung verschämter Armer' ein erster Versuch in dieser Richtung aktenkundig. Diesem Comité, das die Verteilung von Spenden beabsichtigte, gehörten verschiedene Wohltätigkeitsvereine an, unter anderem der Vaterländische Frauenverein und der Verein für Krankenpflege. Schon zu diesem Zeitpunkt ist die Rede von einer angestrebten Zusammenarbeit mit den Organen der Armenverwaltung.[223] Ein nächster Schritt war die Erstellung eines ‚Wohlthätigkeits-Auskunftsbuches', das die Sektion IV ‚Unterstützung verschämter Armer' 1880 angeregt hatte, in das vierteljährlich die Namen aller von Wohltätigkeitsanstalten, Vereinen und der städtischen Armendirektion unterstützten Armen eingetragen werden sollten. Immer wieder mahnte der Frauenverein in seinen Geschäftsberichten die anderen Wohltätigkeitsvereine, diese Eintragungen vorzunehmen, um das gemeinsame Anliegen zu koordinieren.[224]

In 46 Jahren hatte sich im Rahmen der privaten Wohltätigkeit der Vaterländische Frauenverein Kassel zu einem planvoll organisierten Verein mit einem weitem Betätigungsfeld entwickelt, der sowohl in vielfältiger Weise soziale Hilfe leistete als auch gemeinwesenbezogene Unternehmungen betrieb. Dies wurde nicht nur dem Mäzenatentum der „hochverehrten" Vorsitzenden zugeschrieben, sondern auch auf ihren Leitungsstil zurückgeführt. Häufig wurde Sophie Henschel denn auch für ihre „thatkräftige, umsichtige Leitung des Vereins" gedankt, den sie mit „Weitblick", mit „hervorragendem Geschick" sowie „mit ausgeprägtem Sinn für ausgleichende Gerechtigkeit" gelenkt habe. Auch wenn zu berücksichtigen ist, dass bei ihrem Tod die Trauer um die Vorsitzende die Feder geführt hatte, so zeigt doch eine Formulierung in einem Nachruf, dass Sophie Henschel als Person mit unangefochtener Autorität akzeptiert wurde: „Alle beugten sich willig und überzeugt den stets das Richtige treffenden Anordnungen ihrer Vorsitzenden."[225]

Sophie Henschel wurde für ihre soziale Tätigkeit durch zahlreiche Orden geehrt. Nach dem Verdienstkreuz und der Kriegsgedenkmünze 1871/72 wurde ihr von Kaiser Wilhelm I. auf Bitten der Kaiserin Augusta im Herbst 1882 der Luisen-Orden erster Klasse der zweiten Abteilung verliehen. In dem Gesuch der Kaiserin waren insbesondere die Verdienste Sophie Henschels in Bezug auf ihre Vereinsarbeit sowie ihre großzügige Spendenbereitschaft, aber auch ihre

33
Luise Henschel und Alexander von Keudell 1885. Sie heirateten am 23. Juni 1886.

Persönlichkeit hervorgehoben: „Frau Henschel hat den vaterländischen Frauenverein zu Cassel, dessen Leistungen allgemein Anerkennung finden, ins Leben gerufen, ihm ihre reichen Mittel zugewandt und, stets hülfsbereit zur Linderung der Noth, sich durch ihre persönliche Haltung Achtung und Verehrung in allen Kreisen der Bevölkerung erworben, so daß sie in jeder Beziehung einen segensreichen Einfluß ausübt."[226]

Am 8. Juni 1887 wurde sie dann von der Kaiserin Augusta als Mitglied des Kapitels der zweiten Abteilung des Luisenordens berufen. Dieser Orden hatte vor allem Oskar Henschel besondere Freude bereitet, da Sophie Henschel im Kapitel an die Stelle der gestorbenen Frau Geheimrat Borsig aus der Familie des Lokomotivbauers in Berlin trat. Am 20. Mai 1898 hatte Sophie Henschel dann die von Kaiser Wilhelm II. gestiftete Erinnerungsmedaille zum Andenken an den hundertsten Geburtstag seines Großvaters, Kaiser Wilhelms I., erhalten. Am 22. Oktober 1898 war die Rothe Kreuz-Medaille zweiter Klasse gefolgt. Nur einige Monate später, am 27. Januar 1899, bekam sie wiederum von Kaiser Wilhelm II. den erst 1896 gestifteten Wilhelms-Orden, die höchste preußische Auszeichnung, die an Frauen verliehen werden konnte, übereignet. Dieser Orden, der nur eine Klasse hatte, war für Männer und Frauen bestimmt, die sich um die Wohlfahrt des Volkes verdient gemacht hatten. In den Unterlagen fand sich außerdem die Urkunde für die Denkmünze aus Stahl in Anerkennung von Verdiensten anlässlich des Aufstandes in Südwestafrika, die ihr am 3. Februar 1908 zu ihrer eigenen Überraschung zugesprochen worden war.

Neben dem Wilhelms-Orden war ein weiterer Höhepunkt im Reigen ihrer Ehrungen die Verleihung der Kaiserin-Augusta-Medaille des Vaterländischen Frauenvereins, die zugleich die besondere Stellung des Kasseler Vereins im Rahmen aller preußischen Frauenvereine dokumentierte. Diese Medaille war 1911 anlässlich des hundertsten Geburtstages der Kaiserin Augusta erstmals gestiftet worden und sollte jedes Jahr an höchstens drei Personen – Frauen und Männer – verliehen werden, „deren hervorragende Arbeit im Dienste des Vaterländischen Frauen-Vereins und des Roten Kreuzes sie dieser höchsten Vereinsauszeichnung würdig macht."[227] Sophie Henschel wurde eine der ersten drei Medaillen zuerkannt. Die zweite erhielt die Tochter der Kaiserin Augusta, Großherzogin Luise von Baden als Initiatorin und Protektorin des Badischen Frauenvereins, und die dritte der langjährige Schriftführer des preußischen Hauptvereins Wirklicher Geheime Oberregierungsrat von Roux. Am 5. September 1911 wurden die Medaillen in einer feierlichen Veranstaltung im Abgeordnetenhaus in Berlin überreicht. Am Nachmittag schloss sich ein Fest an, zu dem die Kaiserin Auguste Viktoria in das Neue Palais in Potsdam eingeladen hatte. Sophie Henschel notierte in ihren Erinnerungen: „Diese Auszeichnung hat mich wirklich sehr erfreut."[228] Diese Ehrung machte auch deutlich, dass Sophie Henschel im nationalen Stifterkreis der wohlhabenden Wirtschaftsbürger angekommen war.

Einen anderen Titel hatte sie dagegen mehrfach ausgeschlagen: den Adelstitel und damit die Erhebung in den Adelsstand. In ihrer Entscheidung folgte sie zum einen der Auffassung ihres gestorbenen Mannes und zum anderen der Tradition ihrer eigenen, bürgerlich gesinnten Familie. Die wesentlichen Kriterien, die in Preußen für eine Nobilitierung zu Grunde gelegt wurden, waren bei Sophie Henschel gegeben: Sie war Repräsentantin eines anerkannten nationalen Unternehmens der Großindustrie mit Weltruf, das auf eine lange unternehmerische Familientradition zurückschaute; sein mit Solidität erreichter wirtschaftlicher Erfolg hatte der Familie enormen Reichtum gebracht; die Fabrikantin hatte ausdrücklich ihre Bereitschaft demonstriert, sich von Teilen ihres Vermögens zugunsten karitativer Zwecke zu trennen, und nicht zuletzt war sie eine patriotisch gesinnte, überzeugte Preußin mit beträchtlichem Vertrauen in die Staatsgeschäfte. Die Firma Henschel & Sohn besaß gute Kontakte zur Berliner Verwaltungsspitze, Sophie Henschel verfügte über persönliche Beziehungen zum Hof und zur königlich-kaiserlichen Familie. Ihre Tochter Elisabeth[229] und ihr Schwiegersohn Paul von Schelling, der eine hohe Stellung im preußischen Militär einnahm, gehörten zum Umkreis Kaiser Wilhelms II. und zur Berliner Hofgesellschaft. Sophie Henschels zweite Tochter Luise[230] hatte mit Alexander von Keudell einen Adligen aus einer Familie der Althessischen Ritterschaft geheiratet. Eine Nobilitierung hätte die soziale Anerkennung der Familie Henschel durch die traditionellen Oberschichten unterstrichen. Zwei Mal hatte der höchste preußische Staatsbeamte in der Provinz, Oberpräsident Eduard von Magdeburg, Sophie Henschel sehr zugeredet, den Adelstitel anzunehmen: „Ich lehnte es ab, wie es Oscar gethan, als früher Mal deswegen bei ihm sondiert wurde u. wie mein Vater es im Jahr 1840, dem Oberpräsidenten Freiherrn v. Vincke gegenüber gethan."[231] Einige Jahre später hatte es noch einmal der Oberpräsident Graf Robert von Zedlitz-Trützschler versucht, auch dieses Mal lehnte Sophie Henschel „mit Dank"[232] ab. Dies zeigt, dass Sophie Henschel ein ausgeprägtes Selbstbewusstsein als Bürgerin demonstrierte, das keiner Nobilitierung bedurfte. Die Genugtuung über die Anerkennung der karitativen Verdienste von Seiten des Hofes, des Staates und der Kommune waren das eine, der Stolz auf die eigene Leistung und die Identität einer erfolgreichen wirtschaftsbürgerlichen Familie das andere. In Sophie Henschels Mentalität war hierzu kein Adelsprädikat notwendig.

Möglicherweise beabsichtigte die Krone mit der Erhebung des Oberst a. D. Ernst Kieckebusch, Ehemann der ältesten Tochter Erna, in den Adelsstand im August 1906 einen Ausgleich für die Ablehnung der Firmenprinzipalin. In der Generation der Kinder von Oskar und Sophie Henschel mehrten sich zugleich Attribute eines aristokratischen Lebensstils. Dies betraf den Bau repräsentativer Villen beziehungsweise mit Wolfsbrunnen bei Eschwege eines Schlosses und den Kauf des im Kreis Kassel gelegenen Rittergutes Hoof mit Ropperode und Elmshagen. Mit intensiven Überlegungen, einen Fideikommiss einzurichten, der auf lange Zeit einen Teil des Familienvermögens rechtlich und materiell in der Hand der Familie und damit ihre Fortdauer sichern sollte, hatte auch Sophie Henschel sich schon einem Instrument zugewandt, das traditionell vom Adel gehandhabt wurde. Auf Anraten ihres Notars realisierte sie ihre Absicht

34
Elisabeth Henschel und Paul von Schelling.
Sie heirateten am 29. Dezember 1890.

dann allerdings in einer testamentarisch verfügten Familienstiftung[233].

Mit der Entwicklung des Vaterländischen Frauenvereins hatte Sophie Henschel ein eigenes Werk geschaffen. In seiner Leitung war sie ihrem eigenen Wertekanon gefolgt. Sie hatte den Verein mit der Absicht gelenkt, Energien zur Etablierung wirtschaftlicher Wohltätigkeitsunternehmen zusammenzuführen und tat dies mit der Gewissheit, mit einer guten Organisation auch Erfolg zu haben. Sie war überzeugt, dass der wissenschaftliche und medizinische Fortschritt zur Verbesserung der sozialen Verhältnisse beitragen würde. Dabei hatte sie sich mitverantwortlich dafür gefühlt, die Chancen der Menschen zu mehren, ein zufriedenes und würdiges Leben führen zu können. Ihr philanthropisches Verständnis hatte von ihr selbst Leistungen verlangt, die nicht nur mit gutem Willen, sondern ebenso auch mit Mühe und Fleiß beigebracht werden mussten. Sophie Henschel war in dieser Hinsicht eine Repräsentantin eines modernisierungsbereiten liberalen Besitzbürgertums, das Gemeinsinn zeigte und bereit war, mit ideellem Engagement und finanziellen Mitteln das Gemeinwohl zu unterstützen. Dabei war es ihrem Ansinnen nur förderlich gewesen, dass sie ähnlich und zugleich kooperativ Gesinnte in der Verwaltung der Stadt Kassel fand.

„Die Pflichten des Reichtums“

„Die Fabrik nicht bloss als ein Mittel zum Gelderwerb“

Fünf Jahrzehnte widmete sich Sophie Henschel als Mitglied des Wirtschaftsbürgertums philanthropischer Tätigkeit und legte dabei ihren Schwerpunkt auf die Leitung eines karitativ tätigen Frauenvereins, der sich auch für die Verbesserung der privaten und öffentlichen Hygiene einsetzte. Hauptsächlich unter seinem Dach erwies sie sich als großzügige Mäzenin: Die meisten und auch die umfangreichsten Spenden und Schenkungen erhielten die verschiedenen Sektionen des Vaterländischen Frauenvereins Kassel, mit denen dieser in die Lage versetzt wurde, auch zwei große Krankenpflege-Einrichtungen realisieren zu können. Mit diesen Anstalten erreichte die Förderpraxis Sophie Henschels ihren Höhepunkt. Überschaut man den langen Zeitraum von Sophie Henschels Wohltätigkeitsarbeit, dann ist zu erkennen, dass sich erst im Laufe der Jahre allmählich Konturen ihres gemeinnützigen finanziellen Engagements herausbildeten.

Für Sophie Henschels Spendenbereitschaft lassen sich drei Phasen ausmachen, die entscheidend von ihren persönlichen Erfahrungen und ihrer Lebenslage abhängig waren. Die erste reichte von 1862 bis 1879, bis zu dem Zeitpunkt, wo sie den Vorsitz des Vaterländischen Frauenvereins übernahm. Für diese erste Phase liegen keine detaillierten Unterlagen vor. Die vorhandenen Dokumente verweisen ausschließlich auf ihre aktive Mitarbeit in Comités und Vereinen, wobei mit Sicherheit davon ausgegangen werden kann, dass sie in deren Rahmen auch Geld spendete. Eine zweite Phase ist von 1879 bis 1896 zu erkennen. Die Aktivitäten dieses Zeitraums sind schon dadurch besser überliefert, dass Sophie Henschel als Vorsitzende des Vaterländischen Frauenvereins nicht nur eine solide Buchführung sondern auch den Druck der jährlichen Geschäftsberichte veranlasste. Die sich zeitgleich in Kassel entfaltende Wohlfahrtspraxis mit dem einhergehenden Ausbau des allgemeinen Mäzenatentums fand außerdem Widerhall in den lokalen Zeitungen, die regelmäßig ausführlich über Benefizveranstaltungen berichteten und namentliche Spendenlisten veröffentlichten. In dieser Phase trat im Jahr 1882 Sophie Henschel zum ersten Mal als Stifterin einer größeren Summe auf, die zum Bau des Augusta-Hospitals verwendet wurde. Die dritte Phase umfasst die Jahre von 1896 bis zu ihrem Tod. Erst jetzt trat sie als Mäzenin in großem Stil in Erscheinung. Dieser Zeitraum wird wesentlich davon geprägt, dass Oskar Henschel 1894 überraschend starb, Sophie Henschel Alleininhaberin der Firma Henschel & Sohn wurde und darüber hinaus über ein beachtliches Privatvermögen verfügte, das sich zudem im Laufe der Jahre immens steigerte. In diese Phase fallen neben der weiterhin kontinuierlichen finanziellen Förderung des sozialen Sektors, in dem eindeutig der Schwerpunkt ihres Mäzenatentums lag, nun auch zahlreiche namhafte Spenden im Kultur-

und Kunstbereich. In diesem Zeitraum sollte auch die Stadt direkte Empfängerin größerer Geldbeträge werden.

Für ihr mäzenatisches Handeln wählte Sophie Henschel verschiedene Zuwendungsformen. Sie reichten von unterschiedlichsten Sachspenden (etwa Bücher, Zeitschriften, Einrichtungsgegenstände, Gemälde, Wäsche) über Mitgliedsbeiträge zu kleineren Spenden und schließlich zu großen Schenkungen. Legate in der Gesamtsumme von 500.000 Mark bestimmte sie schließlich in ihrem Testament für „wohltätige Zwecke insonderheit zum Besten unserer Beamten und Arbeiter, wie dies beim Tode meines Mannes geschehen, auch zu Geschenken an meine Dienerschaft und Gärtner in derselben Art wie damals …, an Wohlfahrtskassen der Fabrik Henschel & Sohn, an den hiesigen Vaterländischen Frauenverein zur Deckung der durch den Neubau des neuen Rot-Kreuz-Krankenhauses entstandenen Schulden und andere Wohltätigkeitsanstalten“[234]. Diese testamentarische Festlegung macht deutlich, dass sich Sophie Henschel drei Feldern verpflichtet fühlte, auf denen sie als Wohltäterin tätig sein wollte und war: dem Unternehmen mit seiner Belegschaft und seinen Wohlfahrtseinrichtungen, der privaten Wohltätigkeit in Gestalt des Vaterländischen Frauenvereins sowie der Kommune mit ihren zahlreichen Wohltätigkeitsanstalten und -organisationen, zu denen sie auch die Stadtverwaltung zählte. Auch wenn die Förderung von Wohlfahrtsmaßnahmen und die Neubegründung von Sozialeinrichtungen der Firma nicht umstandslos unter Mäzenatentum zu fassen sind, dessen genuine Absicht die Unterstützung gemeinnütziger Zwecke dar-

35
Oskar und Sophie Henschel kurz vor Oskar Henschels Tod

stellt, sondern eher zum Bereich betrieblicher Sozialpolitik zu zählen sind, so verweist diese testamentarische Festlegung doch auf einen interessanten Aspekt des Stiftungsverhaltens Sophie Henschels. In dem Moment, wo sie als Inhaberin für das Unternehmen verantwortlich zeichnet, überträgt sie ihre im gesellschaftlichen Terrain praktizierte philanthropische Gesinnung in großem Maßstab auch auf die Firma und geht damit weit über die durchaus bisher schon geltende fürsorgliche Haltung des Henschelprinzipals für seine Belegschaft hinaus. Auf diese Weise fügte sie der von ihr getragenen Unternehmenskultur einen weiteren wegweisenden sozialen Baustein hinzu. Das Verhältnis der Fabrikantin zu ihren Arbeitern und Angestellten kann als Prüfstein für ihre Großzügigkeit und Hilfsbereitschaft gelten, die sie der Allgemeinheit bisher schon erwiesen hatte.

Der Vollständigkeit halber soll an dieser Stelle noch benannt werden, dass Sophie Henschel auf einem viertem Feld als Stifterin auftrat: in der Familie. In diesem Fall nutzte sie das Instrument zweier juristisch fixierter Eigenstiftungen, einer Familien- und einer Enkelstiftung, die sie mit zehn beziehungsweise zwei Millionen Mark ausstattete. Die Stifterin beabsichtigte mit diesen ‚privatnützigen' Stiftungen, das Wohl ihrer Familie generationenübergreifend zu sichern. In dem sie einen Teil ihres Vermögens den Erben entzog und es zur Grundlage einer Familienstiftung machte, hoffte sie, dass die Familie und ihr Vermögen auf längere Dauer Bestand hätten.

Im Unterschied zu einem traditionellen Mäzenatentum, das sich auf mildtätige Schenkungen und Stiftungen beschränkte, war für Sophie Henschels Freigebigkeit charakteristisch, dass sie Forderungen nach einer zeitgemäßen Art und Weise philanthropischen Engagements, die erst um die Jahrhundertwende wirkungsvoll geäußert wurden, schon früher berücksichtigt hatte. Eine ironische Bemerkung von ihr aus dem Jahr 1909 unterstrich ihre Distanz zu einem patriarchalischen Stil: „Den Weihnachtsabend feierte ich bei Kieckebuschs in Hoof, die außer der Bescherung für die Familie, noch zwei für ihre Leute u. deren Familie veranstalteten. Es kamen wohl 200 Personen, große und kleine, sie sangen erst ein Weihnachtslied, dann hielt Ernst eine Ansprache u. schließlich zogen sie beglückt durch praktische Geschenke u. Schüsseln mit Gebäck u. Äpfel u. Nüssen heim. Das Ganze hatte etwas sehr Patriarchalisches."[235]

Einer, der statt einer wahllosen, eine gezielte und sinnvolle Spendentätigkeit von den gut gestellten Bürgern gefordert hatte, war der amerikanische Millionär Andrew Carnegie. Seine programmatischen Aufsätze, die erstmals 1889 in der ‚North American Review' erschienen, fanden auch in Deutschland große Resonanz. Sie erschienen hier zunächst unter dem Titel ‚Das Evangelium des Reichtums' (1892, 1894) und später dann als ‚Die Pflichten des Reichtums' (1901). Auch in der Zeitschrift des Roten Kreuzes wurde hierzu im Jahr 1903 ein begeistert zustimmender Artikel abgedruckt. Carnegie forderte mit seiner Botschaft der ‚gospel of wealth' als Pflicht von den Reichen, sich gemeinnützig zu engagieren und zwar so, dass sie mit einem Teil ihres Vermögens die Lage aller Bevölkerungsgruppen zu verbessern suchen sollten, um einen sozialen Ausgleich innerhalb der kapitalistischen Gesellschaft herbeizuführen. Er plädierte vor allem dafür, dass sich Reiche schon zu Lebzeiten und nicht erst posthum, durch testamentarische Verfügungen menschenfreundlich betätigen sollten. Er verlangte, Vermögende sollten auf diese Weise Verantwortung für die Verwendung ihres Reichtums tragen. Einer seiner Sätze, die Berühmtheit erlangten, lautete, „der reich stirbt, stirbt in Schande“. In dieser Hinsicht ging er mit Beispiel voran: Seine eigenen Stiftungen beliefen sich auf etwa 350 Millionen Dollar. Carnegie votierte für das Prinzip, anstatt einer Wohltätigkeit für den Einzelnen sollte die Förderung des Ganzen im Vordergrund stehen. Daraus leitete er die „besten Felder der Menschenfreundlichkeit“ ab, die für ihn erstens im Bereich Wissenschaft und Kunst, zweitens auf dem Feld von allen zugänglichen Fortbildungseinrichtungen und drittens von Anstalten lagen, die Bedürfnisse des Gemeinwesens erfüllten. Hierzu zählte er Krankenhäuser, medizinische Unterrichts- und Forschungsinstitute, Anstalten zur Ausbildung von Krankenpflegerinnen, Museen, Volksbadeanstalten, aber auch öffentliche Park- und Gartenanlagen. Mit seinem auch in Deutschland euphorisch rezipierten Plädoyer für eine neue Schwerpunktsetzung und insbesondere für die Förderung von gemeinnützigen Einrichtungen setzte Andrew Carnegie markante Akzente in der Diskussion um das Mäzenatentum. So ist es kein Zufall, dass Karl Henschel 1911 mit 100.000 Mark zum Gründungsstifter der Kaiser-Wilhelm-Gesellschaft wurde.[236] Diese außeruniversitäre und überregionale Wissenschaftsorganisation übernahm das Konzept der ‚Carnegie Institution‘.

36
Vater Oskar und Sohn Karl Henschel um 1890

37
Karl Henschel als Student der Technischen Hochschule Darmstadt im Oktober 1896

Als Carnegies Schriften erschienen, hatte Sophie Henschel im Rahmen des Vaterländischen Frauenvereins schon längst begonnen, nach den Devisen Carnegies zu handeln. Wenn er in den neunziger Jahren des 19. Jahrhunderts forderte, Unternehmer sollten sich als Garanten des Fortschritts und der Zivilisation verstehen, und zugleich an diese appellierte, ihr Vermögen mit der gleichen Unternehmungslust, mit der sie es erwirtschaftet hatten, für gemeinnützige Zwecke einzusetzen, so dürfte er in Sophie Henschel eine Gesinnungsgenossin gehabt haben. Die Devise, Besitz verpflichte zur Förderung des Gemeinwohls, gehörte zu ihrem Selbstverständnis.

Auch wenn es keine Aufzeichnungen gibt, in denen Sophie Henschel die Motive ihres Handelns ausführlich dargelegt hätte, so finden sich doch in unterschiedlichen Dokumenten Hinweise auf ihre grundsätzlichen Ansichten. Ihrem Tagebuch vertraute sie am Tag des Todes ihrer Schwiegermutter Ernestine im April 1872 an: „Möge ihr Andenken zum Segen für uns werden u. uns immer mehr danach ringen lassen ihr gleich zu werden an Herzensgüte, Selbstlosigkeit, ruhigem Urtheil u. Menschenfreundlichkeit.“[237] Drei Jahrzehnte später stellte sie ihren Aufzeichnungen, die den Anfang einer Familienchronik Henschel abgeben sollten, als ein Motto die Vision einer universalen sozialen Gerechtigkeit voran: „Durch den ruhelosen Wechsel der Gestalten und den nie verstandenen Kampf der Zeiten geht ein Geist unwandelbarer Gerechtigkeit vor dem alle Gegensätze verschwinden und aller Streit verhallt. Das ist das heilige Band das Staaten zusammen hält, Geschlechter und Familien verbindet und den Einzelnen an den unerschütterlichen Schwerpunkt fesselt.“ Ihr Wort vom „Geist unwandelbarer Gerechtigkeit“ erinnerte daran, dass ihr die „sociale Frage“, die sie in ihrem Testament von 1910 direkt als „Faktor der Zukunft“ ansprach, bewusst war. Dies zeigt, dass sie sensibel für die Existenz sozialer Differenzen war und ihr Wirken dem Abbau krasser Ungleichheit galt. Mit wachem Bewusstsein registrierte sie gesellschaftliche Missstände und erhoffte sich durch private Wohltätigkeit die Linderung sozialer Not und die Verbesserung widriger Lebensumstände. Es ging ihr darum, zum Ausgleich von Spannungen und damit zum sozialen Zusammenhalt der Gesellschaft beizutragen.

Zugleich trachtete sie danach, diese ihre Auffassung als Wertesystem der Unternehmerfamilie Henschel an ihre Kinder und insbesondere den Fabrikerben weiterzugeben. Das von ihr zusammengestellte Sammelbuch verstand sie als Teil einer Chronik der Familie Henschel. Ihre darin enthaltende Widmung vom 5. August 1902 formulierte emphatisch ihr Vermächtnis: „Das Sammelbuch u. die Chronik der Familie Henschel ist natürlich für meinen lieben Sohn bestimmt – ich bitte ihn u. seine liebe Frau beide nach Kräften weiterzuführen. Möchten die beiden Bücher bis in ferne Zeiten nur Gutes von Kind und Kindeskind berichten u. möchte der Segen des Himmels immer auf einem Namen ruhen, der mir der theuerste von allen war u. den ich stets mit Stolz getragen.“[238]

Schon als Heranwachsende und später als Erwachsene bezog Sophie Henschel ihre eigenen Kinder und dann die Schwiegersöhne und Schwiegertöchter in die von ihr aufgebaute

Wohlfahrtspraxis ein: Der 17-jährige Karl spendete die Glocke für das Schwesternhaus der Krankenanstalt, die Tochter Erna und der Schwiegersohn Ernst von Kieckebusch traten ihr im Vaterländischen Frauenverein in verschiedenen Sektionen und im Vorstand zur Seite. Große Erwartungen Sophie Henschels richteten sich auf die erste Schwiegertochter Minnie, in ihren Aufzeichnungen notierte sie: „Ich knüpfte viele schöne Hoffnungen an diese Heirath u. um meine Schwiegertochter in Wohlfahrtsbestrebungen einzuführen, gründete ich eine Kleinkinderschule u. eine Haushaltungsschule, die ihr unterstellt wurden, in Rothenditmold.“[239] Anschließend übergab sie ihr die Verwaltung des Freibettes für Henschelangehörige in der Rotkreuz-Krankenanstalt, um sie dann ebenfalls für die Mitarbeit in einer Sektion des Frauenvereins zu gewinnen. Besonders beglückt war sie später über das Interesse Hildegards, der zweiten Frau ihres Sohnes Karl, an den Wohlfahrtseinrichtungen sowohl der Firma wie des Frauenvereins, in deren Betreuung sie bald an verantwortlichen Stellen eingebunden wurde. Hildegard sollte nach Sophie Henschels Tod deren Amt als Vorsitzende des Vaterländischen Frauenvereins übernehmen.

Sophie Henschels philanthropische Grundeinstellung fand Eingang in eine Unternehmensethik, in der sie formulierte, dass nicht die Gewinnmaximierung der alleinige Daseinszweck von Unternehmen sei. Während sie als Unternehmergattin den Inbegriff eines sozialverantwortlichen Unternehmertums verkörperte, baute sie später als selbstverantwortliche Unternehmerin mit gleicher Überzeugung in großem Stil auch die betrieblichen Sozialeinrichtungen aus. Als ein Vermächtnis, das Hoffnung und Verpflichtung zugleich enthielt, formulierte sie in ihrem Testament: „Ich habe das Vertrauen zu meinem lieben Sohn, dass er die Fabrik nicht bloss als ein Mittel zum Gelderwerb ansehen wird, sondern, dass er auch pekuniäre Opfer nicht scheuen wird, wenn es gilt dem Werk seiner Vorfahren den gebührenden Platz in der Industrie zu bewahren, dass er den Beamten und Arbeitern ein gerechter, wohlwollender Chef sein wird, der berechtigten Wünschen derselben zuvorkommt, damit, wills Gott, das bisherige gute Einvernehmen zwischen Arbeitgeber und Arbeitnehmer fortbestehen bleibt.“ Der Wunsch nach sozialer Gerechtigkeit verband sich bei Sophie Henschel stets mit der Ermahnung an ihre Nachkommen „nicht mit den Gütern des Lebens zu prunken“. Von ihrem Sohn erhoffte sie sich: „Möge er den Namen mit Ehren tragen, wie es Generationen vor ihm getan, möge er sich den reinen, anspruchslosen, jeder Genußsucht und jeden Prunk abgeneigten Sinn seiner Vorfahren und besonders auch seines teuren Vaters zu eigen machen, dann wird der Segen des Himmels ferner auf der Familie Henschel ruhen.“[240]

In ihrem philanthropischen Engagement knüpfte Sophie Henschel ganz bewusst an die Traditionen ihrer eigenen Familie Caesar und der verschiedener Generationen der Familie Henschel an und entwickelte dennoch ihren eigenen Stil. In ihren Aufzeichnungen überlieferte sie selbst, dass im urgroßväterlichen Hause Henschel immer viele bedürftige Menschen „Rath, Hülfe und solche die es nötig hatten auch

38
KARL HENSCHEL MIT SEINER VERLOBTEN MINNIE MARTIN IN ENGLAND 1898. SIE HEIRATETEN AM 20. JULI 1898.

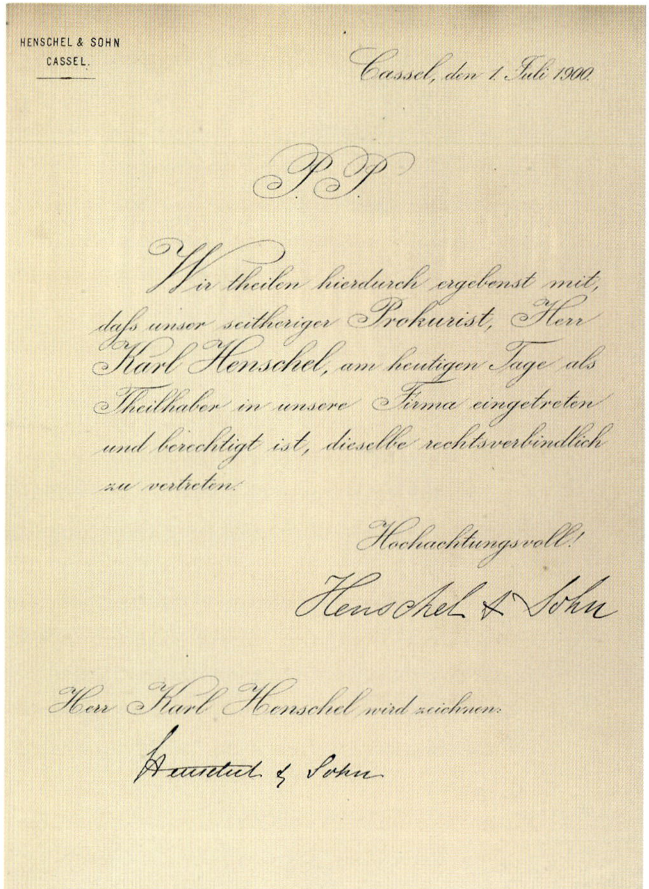

HENSCHEL & SOHN
CASSEL.

Cassel, den 1. Juli 1900.

P. P.

Wir theilen hierdurch ergebenst mit, daß unser seitheriger Prokurist, Herr Karl Henschel, am heutigen Tage als Theilhaber in unsere Firma eingetreten und berechtigt ist, dieselbe rechtsverbindlich zu vertreten.

Hochachtungsvoll!

Henschel & Sohn

Herr Karl Henschel wird zeichnen:

Henschel & Sohn

39
KARL HENSCHEL TRITT AM 1. JULI 1900 ALS TEILHABER IN DIE FIRMA HENSCHEL & SOHN EIN.

Belehrung"[241] gefunden hätten. Ähnliches wurde über den im Jahr 1860 gestorbenen Karl Henschel berichtet, wenn als Zug seines Charakters „sein zartes Bestreben, zu helfen und wohlzutun, wann und wo und wie es ihm möglich war"[242] herausgehoben wurde. Mit Karl Henschel begann in der Familie Henschel das Bürgerengagement in der Selbstverwaltung der Stadt. Auch die Öffentlichkeit honorierte die Tradition der Fürsorge und den Bürgersinn der Familie Henschel. Das Kasseler Tageblatt würdigte beim Tod Oskar Henschels seine Orientierung am „Wohl des Ganzen" und seine Absicht, in seinem Wirkungskreis „zur Wohlfahrt des Volkes" beizutragen.[243] Dabei verstanden die Zeitgenossen unter seinem Wirkungskreis zum einen die Fabrik und zum anderen seinen bürgerschaftlichen Einsatz im Rahmen von politischen Ehrenämtern. Die Benennung nur dieser beiden Wirkungsfelder kann als Hinweis auf die Arbeitsteilung des Ehepaars gelten, war doch auf dem sozialen Feld der freien Wohltätigkeit seine Frau aktiv.

‚Anstifterin' von Bürgerinnenengagement im Frauenverein

Am Beginn von Sophie Henschels öffentlicher Tätigkeit stand ihre Entscheidung, einem ‚Comité' beizutreten. Anstatt sich darauf zu beschränken, ausschließlich Spenden zu einem gegebenen Anlass beizusteuern oder bestehende Wohltätigkeitsvereine hin und wieder materiell zu unterstützen, entschloss sie sich zu einer persönlichen Mitarbeit auf einem Feld der freien Wohlfahrt. Die private und freiwillige Wohltätigkeit wurde bis dahin nicht nur in Kassel zum einen hauptsächlich von Einzelstiftern getragen, zum andern von kirchlichen Einrichtungen und wenigen Vereinen, die sich zur Armenfürsorge im frühen 19. Jahrhundert gegründet hatten. In der zweiten Hälfte des Jahrhunderts bildeten sich dann sehr zahlreiche Vereine mit differenzierten Vereinszielen, was zur Entstehung einer breiten Vereinskultur führte. Sophie Henschels Entscheidung Mitte der 1860er Jahre markierte somit den Übergang vom individuellen Stiftertum der vormärzlichen Zeit zur Herausbildung einer gemeinschaftlich organisierten Privatwohltätigkeit im Rahmen eines Vereins. Bezieht man den Umstand mit ein, dass sie sich an die Spitze eines Vereins stellte und ihr Einsatz diesem zu einem erheblichen Umfang verhalf, dann darf man konstatieren, dass Sophie Henschel als Wegbereiterin einer solchen Vereinskultur angesehen werden kann.

Auch in einer weiteren Dimension hatte Sophie Henschels Entscheidung einen innovativen Charakter: Die Wahl einer Organisation, die von Frauen – trotz starker Unterstützung durch Männer – verantwortlich geführt wurde, aber als ordentliche Mitglieder nur Frauen vorsah. Dass ihre Wahl für einen Frauenverein nicht zufällig gewesen sein kann, ist daran zu erkennen, dass sie in ihrer frühen aktiven Zeit gleich drei Mal eine Frauenassoziation wählte: den Frauen-Bazar, das patriotische Damen-Comité und schließlich den Vaterländischen Frauenverein. Bis ins Jahr 1865 hatten in Kassel nur neun Frauenvereine existiert, bis 1910 war ihre Zahl auf 62 gestiegen.[244] Mit diesem enormen Anstieg – auf 10.000 Einwohner kamen damit vier Frauenvereine – übertraf Kassel die Städte München, Leipzig und Chemnitz, die zu diesem Zeitpunkt nicht einmal zwei Vereine auf 10.000 Einwohner vorweisen konnten. Die außerordentliche Entfaltung des Frauenvereinswesens in Kassel hatte sicherlich mehrere Ursachen, ein Grund ist in der mobilisierenden Ausstrahlung des Vaterländischen Frauenvereins unter der Leitung Sophie Henschels zu erkennen.

40
Karl Henschel heiratete Hildegard von Scheffer-Boyadel in zweiter Ehe am 22. Juli 1909.

An dieser Stelle soll im Zusammenhang mit ihrer Frauenvereinsarbeit auf eine besondere Art des hier praktizierten Stiftertums hingewiesen werden. Heute ist es in der Vereins- und Stiftungsforschung üblich, eine Stiftung als eigenständige Rechtspersönlichkeit anzusehen, die durch einen juristischen Akt begründet wird und somit eine dauerhafte Rechtsform besitzt. Dieser rechtliche Vorgang konstituiert auf der Grundlage gesetzlicher Bestimmungen ein bestimmtes Rechtsverhältnis zwischen einem Geber und einem Empfänger. Eine Stiftung – ob selbstständig oder unselbstständig – verkörpert nach diesem Verständnis einen Willensakt einer oder mehrerer Stifter und Stifterinnen, mit dem diese eine Vermögensmasse einem bestimmten Zweck widmen. Wesensmerkmale einer Stiftung bürgerlichen Rechts sind ausschließlich Vermögen, dessen Zweckbestimmung und eine Stiftungs-Eigenorganisation.[245]

Im Unterschied zu diesem Verständnis von Stiften, das darin besteht, Stiftungen als juristische Personen zu konstituieren, praktizierten die Frauen im Frauenverein eine weitreichendere Form von Stiften. Ihre Stiftungspraxis beinhaltete mehrere Optionen. Sie beschränkten sich nicht auf das Stiften von Geld, sondern schlossen auch das Einsammeln von Sachspenden ein. Vor allem aber animierte der Frauenverein zur Stiftung von Ideen, von Zeit, von ehrenamtlicher Mitarbeit und freiwilliger Übernahme gesellschaftlicher Aufgaben, je nach eigenen Fähigkeiten und Erfahrungen. Sein Werben um Stiftungen zielte grundsätzlich auf eine Haltung, die sich den sozialen Belangen der Allgemeinheit verpflichtet fühlte. Ganz im Sinne der etymologischen Entwicklung des Wortes ‚stiften', mit dem einstmals allgemeiner ‚gründen', ‚ins Werk setzen' und im umfassenderen Sinn ‚schenken' gemeint war, konnten Frauen im Verein ganz unterschiedliche Formen des Schenkens wählen.

Schon die nationale Debatte um den Bürger- und Gemeinsinn am Anfang des 19. Jahrhunderts hatte dieses Verständnis von vielgestaltigem Schenken belebt. Im Jahre 1838 verstand der Liberale Karl von Rotteck in Anknüpfung an den vor 1800 bestehenden Gedanken des „Gemeinwohls“ unter „Gemeinsinn“ eine „wahre Bürgertugend“, die „patriotische Gaben aller Art, durch Opfer von Zeit, Kraft und Gut“[246] erlaube. Somit erfordert der Blick auf die Bürgergesellschaft des 19. Jahrhunderts den Einsatz eines ‚Weitwinkelobjektivs', denn nur so kann die historische Rolle und Bedeutung von Frauen für das soziale und kulturelle Leben erfasst werden. Nur mit einem erweiterten Begriff von Stiftungstätigkeit können die Varianten von Zuwendungsformen und damit die Vielfalt der philanthropischen Tätigkeit von Frauen erkannt werden. Untersucht man aus dieser Perspektive die Gründung und die Tätigkeit von Frauenvereinen im 19. und frühen 20. Jahrhundert, dann erschließt sich ein weites Panorama sozialen Engagements von Frauen innerhalb einer aktiven Bürgergesellschaft, das den Beitrag von Frauen zur bürgerlichen Sozialreform des Kaiserreiches entscheidend unterstreicht.

Das Resultat der umfangreichen Aktivitäten der Frauenvereine führt über die Bedeutung der Privatstifterinnen hinaus zu einer weiteren Relativierung des im Rahmen der Stiftungsforschung erhobenen Ergebnisses einer „unübersehbaren Männerdominanz“, die das Stiftungswesen aller Zeiten aufweise. Erweitert man den Fokus der Forschung über die ‚klassischen' Stiftungen hinaus auf die mannigfaltigen Arten des finanziellen Engagements der weiblichen Vereinsmitglieder, dann ergibt sich in der Konsequenz durch den Umfang des feststellbaren weiblichen Mäzenatentums eine neue Gewichtung des allgemeinen Mäzenatentums. Diese Erkenntnis ist das Ergebnis einer exemplarischen Auswertung der Berichte der Frauenvereine in Kassel.[247] Eine wesentliche Strategie dieser wohlfahrtlichen Vereine war, zu Geld für ihre Vorhaben zu kommen und hierzu Sammlungen und Benefizveranstaltungen durchzuführen. Dahinter stand die Vision, eine Gemeinschaft aller Bürger zu schmieden und alle zu Mäzenen für die allgemeine Wohlfahrt zu machen. Fast alle Vereine erhielten Legate, Stiftungen, Vermächtnisse und Spenden durch Frauen, die ansonsten im Stiftungswesen nirgendwo aktenkundig waren. Und diese gilt insbesondere für den Vaterländischen Frauenverein, der mit seinem finanziellen Aufkommen weit an der Spitze aller Kasseler Frauenvereine stand.

Indem auch für Sophie Henschel ‚stiften' in erster Linie ‚schenken' bedeutete, repräsentierte sie einen neuen Typus von Stifterin, der ein Spezifikum von Frauen und Frauenvereinen in der zweiten Hälfte des 19. und beginnenden 20. Jahrhunderts werden sollte. Dieser Typus von Stifterin stellte nicht nur Geld zur Verfügung, sondern stiftete zugleich engagierte Mitarbeit. Für Sophie Henschel gilt, dass sie sich im Rahmen des Frauenvereins zu einer erfolgreichen ‚Anstifterin' für ein differenziertes Bürgerinnenengagement und ein kollektives Mäzenatentum auf dem Gebiet der Wohltätigkeit entwickelte.

Das Konto P der Unternehmerin und ihre Stiftungen ab 1894

Die erste größere Spende Sophie Henschels ist für die Kaiserin-Augusta-Stiftung im Jahr 1881/82 aktenkundig. Für deren Bau hatte sie mit ihren Spenden in Höhe von etwa 15.000 Mark zehn Prozent der Gesamtsumme getragen. Es ließ sich nicht feststellen, ob sie diesen Betrag aus ihrem persönlichen Vermögen beigesteuert hatte. Die Zuwendung für das 1890 entstandene Schwesternhaus wurde als Spende von Sophie und Oskar Henschel verbucht. Eine enge Verbindung zur Firma Henschel stellte sich in diesem Zusammenhang durch die Stiftung eines Freibettes für Henschelbetriebsangehörige und ihre Familienmitglieder her: Ein Kapitalfonds von 12.000 Mark ermöglichte einen kostenlosen Krankenhausaufenthalt.

In der Predigt von Pfarrer Opper bei der privaten Trauerfeier für Oskar Henschel fand sich ein erster Hinweis dafür, dass Sophie Henschel in dieser Situation einen weitreichenden Entschluss gefasst hatte: „So kann es nicht anders sein, als daß die verwittwete Lebensgefährtin im Namen ihres Gatten und aus Dank gegen Gott auch ferner Liebe, edle opferbereite Menschenliebe üben wird."[248] Dass diese eher pathetisch anmutenden Worte auf einem Vorsatz mit großer Tragweite beruhten, soll an dieser Stelle die schon weiter oben von ihr zitierte Bemerkung unterstreichen: „Ich beschloß dieses schwerste Jahr meines Lebens mit dem festen Vorsatz, die mir verbleibende Kraft bis an mein Ende zu verwenden, Liebe zu üben und Anderen Leid u. Noth zu lindern."[249]

Als Oskar Henschel starb, bestimmte ein Testament, das er und seine Frau schon am 15. April 1887 verfasst hatten, Sophie Henschel zur Alleinerbin der Firma Henschel & Sohn: „Wir vermachen uns gegenseitig den lebenslänglichen Nießbrauch und die völlig unbeschränkte Verwaltung nebst der freien Disposition über die Substanz unseres Nachlasses und befreien den Überlebenden von jeder Art von Manifestation, Inventarisation, Sicherheitsleistung und Rechnungsablage, so dass derselbe über den Nachlaß des Zuerstverstorbenen gleich einem Eigenthümer schalten und walten kann." Das Testament sah für die Zukunft die Übergabe der Fabrikleitung an den Sohn unter bestimmten Voraussetzungen vor, räumte Sophie Henschel allerdings auch in dieser Frage weitgehende Handlungsfreiheit ein: „Wenn unser Sohn Carl nach Vollendung seiner praktischen und theoretischen Studien die erforderliche Umsicht und Tüchtigkeit erlangt hat, um meine, des mittestierenden Ehegatten, Fabrik mit der sicheren Aussicht betreiben zu können, sie auf der Höhe zu erhalten, auf die sich dieselbe mit so viel Anstrengung gebracht habe, so kann nach meinem früheren Tod meine Frau unserem Sohn den Betrieb der Fabrik für eigene Rechnung gegen Zahlung eines von ihr zu bestimmenden Procentsatzes des Kapitals, welches die Fabrik auf den Büchern repräsentiert, übergeben. Alles Nähere bleibt dem Ermessen meiner Frau überlassen, insbesondere auch ob dem Sohn der Betrieb der Fabrik ganz oder nur theilweise überlassen werden soll."[250]

Da zu diesem Zeitpunkt das Gesamtvermögen nicht das private und das Fabrikvermögen unterschied, veranlasste Sophie Henschel als erstes die Trennung von Privat- und Fabrikvermögen. Dies führte zur Anlegung des ‚Konto P', mit dem Sophie Henschel in Zukunft ihr Privatvermögen verwaltete: „Vorsorglich vermerke ich dazu, dass auch mein lieber Mann bei seiner Bestimmung in § 6 unseres gemeinschaftlichen Testaments unter der ‚Fabrik' alles das einbegriffen hat, was er zu derselben und ihrer Führung gehörig ansah, also ausser der eigentlichen Fabrikanlage und deren Zubehör namentlich auch alle Grundstücke, – einschliesslich der Besitzung auf dem Weinberge – das erforderliche Betriebskapital u.s.w. Um in dieser Hinsicht über die An- und Absichten meines Mannes keinen Zweifel aufkommen zu lassen, hatte ich schon in 1895 angeordnet, dass auf Grund der Bilanz vom 30. Juni 1894 alles dasjenige, was im Sinne jenes § 6 nicht zur Fabrik zu rechnen ist, in den Büchern derselben – welche vordem das gesamte Vermögen meines Mannes ohne

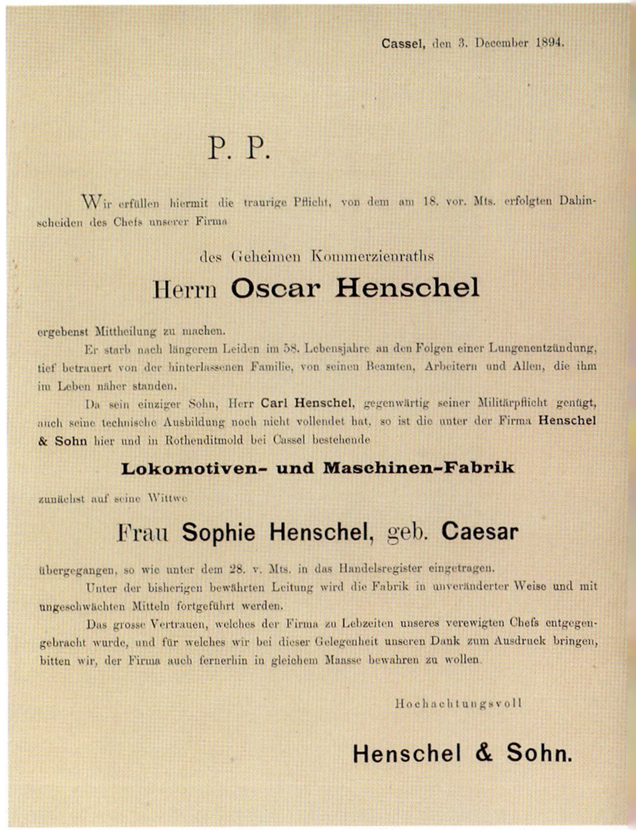

Cassel, den 3. December 1894.

P. P.

Wir erfüllen hiermit die traurige Pflicht, von dem am 18. vor. Mts. erfolgten Dahinscheiden des Chefs unserer Firma

des Geheimen Kommerzienraths

Herrn Oscar Henschel

ergebenst Mittheilung zu machen.

Er starb nach längerem Leiden im 58. Lebensjahre an den Folgen einer Lungenentzündung, tief betrauert von der hinterlassenen Familie, von seinen Beamten, Arbeitern und Allen, die ihm im Leben näher standen.

Da sein einziger Sohn, Herr **Carl Henschel**, gegenwärtig seiner Militärpflicht genügt, auch seine technische Ausbildung noch nicht vollendet hat, so ist die unter der Firma **Henschel & Sohn** hier und in Rothenditmold bei Cassel bestehende

Lokomotiven- und Maschinen-Fabrik

zunächst auf seine Wittwe

Frau Sophie Henschel, geb. Caesar

übergegangen, so wie unter dem 28. v. Mts. in das Handelsregister eingetragen.

Unter der bisherigen bewährten Leitung wird die Fabrik in unveränderter Weise und mit ungeschwächten Mitteln fortgeführt werden.

Das grosse Vertrauen, welches der Firma zu Lebzeiten unseres verewigten Chefs entgegengebracht wurde, und für welches wir bei dieser Gelegenheit unseren Dank zum Ausdruck bringen, bitten wir, der Firma auch fernerhin in gleichem Maasse bewahren zu wollen.

Hochachtungsvoll

Henschel & Sohn.

41
Anzeige, nach der die Firma Henschel & Sohn auf die Witwe Sophie Henschel übergegangen war.

Unterscheidung von Fabrik- und sonstigem Vermögen umfassten – abgeschrieben und von da ab selbständig und getrennt von dem Fabrikvermögen unter dem Konto P gebucht werde.“[251] Auf diesem privaten Konto P sollten in Zukunft alle von Sophie Henschel veranlassten Spenden, Schenkungen, Stiftungen sowie Gelder für die Einrichtung betrieblicher Sozialeinrichtungen gebucht werden.

Die erste große Schenkung galt nach dem Tod ihres Ehemannes dem Bau der Lungenheilstätte in Kaufungen. Zunächst wünschte sie als Stifterin ungenannt zu bleiben, aber dies ließ sich nicht sehr lange geheim halten, zumal der Verein vom preußischen Innenministerium und vom Kaiser die Genehmigung zur Annahme der Schenkung einholen musste, der auf diesem Weg die Aushebelung der Erbschaftssteuer und die Benachteiligung möglicher Erben verhindern wollte. In diesem Fall trug ihre Schenkung in Höhe von 350.000 Mark 70 Prozent der Gesamtkosten. Keine acht Jahre später stellte sie für den Bau der Krankenpflegeanstalt Rotes Kreuz 755.000 Mark zur Verfügung, die in diesem Fall fast 50 Prozent der Baukosten ausmachten. Auch nach der Fertigstellung der jeweiligen Einrichtungen spendete sie für deren Ausstattung, den Ausbau oder zur Schuldentilgung weitere große Geldsummen: Im Falle der Lungenheilstätte waren dies mehr als 150.000 Mark, das Rotkreuz-Krankenhaus erhielt nochmals 100.000 Mark für die Gartenanlage und seinen Schuldenabbau. Bei der Planung und der Bauausführung aller mit ihrer Schenkung ermöglichten Einrichtungen legte Sophie Henschel Gestaltungswille und Ehrgeiz in Bezug auf die

Tafelaufsatz

Geschenk der Belegschaft zur Silberhochzeit von Oscar und Sophie Henschel am 22. Juni 1887

Der zum Teil vergoldete Tafelaufsatz war von Prof. Kaupert (1819–1897), einem Schüler Werner Henschels, modelliert worden, der u. a. die Kolossalstatue der „America“ für das Kapitol in Washington geschaffen hat. Das Geschenk wurde in der großen Eichenholz-Vitrine (Bild rechts) überreicht, die aus dem zurückgekauften Holz von Lafetten geschnitzt war, welche die Firma vor langen Jahren für die Kurhessische Artillerie geliefert hatte.

113

42

Ein Tafelaufsatz als Geschenk der Arbeiter und Beamten zur Silbernen Hochzeit von Oskar und Sophie Henschel am 22. Juni 1887.

Der aus massivem Silber zum Teil vergoldete, ein Meter hohe Tafelaufsatz war von dem Bildhauer Gustav Kaupert modelliert worden. Der Kunsttischlermeister Hektor aus Kassel hatte den Eichenholz-Schrank gearbeitet. Dessen Holz stammte von Lafetten, die der kurfürstliche Stückgießer Georg Christian Karl Henschel für die kurhessische Artillerie einst gefertigt hatte. Sophie Henschel notierte im Sammelbuch August 1837: „Die Deputation, welche das Geschenk überbrachte, bestand aus den 8 ältesten Arbeitern: Ludwig, Kugler, Schlosser Spohr, Former Spohr, Hesse, Schreiber Ullrich und Orth. Ferner Landau u. Breithaupt.“

Realisierung einer modernen und vorbildhaften Anstalt an den Tag. In allen Fällen war sie, obwohl dies einen ungeheuren Arbeitsaufwand mit sich brachte, in den Kommissionen vertreten, in denen die zentralen Entscheidungen fielen. Durch ihre Mitarbeit in den entsprechenden Sektionsvorständen beteiligte sie sich nach den Einweihungen ebenso an der weiteren Entwicklung der von ihr gestifteten Einrichtungen.

Ihre großen Schenkungen folgten stets einem bestimmten System. Zunächst stellte sie einen namhaften Betrag bereit, der es ermöglichte, an die Planung eines Projektes zu gehen. Im Anschluss daran wurde eine Kampagne gestartet, um weitere Gönner zu gewinnen, Sammlungen und Benefizveranstaltungen wurden durchgeführt und schließlich Verhandlungen mit staatlichen, provinzialen und lokalen Behörden um Unterstützungen geführt. In allen Fällen blieb eine Summe offen, die mit Hilfe eines Darlehens finanziert werden musste. Als Mäzenin war ihr immer daran gelegen, dass ihre Mitbürger und Mitstreiter im Verein und in der Bürgerschaft initiativ blieben.

Diese Absicht macht eine Episode im Vorfeld der Finanzplanungen für die Krankenanstalt Rotes Kreuz deutlich. Für die Einräumung eines Kredites von 200.000 Mark an den Vaterländischen Frauenverein durch das Bankhaus L. Pfeiffer, Cassel übernahm Sophie Henschel eine selbstschuldnerische Bürgschaft in entsprechender Höhe. Wegen der Modalitäten hatte Sophie Henschel zunächst mit dem Senior des Bankhauses Karl Pfeiffer telefoniert. Aus dessen anschließendem Brief an Sophie Henschel geht

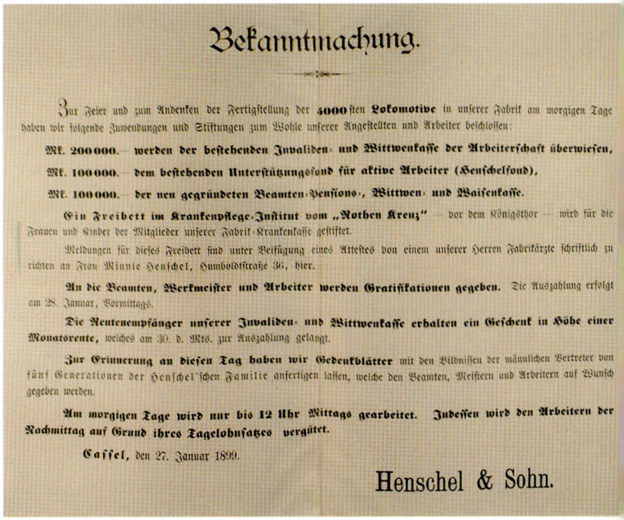

Bekanntmachung.

Zur Feier und zum Andenken der Fertigstellung der **5000**sten **Lokomotive** in unserer Fabrik am morgigen Tage haben wir folgende Zuwendungen und Stiftungen zum Wohle unserer Angestellten und Arbeiter beschlossen:

Mk. 200000.– werden der bestehenden Invaliden- und Wittwenkasse der Arbeiterschaft überwiesen,

Mk. 100000.– dem bestehenden Unterstützungsfond für aktive Arbeiter (Henschelfond),

Mk. 100000.– der neu gegründeten Beamten-Pensions-, Wittwen- und Waisenkasse.

Ein Freibett im Krankenpflege-Institut vom „Rothen Kreuz" – vor dem Königsthor – wird für die Frauen und Kinder der Mitglieder unserer Fabrik-Krankenkasse gestiftet.

Meldungen für dieses Freibett sind unter Beifügung eines Attestes von einem unserer Herren Fabrikärzte schriftlich zu richten an Frau Minnie Henschel, Humboldtstraße 36, hier.

An die Beamten, Werkmeister und Arbeiter werden Gratifikationen gegeben. Die Auszahlung erfolgt am 28. Januar, Vormittags.

Die Rentenempfänger unserer Invaliden- und Wittwenkasse erhalten ein Geschenk in Höhe einer Monatsrente, welches am 30. d. Mts. zur Auszahlung gelangt.

Zur Erinnerung an diesen Tag haben wir Gedenkblätter mit den Bildnissen der männlichen Vertreter von fünf Generationen der Henschel'schen Familie anfertigen lassen, welche den Beamten, Meistern und Arbeitern auf Wunsch gegeben werden.

Am morgigen Tage wird nur bis 12 Uhr Mittags gearbeitet. Indessen wird den Arbeitern der Nachmittag auf Grund ihres Tagelohnsatzes vergütet.

Cassel, den 27. Januar 1899.

Henschel & Sohn.

43
Bekanntmachung vom 27. Januar 1899 über die Gratifikationen für Arbeiter und Beamte anlässlich der Fertigstellung der 5.000sten Lokomotive

hervor, dass sie wünschte, dass der Verein trotz ihrer materiellen Großzügigkeit in seiner Einwerbung von Geldern und seiner sparsamen Finanzverwaltung nicht nachlassen sollte: „Nach Erhalt dieses Schreibens würde ich zunächst, damit das Rote Kreuz Ihrem Wunsch gemäss immer im Gefühl der Geldknappheit bleibt, dem Vaterländischen Frauen-Verein schreiben, dass ich bereit wäre zur Abwickelung seiner laufenden Schulden, ihm zunächst einen Maximalkredit von M 100.000,-- zur Verfügung stellen und zwar für die Zeitdauer eines Jahres, mit der Massgabe, dass sie aus dem verkauften Haus eingehenden Gelder zur Rückzahlung meiner Vorschüsse verwandt werden müssten."[252]

Neben den Spenden für die großen Projekte wandte sie über Jahre allen Sektionen des Frauenvereins regelmäßig Geldspenden und häufig auch Sachspenden zu. Dabei zeichnete sie sich durch eine „feinfühlende Art, mit der sie Wohltaten zu erweisen pflegte, und die außerordentliche Rücksicht, die sie auf das Empfinden ihrer Nebenmenschen nahm"[253] aus. Ihre Einwilligung für den Bau der Kapelle der Lungenheilstätte kam erst dann, als die Anstalt selbst genug Geld gespart hatte, um die Kosten decken zu können, und ihre Spende kam erst nach Begleichung aller Rechnungen: „Sie hatte uns also die Freude nicht verderben wollen, aus eigenen Mitteln zu bauen, und doch tat es ihr leid, daß wir dazu Geld verwendet hatten, das der Heilstätte für andere Zwecke entging."[254]

Im Kunst- und Kulturbereich trat Sophie Henschel als Einzelstifterin auf. Man gewinnt den Eindruck, die Förderung geschieht hier nicht nach einem Konzept, sondern eher pragmatisch: Wünsche, die an sie herangetragen wurden, unterstützte sie, sofern sie sie für sinnvoll hielt. Für den Bereich von Kunst und Kultur ließen sich kleinere und größere Spenden feststellen. In vielen Fällen waren jedoch auch hier die Summen nicht feststellbar. Die folgende Aufzählung kann nur exemplarisch sein und einen Einblick in die Breite der Zuwendungen gewähren. Es wären zu nennen: die Aussetzung von Ausbildungs- und Reise-Stipendien für Künstler; der neuerbauten Lutherkirche stiftete Sophie Henschel 1896 vier Glocken, die dazugehörigen Armaturen und den Glockenstuhl, deren Kosten sich insgesamt auf etwa 20.000 Mark beliefen;[255] für den Aufbau von Schulen spendete Sophie Henschel 1901 dem Verein für wirtschaftliche Frauenschulen auf dem Lande 1.000 Mark und erhielt hierfür die Ehrenmitgliedschaft;[256] der Auferstehungskirche spendete sie 1906 ein Glasmosaikbild im Werte von 1.200 Mark; für den ersten deutschen Gesangswettbewerb von Männergesangvereinen, der in Kassel stattfand, setzte sie einen der Preise aus: eine silberne Bowle mit der Ansicht der Orangerie.

Auch wenn die betrieblichen Sozialeinrichtungen der Firma Henschel nicht Gegenstand dieser Studie über Sophie Henschel als Mäzenin sein können, so sollen doch die wichtigsten Initiativen auf diesem Gebiet, die die Unternehmerin ab 1894 verantwortete, aufgeführt werden. Schon zu Lebzeiten Oskar Henschels war die Firma in Deutschland als sozial vorbildliches Unternehmen bekannt. Nachdem schon sein Vater 1854 eine erste Krankenversicherung eingeführt hatte, richtete Oscar Henschel 1863 –

44
Die Auslieferung der 6.000sten Lokomotive im Jahr 1902

20 Jahre vor der staatlichen Versicherung – eine Betriebskrankenkasse für alle Arbeiter ein. Diese wurden in den 1880er Jahren nach den dann gültigen gesetzlichen Vorschriften überarbeitet. Sie ging auch dann noch über die im Gesetz vorgeschriebenen Leistungen hinaus.[257] Eine weitere frühe sozialpolitische Maßnahme war die Einrichtung einer Invaliden-, Witwen- und Waisenkasse für Arbeiter im Jahre 1866 gewesen. Deren Statuten wurden bei der staatlichen Planung einer solchen in Berlin als Studienmaterial herangezogen. Nationale Aufmerksamkeit hatte auch der schon Ende der sechziger Jahre in großem Umfang begonnene Werks-Wohnungsbau erweckt. Die ‚Sozial-Correspondenz', das Organ des ‚Zentralvereins für das Wohl der arbeitenden Klassen', schrieb, dass sie nicht wüssten, „wo wir einen Tadel auszusprechen hätten"[258].

Sophie Henschel führte zum einen die bestehenden Sozialeinrichtungen weiter, deren Leistungen sie oftmals verbesserte, zum anderen begründete sie zahlreiche weitere. Unter ihrer Leitung wurde auf neuen Feldern eine rege betriebliche Sozialpolitik entwickelt. Durch die Stiftung besonderer Fonds, durch die Begründung einer freiwilligen Pensionskasse für Beamte und deren Hinterbliebene sowie durch die Leistungserweiterung der bestehenden Invaliden-, Witwen- und Waisenkasse für die Arbeiterschaft wurden weitergehende Maßnahmen zur sozialen Sicherung ergriffen. Durch die Einrichtung einer Konsumanstalt und die subventionierte Abgabe von Grundprodukten (günstiger Wohnraum, Nahrungsmittel, Brennstoffe) suchte man die Lebenshaltung der Arbeiter und Angestellten günstiger zu gestalten und auch in der Qualität zu verbessern. Zu den neuen Instrumenten der betrieblichen Sozialpolitik gehörten die Eigenheimförderung, verstärkte Maßnahmen im Bereich von Familien- und Gesundheitspolitik durch die Finanzierung von Kuren und Erholungsaufenthalten, Betreuung von Wöchnerinnen, Angebote für Arbeiterfrauen und deren Kinder. Jubiläumsaktionen mit Gratifikationen, Prämien und Auszeichnungen zur Stärkung der Werksangehörigkeit wurden häufiger, zum Teil zwei Mal in einem Jahr vorgenommen. In Sophie Henschels Ära wurden erstmals bildungspolitische Initiativen auf betrieblicher Ebene ergriffen und das Werksvereinswesen stark gefördert.

Eine der ersten Anordnungen galt der verbesserten Ausstattung der Oskar-Sophien-Stiftung, später auch Henschelfonds genannt, die anlässlich der Silberhochzeit von Sophie und Oskar Henschel 1887 mit 30.000 Mark von diesen begründet worden war. Dieser Fonds wurde in Sophie Henschels Verantwortlichkeit zweimal mit je 100.000 Mark aufgestockt. Diese Stiftung hatte den Zweck, aktiven Arbeitern und ihren Familien, die unverschuldet in Not geraten waren, Unterstützungen zu gewähren. 1897 wurde ein Speisehaus für die Arbeiter des Werkes Rothenditmold gebaut. Im Januar 1898 veranlasste Sophie Henschel die Einrichtung eines Rekonvaleszentenfonds in einer Höhe von 15.000 Mark. Er sollte denen helfen, denen ein Anspruch auf Krankenunterstützung nicht mehr zustand. Von den Zinsen dieses Fonds wurde außerdem der Aufenthalt von Kranken und Rekonvaleszenten in der Walderholungsstätte Kragenhof finanziert. Ab dem 1. Juli 1899 bestand eine Beamten-Pensions-, Witwen- und Waisenkasse, die für die nicht versicherungspflichtigen Beamten und Werkmeister eingerichtet wurde. Begründet wurde sie mit 100.000 Mark und bei verschiedenen Anlässen mit weiteren Zuwendungen erheblich aufgestockt.

Freibettenfonds bestanden in der Krankenpflegeanstalt Rotes Kreuz, in der Lungenheilstätte und im Philippstift in Immenhausen. Zusätzliche Lohnvergütungen und Gratifikationen gab es bei zahlreichen Anlässen, zum Teil mehrfach im Jahr. Anlass konnte sein: die 25ste Wiederkehr der Sedanfeier, die Vollendung der 5000sten, 7.000sten, 8.000sten, 9000sten, 10.000sten, 11.000sten und 12.000sten Lokomotive, Sophie Henschels Geburtstage, die Hochzeit Karl Henschels sowie die Tausendjahrfeier der Residenzstadt Kassel. Im Jahr 1914 hatte die Anzahl der Arbeiterwohnhäuser eine Summe von 107 erreicht. Darunter waren auch einige Beamtenwohnhäuser sowie eine Anzahl Einfamilien-Wohnbauten. Diese Wohnhäuser besaßen 514 Wohnungen.

1903 wurde das Wohlfahrtshaus der Firma Henschel in der Ysenburgstraße errichtet – ausdrücklich in einer Gegend, in der sich die größte Zahl der Arbeiterwohnhäuser befand. In diesem dreigeschossigen Wohlfahrtshaus waren untergebracht: eine Kleinkinderschule, eine Haushaltungsschule, eine Badeanstalt, ein Saal mit Konzertflügel für 350 Personen, der den Henschel-Vereinen zur Verfügung stand sowie Waschküchen für die sich in der Nähe befindlichen Arbeiterwohnungen. Das Haus besaß außerdem Wohnungen und Zimmer für die Schulvorsteherin, die Lehrerin, die Kindergärtnerin, den Bademeister und zwei Werkmeister. 1905 wurde ein Badehaus in Rothenditmold erbaut. Im selben Jahr folgte dann der Bau der Fortbildungsschule für 300 bis 400 Henschel-Lehrlinge. In den sozialen Bereich fiel auch die Unterstützung eines auf die Fabrik bezogenen Vereinswesen: die 1870 entstandene Henschel'sche Feuerwehr, die Gründung der Sängervereinigung der Henschel'schen Werke (1898), die Einrichtung eines Musikvereins (1912) sowie ein Henschel-Turnverein (1912).

Für Werksangehörige wurden Milch- und Kaffeeküchen eingerichtet. Um 1900 entstand eine Art Einkaufsgenossenschaft und 1911 noch eine Konsum-Anstalt, um Werksangehörigen und Pensionären die Gelegenheit zu geben, Lebensmittel und Haushaltungsgegenstände vorteilhaft einzukaufen. Eine Werksbibliothek wurde eingerichtet. Diese betrieblichen Sozialeinrichtungen wurden nicht nur von der Firma finanziert, sondern sehr oft steuerte Sophie Henschel aus ihrem Privatvermögen Kapital bei.

Mit einer Reihe von Spenden und Stiftungen knüpfte Sophie Henschel eine Verbindung zwischen ihrer Wohlfahrtspraxis im Frauenverein und der Firma Henschel & Sohn. So stellte sie der Sektion III des Vaterländischen Frauenvereins einen eigenen Betrag zur Versorgung von Wöchnerinnen, die Frauen von Henschelangehörigen waren, zur Verfügung. Auf die gleiche Weise verfuhr sie mit der Sektion II, die mit einem Betrag ausgestattet wurde, um pflegebedürftigen Arbeitern und deren Familienmitgliedern helfen zu können. Auch das System der

45

Im August 1910 wurde in großem Ausmaß das Doppeljubiläum der Firma gefeiert: 100-jähriges Bestehen und Fertigstellung der 10.000sten Lokomotive. Die Lokomotive war in eine künstliche Landschaft gestellt, mit etwa 10.000 Dahlien geschmückt. Der Kessel war mit den hessischen rot-weißen Farben und die Trittbretter mit den Kasseler weiß-blauen Farben gestaltet. Mit der Dekoration war das Kasseler Blumenhaus, Inhaber Rudolf Wiederhold, beauftragt worden.

46
Die Postkarte zum 100-jährigen Firmenjubiläum demonstrierte den Anspruch der Firma Henschel, eine nationale Firma zu sein: Die Germania schwingt mit der einen Hand die als Reichsfahne gebräuchliche schwarz-weiß-rote National- und Handelsflagge, in der anderen Hand hält sie das Henschelsche Wappenschild. Im linken Eck befindet sich der deutsche Reichsadler und im rechten das Wappen der Stadt Kassel.

Freibettenstiftung war ein probates Mittel, um das Unternehmen mit ihrer gemeinnützigen Praxis zu vernetztzen. In der Fabrik informierte sie über diese Angebote und Möglichkeiten durch am schwarzen Brett angeschlagene ‚Bekanntmachungen'. Die Erklärung vom 30. April 1900 über die Stiftung eines Freibettes anlässlich der Einweihung der Lungenheilstätte Oberkaufungen hatte folgenden Wortlaut: „Bekanntmachung. Am heutigen Tage, an dem die Einweihung der Lungenheilstätte in Oberkaufungen, welche zum Gedächtniß des verstorbenen Herrn Geheimrath Henschel erbaut worden ist, stattfindet, hat dessen Wittwe, Frau Sophie Henschel, ein Kapital von 30.000 Mark für ein Freibett dort gestiftet. Von den Zinsen dieses Kapitals sollen leidende Familienangehörige von aktiven, invaliden und verstorbenen Arbeitern (Frauen, Wittwen und Kinder) der Fabriken von Henschel & Sohn, die nicht durch Kassel die Mittel zu einer nothwendigen Kur bekommen können, unentgeltlich in der Oberkaufunger Heilstätte verpflegt werden, sofern deren Leiden sich für das dortige Heilverfahren eignet. Bewerbungen für das Freibett sind unter Beifügung eines ausführlichen ärztlichen Attestes über Art und Dauer der Erkrankung an die Firma zu richten. Da bei chronischer Tuberculose der erreichbare Erfolg in der Mehrzahl der Fälle davon abhängt, daß frühzeitig die Behandlung in einer Heilstätte stattfindet, so ist dringend nothwendig, bei länger anhaltendem Husten und Auswurf, länger andauernder Heiserkeit verbunden mit allgemeiner Körperschwäche, den Rath eines der Herren Aerzte der Firma einzuholen."[259] Anlässlich ihres 65. Geburtstages stiftete Sophie Henschel 100 Freistellen für Kinder ihrer Arbeiter in Solbädern und Walderholungsstätten, eine Stiftung, die sie jährlich an ihren Geburtstagen erneuerte.

Sophie Henschel entwickelte phantasievolle Wege für ihre Spenden mit Erziehungsabsichten. Am 28. Juni 1900 erschien eine Bekanntmachung in der Fabrik in Rothenditmold, in der eine Schenkung von Blumen an die Kinder der Fabrikangehörigen angekündigt wurde: „Ich beabsichtige, eine größere Anzahl von Blumenstöcken (Geranien, Fuchsien, Winterastern) an die 10-13jährigen Kinder der Arbeiter der Henschel'schen Fabrik in Rothenditmold zu verschenken. Die Pflanzen sind Dienstag, den 3. Juli Vormittags 11 Uhr, in der Kleinkinderschule Wolfhagerstraße 29, durch die Kinder abzuholen. Diesen Herbst werde ich bekannt machen, wann die Blumenstöcke in der Kleinkinderschule auszustellen sind und werde für die bestgepflegten fünfzehn Stück Preise als Belohnung an die Kinder geben. Die Namen der Kinder, welche solche Blumenstöcke haben möchten, sind in die bei den Meistern aufliegenden Listen einzutragen, die Sonnabend, den 30. Juni d. Js. zu schließen und an das Büreau in Cassel einzuliefern sind. Gez. Sophie Henschel."[260] Am 20. Oktober 1900 wurde dann darüber informiert, wo die Kinder die Blumenstöcke vorzeigen konnten und dass zur Prämierung 20 Preise ausgesetzt waren.

Eine Voraussetzung für die von Sophie Henschel gezeigte Großzügigkeit war eine beträchtliche Vermögenssteigerung seit 1895.[261] Hatte bei Oskar Henschels Tod das Gesamtvermögen weniger als 25 Millionen Mark betragen, so verdoppelte dieses sich bis zum Jahre 1908. Das zu versteuernde Einkommen belief sich 1895 auf 1,9 Millionen und 1908 auf 4,7 Millionen Mark. Der pensionierte Regierungsrat Rudolf Martin, der 1912 ein Jahrbuch der Millionäre in Preußen veröffentliche und sich dabei auf öffentliche Vermögens- und Steuerlisten stützte, vermerkte für Sophie Henschel für das Jahr 1908 ein Vermögen von 4 bis 5 Millionen Mark und ein jährliches Einkommen von 1,1 Millionen Mark.[262] Dieser Angabe stehen Aufzeichnungen über die Buchführung des Kontos P gegenüber, die allerdings nur einen Zeitpunkt herausgreifen und nicht kontinuierlich nachvollzogen werden können. Für den Juli 1906 wurde ein Kontostand von rund 24 Millionen und eine jährliche Zinseinnahme von 881.600 Mark notiert.[263] Von diesem Geld gab Sophie Henschel wiederum etwa 11 Millionen der Firma als Investitionskredit.

Die Firma bestand zu diesem Zeitpunkt als offene Handelsgesellschaft, eine Rechtsform, die ab 1. Juli 1900 gewählt worden war. Sophie Henschel hatte ihren Sohn Karl als Teilhaber und „persönlich haftenden Gesellschafter"[264] in die Firma aufgenommen. Dieser war damit grundsätzlich berechtigt, die Firma rechtsverbindlich zu vertreten. Dem Erbvertrag vom Mai 1902 ist jedoch zu entnehmen, dass Karl als offener Gesellschafter mit einer Einlage in der Handelsgesellschaft nicht beteiligt war, so dass „im wirtschaftlichen Ergebnis das gesamte Vermögen der Firma Eigentum der Mutter"[265] war. Erst ab 1907 meint Wilhelm Treue feststellen zu können, dass Karl Henschel stärker Einfluss auf die Unternehmenspolitik nahm. Am 12. Februar 1912 trat Sophie Henschel auf der Grundlage des Erbvertrags von 1902 aus der Firma Henschel & Sohn aus, die offene Handelsgesellschaft wurde aufgelöst und ihr Sohn alleiniger Inhaber.

Die Gesamtsumme der mäzenatischen Stiftungen Sophie Henschels kann aufgrund der schwierigen Quellenlage nicht angegeben werden. Nachweisbar sind ausschließlich die größeren Schenkungen an den Vaterländischen Frauenverein. Vorsichtig geschätzt, dürfte er allein eine Summe von 1,5 bis 2 Millionen Mark erhalten haben. Zieht man noch die größeren Spenden an die Stadt in Betracht, dann darf man davon ausgehen, dass Sophie Henschel zwischen zehn und zwanzig Prozent ihres Vermögens für gemeinnützige Zwecke zur Verfügung stellte. Sie erkannte, dass das noch von ihrem Ehemann vehement vertretene und auch praktizierte Prinzip der unbedingten Reinvestition der Gewinnanteile in das Unternehmen nicht mehr ausschließlich gelten brauchte. Auch wenn für sie weiterhin als oberstes Gebot Sparsamkeit und Mäßigkeit galt, so stellte sie die bloße ökonomische Akkumulation von Kapital nicht zufrieden. Für Sophie Henschel galt, dass sie Anteile der ihr möglichen ‚industriellen Wertschöpfung' der Gesellschaft zukommen lassen wollte. Ihre Überzeugung und Spendenbereitschaft lassen sich nicht mit dem Hinweis auf ein womöglich schlechtes Gewissen wegen der zunehmenden Kluft zwischen Arm und Reich hinlänglich erklären. Vielmehr stifteten ihre Schenkungen für sie selbst Sinn: In ihnen spiegelte sich der Stolz auf einen Namen und die städtische Heimat, materialisierte sich das Verantwortungsbewusstsein für die Allgemeinheit und zugleich die Hoffnung, dass ihre sozialen und kulturel-

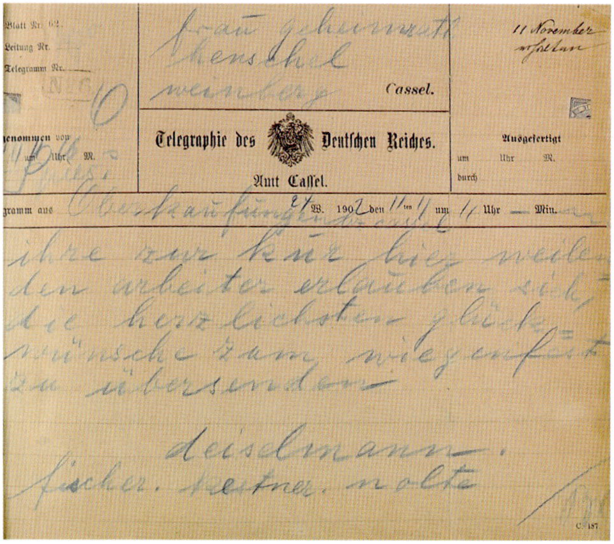

Blatt Nr. 62
Leitung Nr.
Telegramm Nr.

frau geheimrath henschel weinberg Cassel.

11 November

Telegraphie des Deutschen Reiches.
Amt Cassel.

Ausgefertigt um Uhr M. durch

...gramm aus Oberkaufungen 24 W. 1902 den 11ten 11 um 11 Uhr — Min.

ihre zur kur hier weilen den arbeiter erlauben sich die herzlichsten glückwünsche zum wiegenfest zu übersenden

deiselmann. fischer. kestner. nolte

47
Zum Geburtstag Sophie Henschels am 11. November 1904 sendeten vier zur Kur in Oberkaufungen sich aufhaltende Arbeiter ein Telegramm. Ab ihrem 60. Geburtstag hatte sie begonnen, den Freibettenfonds in Oberkaufungen für Arbeiter der Firma Henschel und deren Familienangehörige kontinuierlich aufzustocken.

Text:
ihre zur kur hier weilenden arbeiter erlauben sich, die herzlichsten glückwünsche zum wiegenfest zu übersenden. Deiselmann, fischer, kestner, nolte.

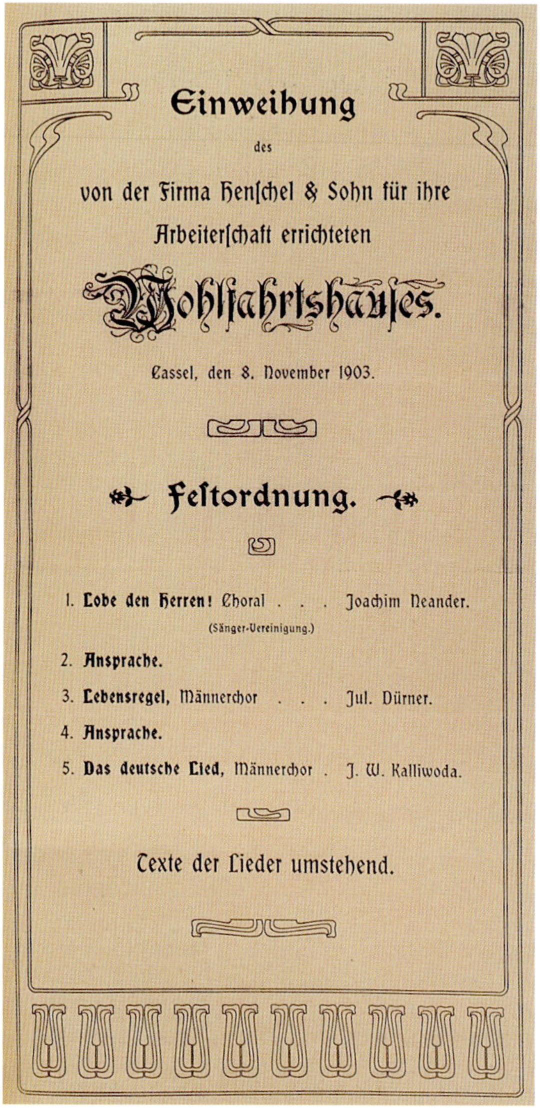

Einweihung
des
von der Firma Henschel & Sohn für ihre Arbeiterschaft errichteten
Wohlfahrtshauses.

Cassel, den 8. November 1903.

Festordnung.

1. **Lobe den Herren!** Choral . . . Joachim Neander.
(Sänger-Vereinigung.)
2. **Ansprache.**
3. **Lebensregel,** Männerchor . . . Jul. Dürner.
4. **Ansprache.**
5. **Das deutsche Lied,** Männerchor . J. W. Kalliwoda.

Texte der Lieder umstehend.

48
Einweihung des Wohlfahrtshauses der Firma am 8. November 1903

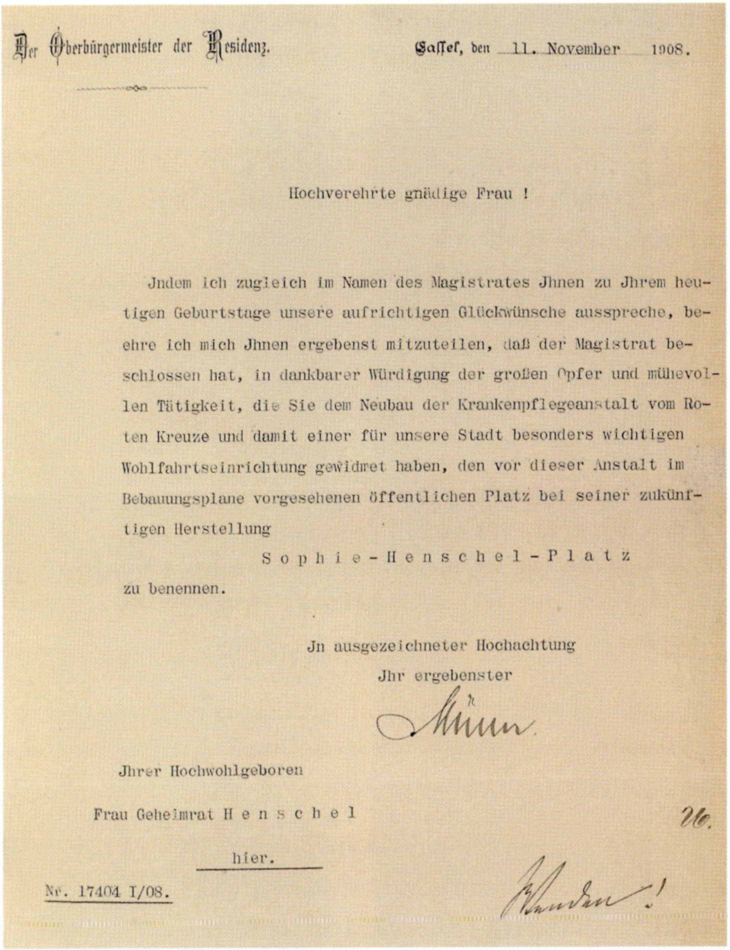

Der Oberbürgermeister der Residenz. Cassel, den 11. November 1908.

Hochverehrte gnädige Frau !

Jndem ich zugleich im Namen des Magistrates Jhnen zu Jhrem heutigen Geburtstage unsere aufrichtigen Glückwünsche ausspreche, beehre ich mich Jhnen ergebenst mitzuteilen, daß der Magistrat beschlossen hat, in dankbarer Würdigung der großen Opfer und mühevollen Tätigkeit, die Sie dem Neubau der Krankenpflegeanstalt vom Roten Kreuze und damit einer für unsere Stadt besonders wichtigen Wohlfahrtseinrichtung gewidmet haben, den vor dieser Anstalt im Bebauungsplane vorgesehenen öffentlichen Platz bei seiner zukünftigen Herstellung

S o p h i e - H e n s c h e l - P l a t z

zu benennen.

Jn ausgezeichneter Hochachtung
Jhr ergebenster
Müller

Jhrer Hochwohlgeboren
Frau Geheimrat H e n s c h e l
hier.

Nr. 17404 I/08.

49
Brief des Oberbürgermeisters August Müller an Sophie Henschel vom 11. November 1908, in dem er ihr den Beschluss des Magistrats mitteilte, den Platz vor der Krankenpflegeanstalt Rotes Kreuz in Würdigung ihrer Verdienste ‚Sophie-Henschel-Platz' benennen zu wollen.

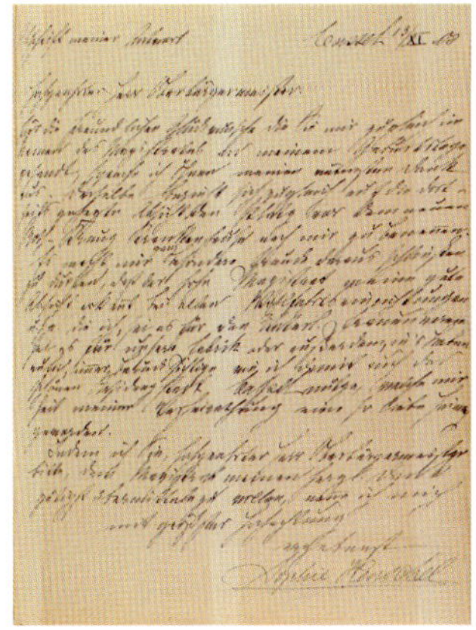

50
Auf der Rückseite des Briefes des Oberbürgermeisters befindet sich die von Sophie Henschel gefertigte Abschrift ihres Antwortbriefes:

Text:
Cassel, 13.11.08

Hochgeehrter Herr Oberbürgermeister.
Für die freundlichen Glückwünsche die Sie mir zugleich im Namen des Magistrates an meinem Geburtstage gesandt, spreche ich Ihnen meinen wärmsten Dank aus. Derselbe bezieht sich zugleich auf die dortseits gesagte Absicht, den Platz vor dem neuen Roth-Kreuz Krankenhause nach mir zu benennen.
Es macht mir ganz besondere Freude daraus schließen zu dürfen, daß der hohe Magistrat meine gute Absicht erkannt bei allen Wohlfahrtseinrichtungen u.s.w. die ich, sei es für den Vaterl. Frauenverein, sei es für unsere Fabrik oder außerdem, in's Leben rufe, immer berücksichtige wie ich damit auch der schönen Residenzstadt Cassel nütze, welcher mir seit meiner Verheirathung eine so liebe Heimath geworden. Indem ich Sie, hochgeehrter Herr Oberbürgermeister bitte, dem Magistrat meinen herzl. Dank gütigst übermitteln zu wollen, nenne ich mich mit größter Hochachtung
ergebenst
Sophie Henschel.

len Investitionen angesichts der drängenden gesellschaftlichen Probleme auch in der Zukunft ihre hilfreiche Kraft würden entfalten können.

Die Schenkungen der Bürgerin an ihre Stadt

Am 12. Juni 1909 erhielt Sophie Henschel in der alten Henschelvilla am Weinberg Besuch: Der Oberbürgermeister Müller und der Vorsitzende der Stadtverordnetenversammlung Geheimrat Carl Pfeiffer suchten sie auf. Der Oberbürgermeister hatte seine goldene Amtskette angelegt, denn an diesem Tag wurde das neuerbaute Rathaus eingeweiht. Der städtische Regierungschef und der Repräsentant der Bürgerschaft kamen soeben von einem Festbankett, an dem 400 geladene Gäste teilgenommen hatten. Die beiden Herren überreichten Sophie Henschel einen großen Nelkenstrauß, dankten ihr für ihre gemeinnützigen Verdienste und dafür, dass sie den Neubau des Rathauses mit „reichen Stiftungen“[266] für die „künstlerische Ausschmückung“ ausgestattet hatte. Zugleich warteten sie mit einem Geständnis auf: Man habe ihr als die höchste Würdigung, die eine Kommune vornehmen könne, das Ehrenbürgerrecht verleihen wollen. Es „wäre aber noch nie eine Frau Ehrenbürgerin geworden und unüberwindliche Hindernisse hätten sich dem entgegengestellt.“[267] Das unüberwindliche Hindernis bestand in der preußischen Städteordnung[268], wo es hieß, das Ehrenbürgerrecht könne an Männer verliehen werden, welche sich um die Stadt verdient gemacht haben.[269]

Eine Alternative zu dieser nicht realisierbaren Würdigung verhinderte Sophie Henschel selbst. Der Magistrat hatte vorgeschlagen, im Fries des Rathaussaales ein Portrait von ihr anbringen zu lassen. Dies wiederum hatte sie „entschieden“[270] nicht gewünscht. Mit dieser Episode ist eine Initiative Sophie Henschels verknüpft, die geeignet ist, deutlich zu machen, wie sie die ihr entgegengebrachte Dankbarkeit in eine Unterstützung des Vaterländischen Frauenvereins umwidmete. Sie schrieb einen Brief an den Magistrat, in dem sie um die exklusive Überlassung der Räume des neuen Rathauses für eine Benefizveranstaltung bat: „Nachdem der hiesige Vaterländische Frauenverein das neue Krankenhaus vom Roten Kreuz an der Wilhelmshöher Allee eröffnet hat, muß seine nächste Aufgabe sein die große Schuldenlast welche auf demselben ruht zu verringern. Seit Jahren hat keine Veranstaltung zum Besten des Vaterländischen Frauenvereins stattgefunden, und der Vorstand zieht in Erwägung einen 5 Uhr Thee zu arrangieren, eine Veranstaltung welche an anderen Orten oft und mit großem Erfolge stattgefunden. Für hier verspreche ich mir aber nur dann einen lohnenden Erfolg, wenn das <u>Local</u> in welchem diese Veranstaltung stattfindet einen Reiz auf das Publicum ausübt. Das neue, schöne Rathaus würde das im höchsten Maße thun, und so geht meine Bitte dahin dem Vorstand des Vaterländischen Frauenvereins im Frühjahr 1909 die <u>erste</u> öffentliche Nutzung zu derartigen Zwecken gütigst zu gestatten. Natürlich würde Alles in gleich gutem Zustande wieder überliefert werden wie es dem Vorstande übergeben. Ich verspreche mir auch in sofern noch einen bedeutenden indirecten Vortheil wenn die Benutzung dieser Räume im Rathaus genehmigt wird, da dies die Sympathie unserer Mitbürger dem

Vaterl. Frauenverein in hohem Maße zuführen würde. In Anbetracht der bedeutenden Arbeit welche die acht großen Sectionen des Vaterländ. Frauenvereins seit Jahrzehnten den Kranken, Notleidenden, Hilfsbedürftigen u. a. der Residenzstadt Cassel geleistet und ferner zu leisten bemüht sein werden, hoffe ich auf Gewährung meiner ergebensten Bitte. Mit größter Hochachtung S. H."[271] Der Magistrat beschied ihre Bitte positiv. Am 11. Juni 1909, zwei Tage nach der Einweihung, fand in den Räume des neuen Rathauses eine Benefizveranstaltung des Vaterländischen Frauenvereins statt, die einen Reingewinn von 11.000 Mark erbrachte, der zur Tilgung der Schulden des Rotkreuz-Krankenhauses verwandt wurde. Ähnliches wiederholte sich beim Bau der neuen Stadthalle im Jahr 1914: Zwei Tage nach deren Eröffnung fand auch hier ein Wohltätigkeitsfest statt, dessen Erlös dem Vaterländischen Frauenverein zukam.

Ein halbes Jahr vor diesem Besuch war die neue Krankenpflegeanstalt des Roten Kreuzes eröffnet worden. Dem Magistrat war bewusst, dass dieser ambitionierte Bau einerseits ein drängendes städtisches Problem in Bezug auf eine angemessene Krankenpflege gelöst, andererseits ein privater Verein der Stadt in dieser Hinsicht eine hohe Belastung erspart hatte. Aus diesem Grund gedachte man sich bei der generösen Stifterin zu bedanken. An ihrem Geburtstag am 11. November 1908 erhielt Sophie Henschel einen Brief des Oberbürgermeisters August Müller, in dem er ihr den Beschluss des Magistrats mitteilte, den Platz vor der Krankenpflegeanstalt Rotes Kreuz in Würdigung ihrer Verdienste ‚Sophie-Henschel-Platz' benennen zu wollen: „... in dankbarer Würdigung der großen Opfer und mühevollen Tätigkeit, die Sie dem Neubau der Krankenpflegeanstalt vom Roten Kreuz und damit einer für unsere Stadt besonders wichtigen Wohlfahrtseinrichtung gewidmet haben"[272]. Sophie Henschel dankte mit einem sehr liebenswürdigen Kompliment: „Es macht mir ganz besonders Freude, daraus schließen zu dürfen, dass der hohe Magistrat meine gute Absicht erkannt bei allen Wohlfahrtseinrichtungen u.s.w. die ich, sei es für den Vaterländischen Frauenverein, sei es für unsere Fabrik oder außerdem, in's Leben rufe, immer berücksichtige, wie ich damit auch der schönen Residenzstadt Cassel nütze, welche mir seit meiner Verheirathung eine so liebe Heimath geworden."[273] In ihren Aufzeichnungen war der Ton etwas lakonischer: „Einstweilen ist dort noch ein Kartoffel- und Gemüsefeld, zu meinen Lebzeiten wird auch schwerlich der Platz angelegt werden!"[274]

Aus Anlass der 100-Jahrfeier der Firma im Jahr 1910 veranlasste Sophie Henschel insgesamt Schenkungen und Gratifikationen in Höhe von einer Million Mark. 250.000 davon erhielt die Stadt Kassel für den Bau eines Schwimmbades. Im gleichen Jahr stellte sie der Stadt erneut Mittel in Höhe von 250.000 Mark zur Umgestaltung des Weinberges und der Umwandlung des Fürstengartens in eine städtische Parkanlage zur Verfügung. Auf Bitten der Stadt erklärte sie sich zur Stiftung eines Brunnens im linken Ehrenhof des Rathauses bereit. Er stellte das Pendant zum Brunnen auf der rechten Seite, der von dem Textilfabrikanten Sigmund Aschrott der Stadt geschenkt wurde. Der von Sophie Henschel

51
Postkarte der Benefizveranstaltung des Vaterländischen Frauenvereins am 11. Juni 1909 im neuerbauten Rathaus

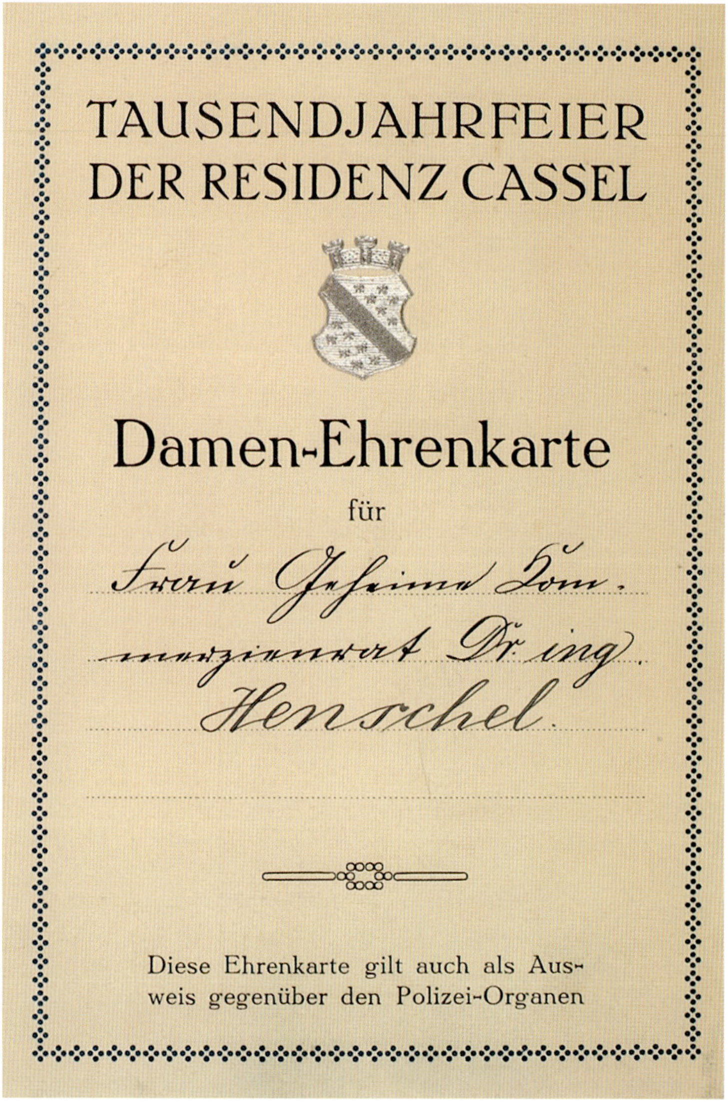

TAUSENDJAHRFEIER
DER RESIDENZ CASSEL

Damen-Ehrenkarte

für

Frau Geheime Kom-
merzienrat Dr. ing
Henschel.

Diese Ehrenkarte gilt auch als Ausweis gegenüber den Polizei-Organen

52
Ehrenkarte für die Tausendjahrfeier der Residenzstadt Kassel im Herbst 1913

gestiftete Brunnen wurde von dem Bildhauer Hans Everding (1874-1914) in den Jahren von 1910 bis 1912 gestaltet. Er stellt eine aus Travertin geschaffene Figurengruppe dar.

Um Sophie Henschel nach ihrem Tod ein ehrendes Denkmal zu setzen, entschloss sich der Magistrat der Stadt auf dem Sophie-Henschel-Platz ein „Bildwerk" zu errichten. Im Juli 1915 wurde hierzu ein Wettbewerb ausgeschrieben. Für die Ausführung stand eine Summe von 40.000 Mark zur Verfügung. Zur Beteiligung aufgerufen waren in erster Linie Künstler aus der Provinz Hessen-Nassau. Drei weitere namhafte Künstler von außerhalb der Provinz waren ebenfalls zur Abgabe von Entwürfen eingeladen worden. Die Wettbewerbsausschreibung enthielt die Namen der 13 Herren, die das Preisgericht bildeten. Es waren Preise für die zwei besten Entwürfe ausgesetzt. Die Ergebnisse des Wettbewerbs sollten öffentlich ausgestellt werden.

Der Ausschreibungstext formulierte als Auftrag, ein Bildwerk zu schaffen, um „das Andenken der auf dem Gebiete der Wohltätigkeit unermüdlich tätig gewesenen edlen Frau zu erhalten. Ihrem schlichten Sinne entsprechend soll dies nicht durch Hervorhebung ihrer Person, etwa durch eine Büste oder ein Relief, es kann dies aber durch einen Hinweis auf ihre Tätigkeit zum öffentlichen Wohle geschehen. Eine Inschrift in nicht zu sehr hervortretender Form, die den Anlaß für die Errichtung des Denkmals zum Ausdruck bringt, ist dagegen erwünscht."[275] Bestandteil der Entwürfe sollte auch ein Modell im Maßstab 1:10 sein.

Für die Realisierung des Denkmals wurde zunächst das Modell einer allegorischen Darstellung der Mildtätigkeit ausgewählt: die Statue des heiligen Martin, der seinen Mantel an die Armen abgibt. Von dieser Entscheidung nahm die Stadtverwaltung später wieder Abstand, da ihrer Meinung nach die Gestaltung des Platzes als Grünanlage mit Denkmal ungünstig ausfallen würde. Die Höhenunterschiede des Platzes würden unschöne große Böschungen zur Stadtseite entstehen lassen. Als Alternative präferierte man nun eine städtebauliche Lösung, die architektonisch an das Rotkreuz-Krankenhaus anschließen und eine symmetrische, den Platz einfassende Anlage herstellen sollte. Die Absicht war, einen geschützten und ruhigen Innenhof entstehen zu lassen. Dem Stadtbauamt schien in diesem Ensemble eine große Skulptur des heiligen Martin nicht mehr passend.[276] Im Innenhof wurden stattdessen zwei Springbrunnen angelegt. Im Oktober 1924 wurde der Sophie-Henschel-Platz der Öffentlichkeit übergeben.

„In diesem Zeichen wirst Du siegen"

Am 5. Februar 1915, im Alter von 73 Jahren, starb Sophie Henschel. Die Familie sprach in ihrer Todesanzeige von einem langen, mit größter Geduld ertragenen Leiden. Von ihren Krankheiten ist in ihren Aufzeichnungen, die 1914 enden, nur knapp die Rede. Nach ihrem Schlaganfall im November 1900, der ihr eine mehrmonatige Arbeitspause abverlangt hatte, hatte sie anschließend wieder in eine höchst aktive Tätigkeit gefunden. Geblieben war ihr ein „plötzliches Versagen meines Gedächtnisses, daß ich

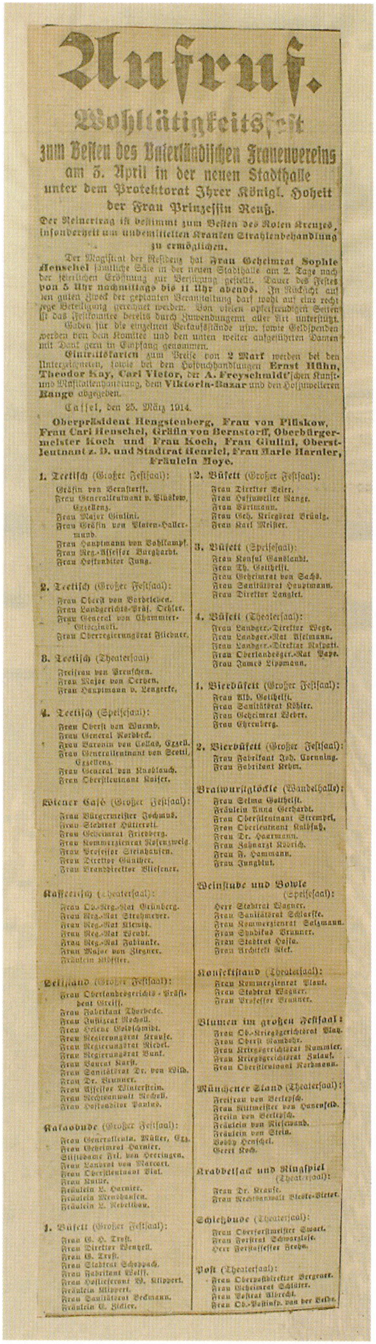

Aufruf.

Wohltätigkeitsfest

zum Besten des Vaterländischen Frauenvereins
am 3. April in der neuen Stadthalle
unter dem Protektorat Ihrer Königl. Hoheit
der Frau Prinzessin Reuß.

Der Reinertrag ist bestimmt zum Besten des Roten Kreuzes, insonderheit um unbemittelten Kranken Strahlenbehandlung zu ermöglichen.

Der Magistrat der Residenz hat **Frau Geheimrat Sophie Henschel** sämtliche Säle in der neuen Stadthalle am 2. Tage nach der feierlichen Eröffnung zur Verfügung gestellt. Dauer des Festes **von 5 Uhr nachmittags bis 11 Uhr abends.** In Rücksicht auf den guten Zweck der geplanten Veranstaltung darf wohl auf eine rege Beteiligung gerechnet werden. Von vielen opferfreudigen Seiten ist das Festkomitee bereits durch Zuwendungen aller Art unterstützt.

Gaben für die einzelnen Verkaufsstände usw. sowie Geldspenden werden von dem Komitee und den unten weiter aufgeführten Damen mit Dank gern in Empfang genommen.

Eintrittskarten zum Preise von **2 Mark** werden bei den Unterzeichneten, sowie bei den Hofbuchhandlungen **Ernst Hühn, Theodor Kay, Carl Victor,** der **A. Freyschmidt**'schen Kunst- und Musikalienhandlung, dem **Viktoria-Bazar** und den Hofjuwelieren **Range** abgegeben.

Cassel, den 25. März 1914.

Oberpräsident Hengstenberg, Frau von Plüskow, Frau Carl Henschel, Gräfin von Bernstorff, Oberbürgermeister Koch und Frau Koch, Frau Giulini, Oberstleutnant z. D. und Stadtrat Henrici, Frau Marie Harnier, Fräulein Moye.

1. Teetisch (Großer Festsaal):
Gräfin von Bernstorff.
Frau Generalleutnant v. Plüskow, Exzellenz.
Frau Major Giulini.
Frau Gräfin von Platen-Hallermund.
Frau Hauptmann von Bohlkampf.
Frau Reg.-Assessor Burghardt.
Frau Hofkonditor Jung.

2. Teetisch (Großer Festsaal):
Frau Oberst von Bothelben.
Frau Landgerichts-Präs. Oehler.
Frau General von Chammier-Glisczinski.
Frau Oberregierungsrat Fliedner.

3. Teetisch (Theatersaal)
Freifrau von Preuschen.
Frau Major von Oerben.
Frau Hauptmann v. Lengerke.

4. Teetisch (Speisesaal):
Frau Oberst von Wurmb.
Frau General Nordbeck.
Frau Baronin von Collas, Exzell.
Frau Generalleutnant von Scotti, Exzellenz.
Frau General von Rauchhaupt.
Frau Oberstleutnant Kaiser.

Wiener Café (Großer Festsaal):
Frau Bürgermeister Jochmus.
Frau Stadtrat Hüttrott.
Frau Geheimrat Friedberg.
Frau Kommerzienrat Rosenzweig.
Frau Professor Steinhausen.
Frau Direktor Günther.
Frau Branddirektor Wiesener.

Kaffeetisch (Theatersaal):
Frau Ob.-Reg.-Rat Grünberg.
Frau Reg.-Rat Strehmeyer.
Frau Reg.-Rat Klemig.
Frau Reg.-Rat Wendt.
Frau Reg.-Rat Fabiunke.
Frau Major von Ziegner.
Fräulein Möller.

Sektstand (Großer Festsaal):
Frau Oberlandesgerichts-Präsident Greiff.
Frau Fabrikant Thorbecke.
Frau Justizrat Rochell.
Frau Helene Goldschmidt.
Frau Regierungsrat Krause.
Frau Regierungsrat Riedel.
Frau Regierungsrat Bunk.
Frau Baurat Karst.
Frau Sanitätsrat Dr. von Wild.
Frau Dr. Brunner.
Frau Assessor Winterstein.
Frau Rechtsanwalt Rochell.
Frau Hoflieferant Paulus.

Kakaobude (Großer Festsaal):
Frau Generalleutn. Müller, Exz.
Frau Geheimrat Harnier.
Stiftsdame Frl. von Heeringen.
Frau Landrat von Marcard.
Frau Oberstleutnant Piel.
Frau Mutz.
Fräulein L. Harnier.
Fräulein Mendhausen.
Fräulein L. Nebelthau.

1. Büfett (Großer Festsaal):
Frau G. H. Trost.
Frau Direktor Wentzell.
Frau G. Trost.
Frau Stadtrat Scheppach.
Frau Fabrikant Wolff.
Frau Hoflieferant W. Klippert.
Fräulein Klippert.
Frau Sanitätsrat Beckmann.
Fräulein G. Fiedler.

2. Büfett (Großer Festsaal):
Frau Direktor Beier.
Frau Hofjuwelier Range.
Frau Börtmann.
Frau Geh. Kriegsrat Brünig.
Frau Karl Meister.

3. Büfett (Speisesaal):
Frau Konsul Sandlandt.
Frau Th. Gotthelft.
Frau Geheimrat von Sachs.
Frau Sanitätsrat Hauptmann.
Frau Direktor Langlet.

4. Büfett (Theatersaal):
Frau Landger.-Direktor Wege.
Frau Landger.-Rat Aselmann.
Frau Landger.-Direktor Rasparl.
Frau Oberlandesger.-Rat Pape.
Frau James Lippmann.

1. Bierbüfett (Großer Festsaal):
Frau Alb. Gotthelft.
Frau Sanitätsrat Köhler.
Frau Geheimrat Weber.
Frau Ehrenberg.

2. Bierbüfett (Großer Festsaal):
Frau Fabrikant Joh. Gerning.
Frau Fabrikant Rehm.

Bratwurstglöckle (Wandelhalle):
Frau Selma Gotthelft.
Fräulein Anna Gerhardt.
Frau Oberstleutnant Strempel.
Frau Oberleutnant Kalbfuß.
Frau Dr. Haarmann.
Frau Zahnarzt Roerich.
Frau A. Hammann.
Frau Jungblut.

Weinstube und Bowle (Speisesaal):
Herr Stadtrat Wagner.
Frau Sanitätsrat Schlaefke.
Frau Kommerzienrat Salzmann.
Frau Syndikus Brunner.
Frau Stadtrat Hesse.
Frau Architekt Riek.

Konfektstand (Theatersaal):
Frau Kommerzienrat Plaut.
Frau Stadtrat Wagner.
Frau Professor Brunner.

Blumen im großen Festsaal:
Frau Ob.-Kriegsgerichtsrat Blau.
Frau Oberst Rambohr.
Frau Kriegsgerichtsrat Rummler.
Frau Kriegsgerichtsrat Sulauf.
Frau Oberstleutnant Korkmann.

Münchener Stand (Theatersaal):
Freifrau von Berlepsch.
Frau Rittmeister von Hanenfeld.
Freiin von Berlepsch.
Fräulein von Riedesel.
Fräulein von Stein.
Bobby Henschel.
Grete Koch.

Krabbelsack und Ringspiel (Theatersaal):
Frau Dr. Krause.
Frau Rechtsanwalt Bleeke-Bieler.

Schießbude (Theatersaal):
Frau Oberforstmeister Ewart.
Frau Forstrat Schwarzlose.
Herr Forstassessor Krebs.

Post (Theatersaal):
Frau Oberpostdirektor Bergener.
Frau Geheimrat Schüler.
Frau Postrat Albrecht.
Frau Ob.-Postinsp. von der Heide.

53
Am 3. April 1914 fand in der neuerbauten Stadthalle ein Wohltätigkeitsfest statt, dessen Erlös dem Vaterländischen Frauenverein zukam. Das Geld sollte hauptsächlich dazu verwandt werden, unbemittelten Kranken Strahlenbehandlungen zu bezahlen.
Der Aufruf enthielt den Hinweis, der Magistrat habe Sophie Henschel sämtliche Säle in der neuen Stadthalle am 2. Tag nach der feierlichen Eröffnung zur Verfügung gestellt.

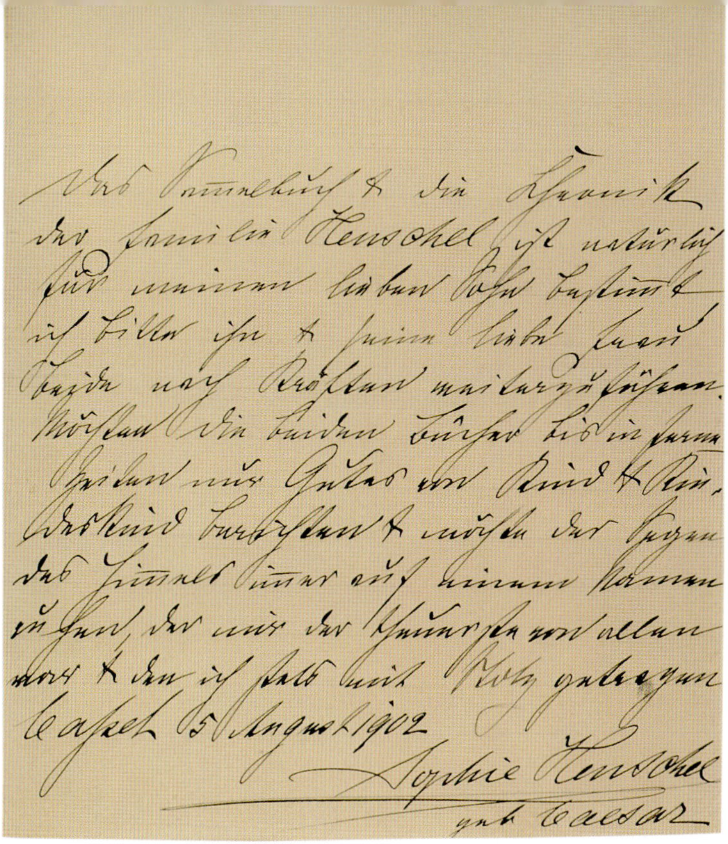

Das Sammelbuch & die Chronik
der Familie Henschel ist natürlich
für meinen lieben Sohn bestimmt
ich bitte ihn & seine liebe Frau
beide nach Kräften weiterzuführen.
Möchten die beiden Bücher bis in fernen
Zeiten nur Gutes von Kind & Kin-
deskind berichten & möchte der Segen
des Himmels immer auf einem Namen
ruhen, der mir der theuerste von allen
war & den ich stets mit Stolz getragen
Cassel 5 August 1902
Sophie Henschel
geb Caesar

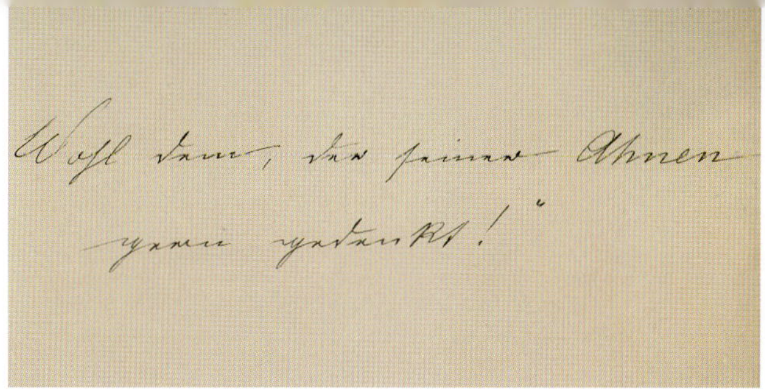

Wohl dem, der seiner Ahnen
gern gedenkt!

54

Leitwort und Anliegen der Familienchronistin Sophie Henschel

Text:
Das Sammelbuch u. die Chronik der Familie Henschel ist natürlich für meinen lieben Sohn bestimmt – ich bitte ihn u. seine liebe Frau beide nach Kräften weiterzuführen. Möchten die beiden Bücher bis in ferne Zeiten nur Gutes von Kind und Kindeskind berichten u. möchte der Segen des Himmels immer auf einem Namen ruhen, der mir der theuerste von allen war u. den ich stets mit Stolz getragen.
Cassel, 5. August 1902
Sophie Henschel geb. Caesar.

55

Motto, das Sophie Henschel ihrem kleinen Familienbuch Caesar voranstellte: „Wohl dem, der seiner Ahnen gern gedenkt.“

56

Sophie Henschels Wohnstätten: Das Wohnhaus der Familie Henschel bei der Fabrik, die Domäne Rothenhof, das Haus Schöne Aussicht 11, das Haus Henschel auf dem Weinberg.

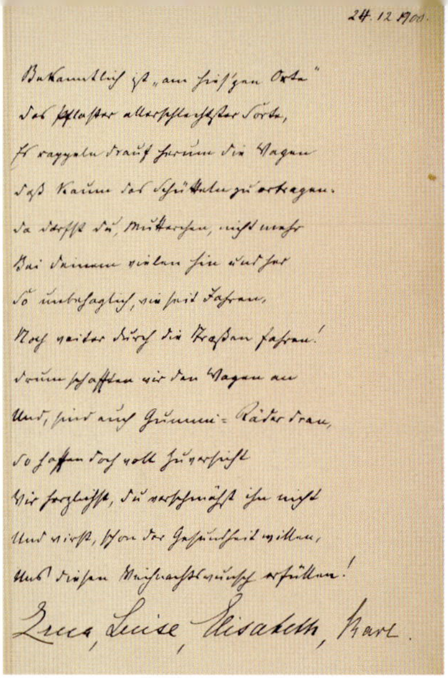

57

Zu Weihnachten 1900 erhielt Sophie Henschel von ihren Kindern einen gummibereiften Wagen geschenkt. Sie machten sich Sorgen um die Beeinträchtigung ihrer Gesundheit wegen ihres vielen „Hin und Her" auf holprigem Pflaster.

Text:
24.12.1900.

Bekanntlich ist „am hies'gen Orte"
Das Pflaster allerschlechtester Sorte,
Es rappeln drauf herum die Wagen
Daß kaum das Schütteln zu ertragen.
Da darfst Du, Mütterchen, nicht mehr
Bei Deinem vielen Hin und Her
So unbehaglich, wie seit Jahren,
Noch weiter durch die Straßen fahren!
Darum schaffen wir den Wagen an
Und, sind auch Gummi-Räder dran,
So hoffen doch voll Zuversicht
Wir herzlichst, Du verschmähst ihn nicht
Und wirst, schon der Gesundheit willen,
Uns diesen Weihnachtswunsch erfüllen!
Erna, Luise, Elisabeth, Karl.

Namen nicht erinnern kann oder anders ausspreche wie ich meine“[277]. Aber mit dieser Beeinträchtigung war sie diszipliniert und alles andere als larmoyant umgegangen: „Ich merke es aber stets und kann also berichtigen.“ Im Jahr 1905 war sie in Berlin am linken Auge operiert worden, trotzdem hatte ihre Sehkraft in den folgenden Jahren stark nachgelassen. Dies hatte sie jedoch nicht daran gehindert, im Laufe des Jahres 1912 eine Familiengeschichte der Caesars und eine ausführlichere der Familie Henschel mit Tusche zu schreiben. Diese Familiengeschichten hatte sie vervielfältigen und für ihre Kinder und Enkelkinder in 18 Alben binden lassen.

Sehr beeinträchtigt hatte Sophie Henschel eine schmerzhafte Gürtelrose, die sich just zu dem Zeitpunkt einstellte, als das wichtigste Ereignis in der Geschichte der Familie und Fabrik anstand, und das auch für sie ein Höhepunkt ihres Lebens war: das 100-jährige Jubiläum der Firma Henschel & Sohn im August 1910. Wie stark sie die Regie für dieses Jubiläum in den Händen hielt, bei dem sie dennoch ganz ihren Sohn als Firmenchef in den Vordergrund schob, der Ehrungen und Glückwünsche aus ganzen Nation und dem Ausland entgegennahm, blitzte nur hin und wieder in den Aufzeichnungen auf. So notierte sie eine Bemerkung, die ihr Rudolf Osius, der sie 21 Jahre als Schriftführer im Vaterländischen Frauenverein begleitet hatte, nach dem Festakt geschrieben hatte: „Die beiden Transparente zur Seite der Bühne intrigierten mich. Das SH sah mir zuerst links wie Sophie Henschel, rechts wie Henschel & Sohn und dann sahen beide aus wie In hoc signo (vinces) [„In diesem Zeichen wirst Du siegen.“ O. W.-H.].[278] Osius äußerte an anderer Stelle seines Briefes noch eine Gewissheit, die auf das Selbstverständnis Sophie Henschels Bezug nahm: „Es war ein stolzes Fest, die Geschichte der Entwicklung einer Familie. Wir sprachen schon öfters darüber, welchen ganz besonderen Wert die Geschichte der bürgerlichen Familien haben; diese Darstellungen des harten Arbeitens und Ringens, vorwärts zu kommen und dabei ganz auf die eigene Kraft angewiesen zu sein, ohne jeden Rückhalt an Anderen.“ Es war dieser bürgerliche Stolz, der Sophie Henschel zum wiederholten Male dazu bewog, die ihr erneut anlässlich des grandiosen Jubiläumsfestes angebotene Verleihung eines Adelstitels abzulehnen. Sie selbst stellte eine Erinnerungsschrift an das Jubiläum zusammen, die hauptsächlich für die Arbeiter bestimmt war und notierte: „Sie fand viel Anklang u. fast 5000 von den Beamten u. Arbeitern baten darum.“[279] Diese Schilderungen zeigen, dass Sophie Henschel noch in hohem Alter und beeinträchtigt von körperlichen Gebrechen rastlos tätig war. Ein Hinweis auf eine ernsthafte Krankheit, die ihr möglicherweise das „lange Leiden“ bescherte, mag in einer Notiz aus dem 1912 zu erkennen sein, in der sie schrieb: „... es hatte sich durch Mangel an Salzsäure im Magen ein angreifendes Leiden bei mir entwickelt, das eine eigentümliche strenge Diät erforderte“[280].

Schwer muss es der immer aktiven und fleißigen Frau gefallen sein zu akzeptieren, dass ihre Schaffenskraft nachließ. Mit Leidenschaft war sie unermüdlich tätig gewesen. Im Laufe der Jahre hatte sie sich zunächst im sozialen Bereich

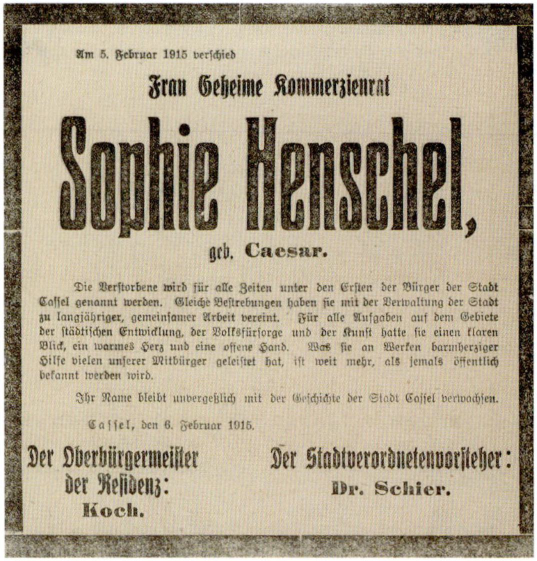

Am 5. Februar 1915 verschied

Frau Geheime Kommerzienrat

Sophie Henschel,

geb. Caesar.

Die Verstorbene wird für alle Zeiten unter den Ersten der Bürger der Stadt Cassel genannt werden. Gleiche Bestrebungen haben sie mit der Verwaltung der Stadt zu langjähriger, gemeinsamer Arbeit vereint. Für alle Aufgaben auf dem Gebiete der städtischen Entwicklung, der Volksfürsorge und der Kunst hatte sie einen klaren Blick, ein warmes Herz und eine offene Hand. Was sie an Werken barmherziger Hilfe vielen unserer Mitbürger geleistet hat, ist weit mehr, als jemals öffentlich bekannt werden wird.

Ihr Name bleibt unvergeßlich mit der Geschichte der Stadt Cassel verwachsen.

Cassel, den 6. Februar 1915.

Der Oberbürgermeister der Residenz: Koch.

Der Stadtverordnetenvorsteher: Dr. Schier.

58

Im Familienarchiv befinden sich außer der Todesanzeige der Stadt und der Familie zahlreiche weitere: vom Bezirksvorstand und vom Vorstand des Kasseler Vaterländischen Frauenvereins, vom Vorstand des Arbeiter-Bildungsvereins, vom Vorstand, der Oberin und der Schwestern des Krankenhauses ‚Rotes Kreuz', von der Heilstätte Oberkaufungen, vom Arbeiterfortbildungsverein, von den Beamten und Arbeitern der Werke von Henschel & Sohn.

59

Für ein Sophie Henschel-Denkmal wurden 31 Modelle im Rahmen eines vom Magistrat der Stadt ausgeschriebenen Wettbewerbs im Jahre 1915 eingereicht.

ein eigenes Werk aufgebaut, von dem ihr vertrauter Mitarbeiter in der Leitung der Lungenheilstätte, Theodor von Roques, im Nachruf sprach: „Sie war die Seele unseres Vereins, an dem sie mit allen Fasern ihres großfühlenden Herzens hing."[281] Mit der Zeit hatte Sophie Henschel ein Sendungsbewusstsein und eine Berufung für ihr Wirken entwickelt, die sich mit Übernahme der Firmenleitung und der Aufgabe, nun Firmen- und Familienprinzipalin zu sein, verstärkten. Mit Ehrgeiz, mit Energie und mit Freude am Gestalten war sie an ihr vielseitiges Tagwerk gegangen. Ruhe halten war ihre Sache nicht, unerträglich war ihr, wenn ein Tag nutzlos vorüberging. Diszipliniert hatte sie ihre vielfältigen Verantwortungen organisiert: Jeden Abend legte sie sich ihre Angelegenheiten für den nächsten Tag zurecht.

Am Anfang hatte ihr unternehmerisches und kaufmännisches Talent, ihre philanthropische Gesinnung und ihre Bereitschaft gestanden, als Frau aus einer angesehenen Industriellenfamilie am sozialen Geschehen Anteil zu nehmen und es natürlich auch in seiner Entwicklung zu beeinflussen. Sie hatte hierfür Urteilsfähigkeit, Führungsqualitäten und ein Gespür für strategische Entscheidungen mitgebracht. Erfinderin und Ideengeberin musste sie gar nicht sein, es reichte vollkommen aus, dass sie bereit war, im richtigen Moment die richtige Innovation zu befördern. Sie war in der Lage gewesen, im Verein eine effiziente Organisation aufzubauen und diesen wie auch später das Unternehmen mit Umsicht zu führen. Sie war zutiefst davon überzeugt gewesen, dass der Zusammenhalt und die soziale Harmonie der Gesamtgesellschaft durch bürgerliche Werte gesichert werden könnten. Zugleich war sie sensibel sowohl für aktuelle Probleme als auch für zukunftsfähige Leitthemen und Leitwerte, was ihr Engagement auf dem Gebiet der Volksgesundheitspflege zeigte. Dieses kann nicht ausschließlich darauf bezogen werden, dass die Industriearbeiterschaft in der Stadt zahlreichen gesundheitlichen Risiken und Belastungen ausgesetzt war, an denen auch die Firma Henschel ihren Anteil hatte, sondern hängt wesentlich damit zusammen, dass Gesundheit in der zweiten Hälfte des 19. Jahrhunderts einen „Leitwert" bildete, der „auch über kontroverse politische Standpunkte hinweg konsensfähig war."[282] Es war in dieser Hinsicht konsequent, dass die Stadt eine große Spende zur Erbauung eines Volksbades erhielt. Sophie Henschels Wirken fand in dieser Hinsicht Anschluss an das bürgerliche Reformprojekt im Kaiserreich zur Verbesserung der Volksgesundheit und auch der Volksbildung. Mit effizienten Grundregeln und Strukturen, die der Verein im sozialen Sektor angewandt beziehungsweise geschaffen hatte, war die Professionalisierung des Fürsorgesektors entscheidend vorangetrieben worden.

Ihre nach außen gezeigte Bescheidenheit, die sich mit ihrem Vermögenszuwachs noch verstärkte, war einem Understatement geschuldet, das schon generationenlang in ihrer eigenen Familie und auch in der Familie Henschel tradiert worden war: Reichtum sollte nicht so demonstriert werden, dass sich Neid oder öffentliche Kritik einstellten. Dies war eine Erwägung, die ihre Bereitschaft zur Wohltätigkeit und zu großzügigem Stiftertum stets begleitete. Mäzenatentum erbrachte Sophie Henschel auch Kulturprestige, Nähe zum Staat und zu den Machteliten im Kaiserreich. Es stand im Kontext eines sich entwickelnden nationalen und internationalen Industrieunternehmens, das davon seinen Nutzen hatte. Selbstlosigkeit und Altruismus waren demnach keineswegs die wesentlichen Antriebe ihres Handelns. Diese sollten auch grundsätzlich nicht als entscheidende Prüfsteine für ein wünschenswertes Stiftertum vorausgesetzt werden. Als viel zentraler für Sophie Henschels Bedeutung ist ihr verständnisvolles und solidarisches Interesse am gesellschaftlichen Zusammenleben zu veranschlagen, und dass sie als Privatperson Verantwortung durch gemeinnütziges Wirken zu übernehmen bereit war. Bei allem war Sophie Henschel keine Titanin: Für ihren Erfolg brauchte sie Mitarbeiter und Mitarbeiterinnen, die entsprechende Infrastruktur und auch Institutionen, um ihre Vorhaben umzusetzen. Ihr konsequenter, stetiger und unbeirrbarer Einsatz brachte ihr von Seiten ihrer Zeitgenossen viel Vertrauen ein. Am Ende hatte sie eine große Entscheidungs- und Führungskompetenz als Frau erreicht, die sie mit Selbstbewusstsein und Stolz erfüllte.

Zwei Tage vor ihren Austritt aus der Firma schrieb Sophie Henschel an ihren Sohn: „Mein lieber Karl, Ehe ich Montag das Schriftstück unterzeichne durch das Du zum Alleinbesitzer der Fabriken der Firma Henschel & Sohn wirst, möchte ich Dich bitten, mir <u>schriftlich</u> zu bestätigen was wir schon mündlich besprochen: 1) daß ich das Recht behalte mir jederzeit von Dir oder Beamten der Firma Auskunft zu erbitten über Geschäftsangelegenheiten, sowie, daß ich bisher die Monatsübersichten der Fabrik erhalte … 3) möchte ich auch schriftlich von Dir die Zusage haben, daß Du wichtige Fabrikangelegenheiten, z. B. größere Erwerbungen, Fabrikationsänderungen u. s. w. mit mir besprichst ehe Du Deine Entscheidung triffst.“[283] Diese Vereinbarungen charakterisieren das beeindruckende, gestaltungsfreudige Selbstbewusstsein einer erfolgreichen Fabrikantin, das sie auch als außergewöhnliche Stifterin auszeichnete.

60

Sophie Henschel als Wahrerin der Tradition der Familie Henschel

Anmerkungen

[1] Die Brunnenanlage wurde im Zweiten Weltkrieg beschädigt. Seit sie 1954 um einige Teile reduziert neu gestaltet wurde, fehlt diese Inschrift.
[2] Oberbürgermeister von 1900-1912.
[3] Brief an Sophie Henschel, 11.11.1908, Sammelbuch Ergänzungen, Familienarchiv Henschel, im Folgenden abgekürzt als ‚FH'.
[4] Oberbürgermeister von 1913-1919.
[5] Todesanzeige der Stadt, in: Sammelbuch Ergänzungen, FH.
[6] Oberbürgermeister von 1920-1925.
[7] Zit. n. Kieckebusch, Werner v., Geschichte des kurhessischen Geschlechtes Henschel, im Auftrage von Oscar R. Henschel/Kassel aus Urkunden und Familiennachrichten bearbeitet, Kassel 1931, S. 284.
[8] Todesanzeige der Stadt, in: Sammelbuch Ergänzungen, FH.
[9] Im Juli 1912 wurde der vom Bildhauer Hans Everding (1876-1914) geschaffene Brunnen, dessen Figurengruppe aus Travertin gearbeitet wurde, enthüllt.
[10] Waldeckische Landeszeitung/Frankenberger Zeitung, 7.5.2004.
[11] Wörner-Heil, Ortrud, „Anstifterinnen". Frauenengagement in Kassel im 19. und frühen 20. Jahrhundert, in: Ariadne. Forum für Frauen- und Geschlechtergeschichte H. 42, S. 34-43.
[12] Von einer „kompletten" Aufstellung geht fälschlicherweise Andreas Schulz aus: Schulz, Andreas, Mäzenatentum und Wohltätigkeit – Ausdrucksformen bürgerlichen Gemeinsinns in der Neuzeit, in: Jürgen Kocka/Manuel Frey (Hg.), Bürgerkultur und Mäzenatentum im 19. Jahrhundert, Berlin 1998, S. 240-262, hier S. 245. Für die Auflistung konnten nur sehr verstreut vorhandene, meist bruchstückhafte Quellen und Publikationen herangezogen werden.
[13] Sprengel, Rainer, Geschlecht und Stiftungswesen, in: Helga Stödter/Marita Haibach/Rainer Sprengel, Frauen im Deutschen Stiftungswesen. Analysen – Adressen. Arbeitshefte des Maecenata Instituts für Dritter-Sektor-Forschung, Heft 6, Berlin 2001, S. 42-51, hier S. 42; ders., Statistiken zum Deutschen Stiftungswesen. Ein Forschungsbericht, Berlin 2001.
[14] Lemberg, Margret, Gräfin Louise Bose und das Schicksal ihrer Stiftungen und Vermächtnisse, Marburg, 1998.
[15] Todesanzeige, in: Sammelbuch Ergänzungen, FH.
[16] Zur Erinnerung, S. 34.
[17] Zeitungsartikel o. O., o. D., Sammelbuch Ergänzungen, FH.
[18] Treue, Wilhelm, Henschel & Sohn. Ein deutsches Lokomotivbau-Unternehmen 1860-1912. II. Unter der Leitung von Sophie Henschel 1894-1911, in: Tradition. Zeitschrift für Firmengeschichte und Unternehmerbiographie, 20. Jg., Jahresheft 1975, S. 3-24, hier S. 10.
[19] Ein großes Manko besteht allerdings bei seiner ansonsten luziden Studie darin, dass Treue auf die Angabe von Belegstellen verzichtet. Bisher sind wenige historische Arbeiten über Unternehmerinnen erschienen. Siehe Hlawatschek, Elke, Die Unternehmerin (1800-1945), in: Hans Pohl (Hg.), Die Frau in der deutschen Wirtschaft (= Zeitschrift für Unternehmensgeschichte, Beiheft 35), Stuttgart 1983, S. 127-146; Schinzinger, Francesca/Müller-Thomas, Angelika (Hg.), Symposion über Unternehmerinnen, Referate eines Symposions an der Rheinisch-Westfälischen Technischen Hochschule Aachen im November 1988, Aachen 1988. Zu den Maßnahmen betrieblicher Sozialpolitik: Hilger, Susanne, Sozialpolitik und Organisation. Formen betrieblicher Sozialpolitik in der rheinisch-westfälischen Stahlindustrie seit der Mitte des 19. Jahrhunderts bis 1933 (= Zeitschrift für Unternehmensgeschichte, Beiheft 94), Stuttgart 1996.
Als Beispiel für die Stiftung einer Wohnsiedlung durch die Unternehmerin Margarethe Krupp im Kontext der Essener Kommunalpolitik: Helfrich, Andreas, Die Margarethenhöhe Essen. Architekt und Auftraggeber vor dem Hintergrund der Kommunalpolitik Essen und der Firmenpolitik Krupp zwischen 1886 und 1914, Weimar 2000. Zur Beschäftigung mit Frauen im Rahmen der Eliteforschung: Vogel, Barbara, Eliten – ein Thema der Frauenforschung?, in: Gün-

ther Schulz (Hg.), Frauen auf dem Weg zur Elite. Büdinger Forschungen zur Sozialgeschichte 1998, München 2000, S. 15-41.

[20] Treue, Wilhelm/Henschel, Reinhard, Sophie Henschel – Eine große deutsche Unternehmerin, in: Carl Anton Henschel. Erfolgreicher Eisenbahnpionier und Fabrikant. Mit Beiträgen von Ludolf v. Mackensen, Jutta Schuchard u. a., hg. v. der Stadtsparkasse Kassel, Dezember 1984, S. 73-94. Zitat aus dem Vorwort.

[21] Treue, Henschel & Sohn, II., S. 21.

[22] Ecker-Ertle, Heidemarie, Sophie Henschel – Unternehmerin der Kaiserzeit, Magdeburg 1998.

[23] Ecker-Ertle, Henschel, S. 8.

[24] Bislang sind nur einige wenige Detailstudien in den 1980er Jahren erschienen: Vaterländischer Frauenverein und gemäßigter Flügel der Frauenbewegung zwischen 1865 und 1928, in: Ilona Kickbusch/Barbara Riedmüller (Hg.), Die armen Frauen. Frauen und Sozialpolitik, Frankfurt a. M. 1984, S. 201-224; Daniel, Ute, Die Vaterländischen Frauenvereine in Westfalen, in: Westfälische Forschungen 39 (1989), S. 158-179.

[25] Süchting-Hänger, Andrea, „Gleichgroße mut'ge Helferinnen" in der weiblichen Gegenwelt: Der Vaterländische Frauenverein und die Politisierung konservativer Frauen 1890-1914, in: Ute Planert (Hg.), Nation, Politik und Geschlecht. Frauenbewegung und Nationalismus der Moderne, Frankfurt/Main 2000, S. 131-146, hier S. 131; Quataert, Jean H., „Damen der besten und besseren Stände". „Vaterländische Frauenarbeit" in Krieg und Frieden 1864-1890, in: Karin Hagemann/Ralf Pröve (Hg.), Landsknechte, Soldatenfrauen und Nationalkrieger. Militär, Krieg und Geschlechterordnung im historischen Wandel, Frankfurt a. M., New York 1998, S. 247-275, hier S. 247, 268.

[26] Süchting-Hänger, Helferinnen, S. 131.

[27] Planert, Nationalismus, S. 12.

[28] Die konservativ-beharrende Seite stellt auch heraus: Süchting-Hänger, Andrea, Das „Gewissen der Nation". Nationales Engagement und politisches Handeln konservativer Frauenorganisationen 1900 bis 1937, Düsseldorf 2002, S. 26-50.

[29] Siehe Sachße, Christoph/Tennstedt, Florian, Geschichte der Armenfürsorge in Deutschland, Fürsorge und Wohlfahrtspflege, 1871-1929, 3 Bde., Stuttgart 1988; Tennstedt, Florian, Sozialgeschichte der Sozialpolitik in Deutschland. Vom 18. Jahrhundert bis zum Ersten Weltkrieg, Göttingen 1981.
Leider ist die Geschichte der Industrialisierung in Kassel und die Geschichte der Entwicklung ihres Kommunalwesens ein weitgehend unbearbeitetes Feld. Es liegen vor: Kirchner, Lina Ingeborg, Die industrielle Entwicklung der Stadt Kassel von 1816-1914 (Diss.), Köln 1921 Maschinenschrift; Summa, Rudolf, Kasseler Unterschichten im Zeitalter der Industrialisierung. Ein Beitrag zur Sozialgeschichte der Stadt Kassel von der Mitte des 19. Jahrhundert bis zum Beginn des Ersten Weltkrieges, Kassel 1978; Heidelbach, Paul, Kassel. Ein Jahrtausend hessische Stadtkultur, hg. v. Karl Kaltwasser, Kassel 1954; Höpfner, Julius, Die Boden- und Wohnungspolitik der Stadt Cassel, (Diss.), Würzburg 1924 Maschinenschrift; Seidel, Kurt, Die kommunale Wohlfahrtspflege, ihr Begriff und ihre Bedeutung unter besonderer Berücksichtigung der kommunalen Wohlfahrtspflege der Stadt Cassel (Diss.), Marburg 1922; Brand, H.-H., Die Industrie- und Handelskammer Kassel und ihre Vorläufer 1763-1963, Kassel 1964.

[30] Wehler, Hans-Ulrich, Deutsche Gesellschaftsgeschichte 1849-1914, München 1995, S. 1095f. Thomas Nipperdey behandelt den Vaterländischen Frauenverein in seiner „Deutschen Geschichte 1866-1918", Bd. I. Arbeitswelt und Bürgergeist, München 1990 überhaupt nicht, sondern nur die bürgerliche und die proletarische Frauenbewegung. Neue Perspektiven weist auf: Quataert, Jean H., Staging Philanthropy. Patriotic Women and the National Imagination in Dynastic Germany, 1813-1916, The University of Michigan Press, 2001.

[31] Schulz, Andreas, Mäzenatentum und Wohltätigkeit. Ausdrucksformen bürgerlichen Gemeinsinns in der Neuzeit, in: Jürgen Kocka/Manuel Frey (Hg.), Bürgerkultur und Mäzenatentum im 19. Jahrhundert, Berlin 1998, S. 240-263, hier S. 244.

[32] Allgemein zu Stiftungen: Borgolte, Michael (Hg.), Stiftungen und Stiftungswirklichkeiten. Vom Mittelal-

ter bis zur Gegenwart, Berlin 2000; Hauer, Rolf/ Rossberg, Jürgen/Pölnitz-Egloffstein, Winfrid Frhr. v. (Hg.), Stiftungen aus Vergangenheit und Gegenwart. Lebensbilder Deutscher Stiftungen, 5. Band, Tübingen 1986.

[33] Zur Stadtgeschichtsforschung: Lenger, Friedrich, Urbanisierungs- und Stadtgeschichte – Geschichte der Stadt, in: Archiv für Sozialgeschichte 26/1986, S. 429-479; ders., Neuzeitliche Stadt- und Urbanisierungsgeschichte, Berlin 1990; Reulecke, Jürgen, Geschichte der Urbanisierung in Deutschland, Frankfurt a. M. 1989; Matzerath, Horst, Urbanisierung in Preußen 1815-1914, Stuttgart 1985; ders., Städtewachstum und innerstädtische Strukturveränderungen, Stuttgart 1984; Krabbe, Wolfgang R., Kommunalpolitik und Industrialisierung, Stuttgart, Berlin, Köln, Mainz 1985; Teuteberg, Hans-Jürgen, Stadtwachstum, Industrialisierung, Sozialer Wandel. Beiträge zur Erforschung der Urbanisierung im 19. und 20. Jahrhundert, Berlin 1986; Fischer, Andrea, Kommunale Leistungsverwaltung im 19. Jahrhundert. Frankfurt am Main unter Mumm von Schwarzenstein, Berlin 1995. Zur politischen Partizipation von Frauen: Wolff, Kerstin, „Stadtmütter". Bürgerliche Frauen und ihr Einfluss auf die Kommunalpolitik im 19. Jahrhundert (1860-1900), Königstein/Taunus 2003.

[34] Wilhelm Treue konnte für seine Abhandlung auf mehr als 1.000 Briefe zurückgreifen, von denen zur Zeit nur ein Bruchteil vorliegt.

[35] Zit. n. Treue, Henschel & Sohn, II., S. 6.

[36] Ebda., S. 9.

[37] Im Text wird entsprechend der Rechtschreibreform um 1900 ein ‚k' anstelle eines früheren ‚c' verwendet. In den Zitaten bleibt die originale Schreibweise erhalten.

[38] Abschrift, S. 48, FH.

[39] Auguste Caesar an Heinrich u. Franziska Caesar, 18.1.1862, Sammelbuch August 1837, FH.

[40] Abschrift, S. 48, FH.

[41] Es könnte sich um die Familie des Geheimen Regierungsrats Philipp Koch (geb. 1815) gehandelt haben. Geheimrat Koch und seine Frau waren nicht nur gut bekannt mit der Familie Henschel (Oskar nannte sie Tante und Onkel), sondern kannten offensichtlich auch Henriette, die ältere Schwester Sophies, und deren Mann Clemens Caesar gut, die die Dömäne Johannettenthal gepachtet hatten.

[42] Familienbuch Gedenken, S. 11, FH.

[43] Auguste Caesar an Heinrich u. Franziska Caesar, 18.1.1862, Sammelbuch August 1837, FH.

[44] Ebda.

[45] Karl Henschel war vor 1845, von 1845-1847 und von 1852-1854 Mitglied im außerordentlichen Bürger-Ausschuß, von 1847-1850 Stadtrat. Siehe Lengemann, Jochen, Bürgerrepräsentation und Stadtregierung in Kassel 1835-1996. Ein Handbuch. Band 1: Einführung, Übersichten und Index der städtischen Mandats- und Amtsträger, hg. im Auftrag der Stadtverordneten-Versammlung Kassel, Marburg 1996, S. 466.

[46] Der Jurist und Politiker Oetker gründete 1848 in Kassel die liberale ‚Neue Hessische Zeitung', mit der er das kurfürstliche Ministerium Hassenpflug bekämpfte. 1851 floh er erst nach Helgoland, später nach Belgien. 1859 wieder nach Kassel zurückgekehrt, gründete er die ‚Hessische Morgenzeitung'. 1862 trat er wieder in den hessischen Landtag ein, wurde 1867 in den Reichstag und das preußische Abgeordnetenhaus gewählt.

[47] Der Jurist Eduard Wiegand war von 1848-1850 Landtagskommissar, von 1862-1863 Mitglied des hessischen Landtages, Geheimer Regierungsrat und vortragender Rat im Oberpräsidium seit dem 13.10.1867.

[48] Abschrift, S. 36, FH.

[49] Sophie Henschel erwähnt bei den Hochzeitserinnerungen ihre Gouvernante Emma Fabricius.

[50] Für ‚Rothenhof' liegen sehr verschiedene Schreibweisen vor. Hier wird die Anfang des 19. Jahrhunderts übliche verwendet.

[51] Erste Nennung im Adreß-Buch von Cassel und Umgebung für das Jahr 1855.

[52] Abschrift, S. 55, FH. Die Bezeichnung ‚Blaustrumpf' geht zurück auf literarische Kreise in London um 1750, in denen Männer und Frauen verkehrten und der Naturforscher Stillingfleet angeblich stets in blauen Kniestrümpfen auftrat.

[53] Auguste Caesar an Heinrich u. Franziska Caesar, 18.1.1862, Sammelbuch August 1837, FH.

[54] August Caesar aus Liverpool an Sophie Caesar, 13.1.1862. Sammelbuch August 1837, FH.

[55] Clemens Caesar aus Johannettenthal an Sophie Caesar, 12.1.1862. Sammelbuch August 1837, FH.

[56] Auguste Caesar an Heinrich u. Franziska Caesar, 18.1.1862, Sammelbuch August 1837, FH.

[57] Clemens Caesar aus Johannettenthal an Sophie Caesar, 12.1.1862. Sammelbuch August 1837, FH.

[58] Familienbuch Caesar, FH.

[59] Ebda.

[60] In den Aufzeichnungen Sophie Henschels und ihres Bruders wird vom preußischen Herrenhaus gesprochen. Ich vermute, dass die Erste Kammer des preußischen Landtages gemeint ist, denn ein ‚Herrenhaus' als Erste Kammer wurde in Preußen erst 1854 eingerichtet. Diese Verwechslung könnte den als verwickelt und unübersichtlich zu kennzeichnenden Verfassungsrevisionen der Jahre 1850 bis 1854 geschuldet sein.

[61] Familienbuch Gedenken, FH.

[62] Ebda.

[63] Ebda.

[64] Ebda. Wilhelm Caesar erkrankte bald. Er lebte bis zu seinem Tod 1862 in einer Nervenanstalt in Kiel. Auch Sophies Bruder George sollte später an einer Nervenkrankheit leiden.

[65] Poesiealbum, Auszüge aus Briefen des Vaters an die Tochter Henriette, FH.

[66] Familienbuch Caesar, FH.

[67] Moritz Seebeck war, bevor er die Leitung der Universität Jena übernahm, die er 26 Jahre innehatte, zunächst Lehrer am Joachimstalschen Gymnasium in Berlin, dann Gymnasialdirektor in Meinungen und dort auch Erzieher des Erbprinzen von Sachsen-Meiningen gewesen. Nachdem er das höhere Schulwesen im Herzogtum Sachsen-Meiningen neu geordnet hatte, übernahm er für einige Jahre diplomatische Aufgaben für die thüringische und anhaltinische Regierung. Seebeck war nach 1848 einige Jahre an zahlreichen Versuchen beteiligt, ein vereinigtes Deutschland zu schaffen.

[68] Vom Briefwechsel sind mehr als hundert Briefe Eduard v. Moellers an Sophie Henschel im Bundesarchiv, Berlin, erhalten: BA, N 2194. Ihre Briefe an ihn konnten bisher nicht aufgefunden werden.

[69] Abschrift, S. 51, FH.

[70] Ein preußischer Taler entsprach nach der Währungsumstellung 1874 drei Mark. Um den ungefähren Wert einer Summe in der heutigen Währungseinheit Euro zu erfassen, ist die Multiplizierung mit dem Faktor 15 möglich.

[71] Zur Geschichte des Unternehmens: 125 Jahre Henschel, hg. v. der Henschel & Sohn AG, Kassel 1935; Treue, Wilhelm, Henschel & Sohn. Ein deutsches Lokomotivbau-Unternehmen 1860-1912. I. Unter der Leitung von Oscar Henschel 1860-1894, in: Tradition. Zeitschrift für Firmengeschichte und Unternehmerbiographie 19. Jg., Jahresheft 1974, S.3-28; II. Unter der Leitung; Baumann, Carl-Friedrich, 175 Jahre Henschel. Der ständige Weg in die Zukunft 1810-1985. Sechs Beiträge zur Firmengeschichte, Moers 1985; Kademann, Siegfried/Messerschmidt, Wolfgang, Henschel Lokomotiven von 1848 bis heute, Moers 1985; Henschel heute. Produktionsstätten und Erzeugnisse in Bildberichten, hg. zum 150-jährigen Jubiläum 1810-1960 von Henschel-Werke GmbH Kassel.

[72] Die Familie stammte aus Breslau, wo sie um 1500 erstmals nachweisbar ist. Der erste Henschel, der sich mit Metallgießerei befasste, war Johann Henschel, der bei einem Glatzer Rotgießermeister in die Lehre ging. Familienmitglieder wanderten nach Mainz, Gießen, Nauheim, Braunschweig, Schwäbisch-Hall und Kassel. Hauptsächlich widmeten sie sich der Stückgießerei, dem Glocken- und dem Geschützguss. Die Kasseler Linie der Henschels gründet sich auf Georg Christian Karl Henschel, der als Geselle für Stückgießerei von Gießen nach Kassel zog.

[73] Oberbürgermeister von 1848-1863.

[74] Testament Clemens Theodor Caesars v. 5.11.1849, Sammelbuch August 1837, FH.

[75] Abschrift, S. 49, FH.

[76] Zeitungsartikel o. D., Sammelbuch August 1937, FH.

[77] Abschrift, S. 50, FH.

[78] Testament Sophie und Oskar Henschel v. 1891, zit. n. Testament Sophie Henschel v. 27.10.1910; Mappe 1902-1917. Testament-Angelegenheiten etc. Sophie Henschel, FH.

[79] Testament v. Sophie u. Oscar Henschel v. 15.4.1887, Unbeglaubigte Abschrift; Mappe 1902-1917. Testament-Angelegenheiten etc. Sophie Henschel, FH. Zum Zeitpunkt dieser testamentarischen Verfügung waren erst zwei der drei Töchter verheiratet.

[80] Testament v. Sophie u. Oscar Henschel v. 3.6.1891, Mappe 1902-1917. Testament-Angelegenheiten etc. Sophie Henschel, FH.

[81] Treue, Henschel & Sohn, I., S. 7.

[82] Abschrift, S. 54, FH.

[83] Ebda.

[84] Kasseler Zeitung, 19.8.1865.

[85] Zit. n. Seier, Hellmut, Liberalismus in Kurhessen 1815-1866. Stufen und Formen liberaler Willensbildung, in: Dieter Langewiesche (Hg.), Liberalismus und Region. Zur Geschichte des deutschen Liberalismus im 19. Jahrhundert, München 1995, S. 109-134, hier S. 109.

[86] Hessische Morgenzeitung, 22.12.1865.

[87] Friedrich Nebelthau war am 20.8.1864 einstimmig zum Oberbürgermeister gewählt worden. Der Kurfürst verweigerte ihm – einem gemäßigten Liberalen der ersten Stunde, der an der Spitze des Verfassungskampfes gestanden hatte – allerdings die Landesherrliche Bestätigung. Diese erhielt er erst nach der Annexion Kurhessens durch Preußen am 28.6.1866 durch Allerhöchste Bestätigung des Königs von Preußen. Die kurfürstliche Regierung hatte ihn vor seiner Wahl am 13.8.64 als Vizebürgermeister mit der Wahrnehmung der Geschäfte des Oberbürgermeisters beauftragt, nachdem der langjährige Kasseler Oberbürgermeister Heinrich Wilhelm Hartwig am 1.3.1863 gestorben war.

[88] Brief von Stadtrath und Bürgerausschuß, 19.08.1865. Sammelbuch August 1837, FH.

[89] Abschrift, S. 54, FH.

[90] Hessische Morgenzeitung, 11.4.1866.

[91] Hessische Morgenzeitung, 17.6.1866.

[92] Adam Trabert (1822-1914), Publizist; Führer der Demokraten in den letzten kurhessischen Ständeversammlungen und Vertreter der Deutschen Volkspartei bis 1871, in der sich preußenfeindliche Kräfte mit einerseits demokratischer und andererseits fürstlich-legitimistischer Auffassung vereinigten; 1868-1870 Herausgeber der großdeutsch-demokratischen ‚Hessischen Volkszeitung' in Kassel.

[93] Erwin v. Bischoffshausen, Regierungsrat in der kurfürstlich-hessischen Provinz Fulda. Von 1867-1871 Oberregierungsrat, Dirigent der Abteilung des Inneren und Vertreter des Regierungspräsidenten.

[94] Abschrift, S. 58f., FH.

[95] Waescher, Johanna, Ein Beitrag zur Entwicklung der sozialen Frauenarbeit. Die Casseler Frauenvereine 1812-1904. Im Anhang: Sonstige dem Volkswohl dienende Vereine, Anstalten, Stiftungen und Vermächtnisse, hg. v. Verbande der Casseler Frauenvereine, Cassel 1904, S. 57.

[96] Abschrift, S. 47, FH.

[97] Königin Augusta, zit. n. Kriegerheil. Organ des Central-Comité's des Preussischen Vereins zur Pflege im Felde verwundeter und erkrankter Krieger, 1. Jg., 11 u. 12/1866, S. 111.

[98] Abschrift, S. 61, FH.

[99] In ihren Aufzeichnungen meinte Sophie Henschel das Gerücht widerlegen zu müssen, sie hätte bei den bei ihnen einquartierten preußischen Offizieren um das Niederreißen des Tores gebeten. Es sei vielmehr so gewesen, dass das preußische Militär wohl befürchtet habe, durch das enge Tor keine größere Truppenmenge hindurch marschieren lassen zu können. Außerdem habe General v. Beyer viele gefragt, wodurch man die Preußen in Kassel beliebt machen könnte. Die Antwort hatte gelautet: die Wiederherstellung der vom Kurfürsten nicht mehr erlaubten Fähre in der Aue über die Fulda und das Niederreißen des holländischen Tores. Allerdings ließ Oskar Henschel den Soldaten, die das Niederreißen schließlich besorgten, Bier und Zigarren bringen.

[100] Abschrift, S. 63, FH.

[101] BA, N 2194, Eduard v. Moeller an Sophie Henschel, 22.6.1870. Erna litt unter einem „typhösen Fieber".

[102] BA, N 2194, Eduard v. Moeller an Sophie Henschel, 25.8.1867.
[103] BA, N 2194, Eduard v. Moeller an Sophie Henschel, 28.7.1867.
[104] Ebda.
[105] BA, N 2194, Eduard v. Moeller an Sophie Henschel, 19.7.1867.
[106] BA, N 2194, Eduard v. Moeller an Sophie Henschel, o. D. [etwa Okt. 1871]
[107] BA, N 2194, Eduard v. Moeller an Sophie Henschel, 13.7.1867.
[108] BA, N 2194, Eduard v. Moeller an Sophie Henschel, o. D. [etwa 1872]
[109] BA, N 2194, Eduard v. Moeller an Sophie Henschel, 12.6.1897.
[110] BA, N 2194, Eduard v. Moeller an Sophie Henschel, 15.6.1867.
[111] BA, N 2194, Eduard v. Moeller an Sophie Henschel, 3.8.1870.
[112] BA, N 2194, Eduard v. Moeller an Sophie Henschel, 29.11.1869.
[113] Abschrift, S. 75, FH. Themen dieser Abende waren: Akustik, Optik, Polarisation des Lichtes, Bewegungen fester Körper unter dem Einflusse beschleunigender Kräfte, Gesetze der Schwingungen und der festen Körper, natürliche Farben der Körper, Interferenz, Schallwellen, Hydrodynamik oder die Bewegungsgesetze der Flüssigkeiten, Akkomodation, Kurzsichtigkeit, Fernsichtigkeit, Erscheinungen der elektrischen Spannung, Magnetismus, elektrischer Strom und seine Wirkung auf die durchströmten Körper, Interferenz des Lichtes, lebendige Kraft, Veränderung des Aggregatzustandes, Elektromagnetismus und Elektrodynamik, thermoelektrische Ströme, vom Gleichgewicht der Gase und dem atmosphärischen Druck, Molekularwirkung gasförmiger Körper.
[114] BA, N 2194, Eduard v. Moeller an Sophie Henschel, 15.6.1867.
[115] BA, N 2194, Eduard v. Moeller an Sophie Henschel, 4.9.1869.
[116] BA, N 2194, Eduard v. Moeller an Sophie Henschel, 8.7.1867.
[117] BA, N 2194, Eduard v. Moeller an Sophie Henschel, 18 [oder 28].7.1867.
[118] BA, N 2194, Eduard v. Moeller an Sophie Henschel, 27.1.1870.
[119] BA, N 2194, Eduard v. Moeller an Sophie Henschel, 14.9.1870. General Friedrich Wilhelm Ludwig Karl Graf v. Monts (1801-1886) war Gouverneur von Kassel ab 30.10.1866. Als stellvertretender Kommandierender General des XI. Armeekorps war er 1871 mit der Überwachung Kaiser Napoleons III. auf Wilhelmshöhe beauftragt.
[120] BA, N 2194, Eduard v. Moeller an Sophie Henschel, 13.9.1871 u. Okt. 1871.
[121] Ebda.
[122] BA, N 2194, Eduard v. Moeller an Sophie Henschel, 30.3.1872.
[123] BA, N 2194, Eduard v. Moeller an Sophie Henschel, Okt. 1871.
[124] Ebda.
[125] BA, N 2194, Eduard v. Moeller an Sophie Henschel, zwischen 19.9.1871 u. 9.4.1872.
[126] BA, N 2194, Eduard v. Moeller an Sophie Henschel, 1.10.1871.
[127] BA, N 2194, Eduard v. Moeller an Sophie Henschel, o. D. [um den 10.10.1871]
[128] Abschrift, S. 66, FH.
[129] Im Allgemeinen wurde das Haus von Sophie und Oskar Henschel das ‚Haus Henschel' und das 1903/04 von Sohn Karl auf dem Weinberg gebaute Haus die ‚Villa Henschel' genannt.
[130] Abschrift, S. 66, FH.
[131] Als Honorar für seine Bauleitung – ohne Entwurf der Zeichnungen, für die keine Rechnung erhalten ist – erhielt Richard Lucae 4 % der Baukosten: 4.600 Taler und 300 Taler Reiseauslagen. Siehe Mappe 1869-1872. Neubau Weinberg 23, FH.
[132] Waescher, Frauenarbeit, hier S. 63.
[133] Hermann v. Gersdorff, preußischer General, Kommandeur des XI. Armeekorps, wurde bei Sedan tödlich verwundet.
[134] Regierungsvizepräsident der Regierung Kassel von 1868-1876.

[135] Kriegerheil 1/1866, Nr. 10, S. 97.
[136] U. a. war die Frau des Industriellen und Lokomotivbauers Borsig Mitglied.
[137] Auch im Kurfürstentum Hessen-Kassel gab es einen solchen patriotischen Frauenverein. Am 11.12.1813 erließen Kurfürstin Caroline (1747-1820), Kurprinzessin Auguste (1780-1841) und die Prinzessinnen Caroline (1799-1854) und Marie (1804-1888) einen Aufruf an die hessischen Frauen und Mädchen, dem Frauen-Verein, an dessen Spitze sie sich gestellt hatten, beizutreten. Der Zweck dieses Vereins sollte sein, Beiträge zur Ausstattung hilfsbedürftiger, unbemittelter Freiwilliger zu beschaffen und so Beweise ihrer Vaterlandsliebe zu geben. Kasselsche Allgemeine Zeitung, 11.12.1813.
[138] Riesenberger, Dieter, Das Deutsche Rote Kreuz. Eine Geschichte 1864-1990, Paderborn, München, Wien, Zürich 2002.
[139] Hessische Morgenzeitung, 22. u. 28.7.1870.
[140] BA, N 2194, Eduard v. Moeller an Sophie Henschel, 10.8.1870.
[141] Abschrift, S. 71, FH.
[142] BA, N 2194, Eduard v. Moeller an Sophie Henschel, 2.9.1870.
[143] Abschrift, S. 71, FH.
[144] Sammelbuch August 1837, FH.
[145] Hessische Morgenzeitung, 28.11.1871.
[146] Hessische Morgenzeitung, 2.5.1875.
[147] Abschrift, S. 90, FH.
[148] Oberpräsident von 1876-1881.
[149] Abschrift, S. 90, FH.
[150] Auch in der Einstellung zur Frauenfrage dürften zwischen der Frau des Oberpräsidenten und der Kaiserin Differenzen bestanden haben. Während es der Kaiserin darum ging, Frauen unter dem Roten Kreuz als aktive eigenständige Formation zu organisieren, daneben auch Initiativen förderte, die eine Verbesserung der Lage der Frauen zum Ziel hatten sowie eine Verberuflichung bestimmter Frauentätigkeiten unterstützte, war es zwischen Freiherrin v. Ende und ihrer Tochter Margarethe in Kassel endgültig zum Bruch gekommen, weil die Mutter den Wunsch der Tochter nach Selbstständigkeit und beruflicher Tätigkeit ablehnte. Margarethe hatte schon im Alter von 16 Jahren gegen den Willen der Mutter den Besuch eines Lehrerinnenseminars durchgesetzt. Außerdem hatte sie sich dem mütterlichen Verbot widersetzt, dieses auch mit einem Examen abzuschließen. Am 16. Mai 1882 sollte Margarethe v. Ende Friedrich Alfred Krupp heiraten. S. Helfrich, Margarethenhöhe, bes. S. 76-78.
[151] Hessische Morgenzeitung, 30.7.1875.
[152] Deutscher Frauen-Verband, 5/1876, S. 70.
[153] Deutscher Frauen-Verband, 8/1876, S. 138.
[154] Deutscher Frauen-Verband, 3/1877, S. 32.
[155] Wahrscheinlich wurde Victorine Herckenrath ab dem 1.9.1879 als Oberin bestellt.
[156] Deutscher Frauen-Verband, 2/1881, S. 18.
[157] Geschäftsbericht 1882, S. 2.
[158] Statuten des Vaterländischen Bezirks-Frauen-Vereins zu Cassel, Cassel 1881, S. 4.
[159] Geheimes Staatsarchiv Preußischer Kulturbesitz, Berlin-Dahlem (GStA PK), I. HA Rep. 77, Tit. 1408 Nr. 6: Acta betr. Den vaterländischen Frauenverein in Cassel den 23. Dez. 1880 bis 1911.
[160] Deutscher Frauen-Verband, 12/1880, S. 179.
[161] Die Schwester vom Roten Kreuz, 26/1919.
[162] Artikel in der Nationalzeitung, zit. n. Hessisches Tageblatt, 25.2.1880.
[163] Außer dem Zuzug waren hierfür auch demographische Faktoren bedeutsam: Seit den 1860er Jahren begann die Sterblichkeitsquote langsam zu sinken, Säuglings- sowie Müttersterblichkeit verringerten sich. Ursache hierfür war zum einen eine ausreichendere und bessere Ernährung, die die Resistenz gegenüber Krankheiten erhöhte. Zum anderen verminderte eine allmähliche Verbesserung der hygienischen Verhältnisse die Ansteckungsgefahr. Die Lebensmittelhygiene sorgte für eine deutliche Verbesserung der Milchversorgung von Säuglingen und Kleinkindern. Gleichzeitig stieg die durchschnittliche Lebenserwartung, wofür einerseits Fortschritte in der Medizin ein wichtiger Faktor war und andererseits die medizinische Versorgung langsam auch größeren Bevölkerungsschichten zugute kam.

164 Alle genannten Gesuche: GStA PK, I. HA Rep. 77, Titel 3749 c Nr. 1 II: Verwaltung der Kommunalangelegenheiten und die Anstellung sowie die Personalien der Kommunalbeamten der Stadt Kassel 1909-1925.

165 Hessisches Wochenblatt, 24.5.1879.

166 Geschäftsbericht 1881, S. 2.

167 Deutscher Frauen-Verband, 2/1881, S. 17.

168 Deutscher Frauen-Verband, 12/1880, S.179.

169 Hessisches Wochenblatt, 28.10.1879.

170 Deutscher Frauen-Verband, 7/1879, S. 97-119.

171 Hessisches Staatsarchiv Marburg, Best. 165, Abt. I, Nr. 1257.

172 Deutscher Frauen-Verband, 3/1880, S. 37.

173 Siehe Artikel in der Nationalzeitung, aus dem im Hessischen Tageblatt, 25.2.1880, zitiert wird.

174 Deutscher Frauen-Verband 1/1882, S. 7.

175 Geschäftsbericht 1881, S. 3f.

176 Geschäftsbericht 1881, S. 2.

177 Deutscher Frauen-Verband 8/1882, S. 113-15.

178 Geschäftsbericht 1908, S. 5.

179 Anträge: GStA PK, I. HA Rep. 77, Tit. 1408 Nr. 6. Ablehnende Bescheide von Finanz- und Kulturminister in: GStA PK, I. HA Rep. 151, I c Nr. 11822: Armen- und Krankenanstalten und das Armenwesen überhaupt.

180 Casseler Tageblatt und Anzeiger, 2.4.1883.

181 Deutscher Frauen-Verband 4/1884, S. 63.

182 Die Schwester vom Roten Kreuz, 26/1919.

183 Geschäftsbericht 1881, S. 7.

184 Der der Nationalliberalen Partei angehörende Hermann Klöffler war von 1876-1895 Bürgermeister in Kassel.

185 Geschäftsbericht 1881, S. 7.

186 Ebda.

187 Casseler Tageblatt und Anzeiger, 2.9.1906.

188 Alle Zitate des Absatzes aus: Geschäftsbericht 1881, S. 7.

189 Geschäftsbericht 1882, S. 6.

190 Jeanette Margarete v. Sodenstern (1810-1885) hatte ein Kapital von etwa 90.000 Mark gestiftet, dessen Zinserträge zu Weihnachten jeden Jahres an Arme verteilt werden sollte, die kein Anrecht auf städtische Unterstützung hatten.

191 Die ‚Henriette Mond-Stiftung' wurde von dem Chemiker Dr. Ludwig Mond begründet (1839-1909). Ihr Kapital setzte sich zusammen aus einer ersten Schenkung von 100.000 Mark im Jahr 1890 und einem zweiten Betrag von 400.000 Mark, der nach seinem Tod der Stiftung zufloss. Mond setzte als Stiftungszweck die Versorgung würdiger und bedürftiger Arme fest, die zur Genesung von einer Krankheit noch besonderer Pflege und Schonung bedurften.

192 Der Kaufmann Georg Hütterott (1824-1887) hatte zur Unterstützung verschämter Armer eine Stiftung zu Lebzeiten begründet, die durch sein Vermächtnis nach seinem Tod ein Grundkapital von etwa 20.000 Mark zur Verfügung hatte.

193 Münsterberg, Emil, Generalbericht über die Thätigkeit des deutschen Vereins für Armenpflege und Wohlthätigkeit während der ersten 15 Jahre seines Bestehens 1880-1895, Leipzig 1896; Chuchul, Paul, Über die Thätigkeit der Frauen insbesondere der vaterländischen Frauen-Vereine in der öffentlichen Armenpflege, Berlin 1885.

194 Zit. n. Waescher, Frauenarbeit, hier S. 104.

195 Osius, Rudof/Chuchul, Paul, Die Heranziehung von Frauen zur öffentlichen Armenpflege. Zwei Berichte erstattet im Auftrage des Vereins. Schriften des deutschen Vereins für Armenpflege und Wohlthätigkeit, 25. Heft, Leipzig 1896, S. 1-54, hier S. 42.

196 Ebda., S. 17.

197 Ebda.

198 Ebda., S. 37.

199 Siehe Auguste Schmidt auf der 14. Generalversammlung des ADF in Augsburg, in: Neue Bahnen 22/1887, S. 173; Weber, Mathilde, Humane Bestrebungen, in: dies., Über die socialen Pflichten der Familie. Gesammelte populäre Aufsätze aus den Jahren 1875-1885, 2. verm. Aufl., Berlin 1886, S. 41-58; Jeanette Schwerin auf dem Internationalen Frauen-Congreß in Berlin am 26.9.1896, in: Casseler Tageblatt und Anzeiger, 28.9.1896.

200 Casseler Tageblatt und Anzeiger, 2.9.1906.

[201] Misch, Carl, Geschichte des Vaterländischen Frauen-Vereins 1866-1916, Berlin 1917, S. 32f.
[202] Ebda., S. 55.
[203] Oberpräsident der Provinz Hessen-Nassau von 1892-1898. Eduard v. Magdeburg war in 1886 schon Regierungspräsident in Kassel, anschließend als Referent im preußischen Innenministerium wesentlich mit einem Memorandum über die Konzeption der Armenpflege befasst gewesen.
[204] Abschrift, S. 115f., FH.
[205] Erna Henschel (1863-1932) hatte sich am 9.10.1886 mit Ernst Kieckebusch (1845-1913) vermählt.
[206] Diese Vermutung wird dadurch gestützt, dass Ernst Kieckebusch fünf Jahre im Vorstand mitarbeitete, sich dann allmählich, nachdem sich seine Frau Erna stärker engagierte, aus der Rotkreuz-Arbeit zurückzog. Ernst Kieckebusch übernahm auch für vier Jahre im Sektionsvorstand der im Sommer 1898 gegründeten Sektion VIII ‚Einrichtung von Haushaltungsschulen auf dem Lande' eine Funktion. Im Gesamtvorstand Kassel und im Sektionsvorstand II blieb er bis 1900, im Sektionsvorstand VIII bis 1902. Sophie Henschels Tochter Erna wurde im Jahr 1900 zunächst in den Sektionsvorstand II ‚Krankenpflege' gewählt, ab 1906 in den Gesamtvorstand Kassel. Als weiteres Familienmitglied arbeitete auch die erste Frau von Karl Henschel, Minnie, von 1901-1906 im Sektionsvorstand II mit. Zum weiteren familiären Umfeld ist noch Freifrau v. Scheffer-Boyadel, die Frau des kommandierenden Generals Freiherr Reinhard v. Scheffer-Boyadel, zu zählen. Sie war die Stiefmutter von Karl Henschels zweiter Frau Hildegard, die er im Jahr 1909 heiratete. Ab 1910 war Freifrau v. Scheffer-Boyadel Mitglied im Kasseler Gesamtvorstand. Ab 1912 trat Hildegard Henschel selbst zunächst in den Sektionsvorstand VII ‚Lungenheilstätte' ein. Nach dem Tod Sophie Henschels übernahm sie dann den Vorsitz des Vaterländischen Frauenvereins Kassel.
[207] Casseler Tageblatt und Anzeiger, 2.5.1900.
[208] Ebda.
[209] Casseler Tageblatt und Anzeiger, 5.7.1906.
[210] Abschrift, S. 115f., FH.
[211] Abschrift, S. 126, FH.
[212] Abschrift, S. 127, FH.
[213] von Roques, Theodor, In: Zur Erinnerung an Frau Sophie Henschel, Cassel, o. D. [1915], S. 31-35, hier S. 33.
[214] Geschäftsbericht 1905, S. 2.
[215] Casseler Tageblatt und Anzeiger, 18.5.1905.
[216] Die neue Krankenpflegeanstalt, S. 12.
[217] Casseler Tageblatt und Anzeiger, 2.11.1908.
[218] Zur Erinnerung, S. 4.
[219] Kurz nach ihrer Gründung hatte sich die Sektion um die Einrichtung von Haushaltungsschulen für Konfirmandinnen in Kirchditmold, Wahlershausen und Rothenditmold bemüht. Am 17.10.1898 wurde eine Schule in Kirchditmold mit 73 Schülerinnen eröffnet. Auf Vermittlung der Vorsitzenden des Kasseler Frauenbildungsvereins Auguste Förster wurde eine Lehrerin eingestellt. Die Schülerinnen kamen zwei Mal wöchentlich für 2½ Stunden ein halbes Jahr lang zum Unterricht. Der 2. Kurs vom 17.10.1899 bis April 1900 mit 68 Schülerinnen wurde mit einer theoretischen und praktischen Prüfung abgeschlossen. Auch aus der Gemeinde Harleshausen nahmen Mädchen teil. Im Sommer 1900 konnte der erste sechswöchige Kurs für 16 schon in Kasseler Fabriken arbeitende Mädchen durchgeführt werden. Der Unterricht fand vier mal wöchentlich in den Abendstunden statt. In den folgenden Jahren entwickelte die Sektion diverse Fortsetzungskurse in Stopfen, Nähen, Flicken, Bügeln, Wäschenähen, einfachem Schneidern und sonstigen Handarbeiten.
[220] GStA PK, I. HA Rep. 76, VIII B Nr.1703: Dem Roten Kreuz angeschlossene Vereine (Vaterländische Frauenvereine) 1905-1916. Alle weiteren Zitate des Absatzes aus dieser Akte.
[221] Deutscher Frauen-Verband, 11/1892, S. 163.
[222] Deutscher Frauen-Verband, 2/1894, S. 19.
[223] Hessische Morgenzeitung, 25.5.1875.
[224] Geschäftsberichte 1882, 1883 u. 1884, S. 6, 5, 6.
[225] Das Rote Kreuz. Central-Organ für deutsche Wohlfahrts- und Wohltätigkeitsbestrebungen. Offizielle Zeitschrift der Deutschen Vereine vom Roten Kreuz, 5/1915, S. 163.

[226] GStA PK, I. HA Rep. 89, Nr. 1974.
[227] Der Hauptvorstand des Vaterländischen Frauen-Vereins an Sophie Henschel, 5 .9. 1911, in: Sammelbuch Ergänzungen, FH.
[228] Abschrift, S. 169, FH.
[229] Elisabeth Henschel (1869-1916) hatte sich am 29.12.1890 mit dem königlich-preußischen Sekondeleutnant im 3. Garde-Regiment Paul v. Schelling (1860-1914) verheiratet. Er war der Sohn des preußischen Justizministers und Kronsyndikus Hermann v. Schelling (1824-1908). Paul v. Schelling wurde später Oberstleutnant im Stab des Alexander-Garde-Grenadier-Regiments Nr. 1.
[230] Luise Henschel (1865-1951) hatte sich am 23.6.1886 mit dem Regierungsreferendar Alexander v. Keudell (1861-1939) verheiratet, der später Landrat in Eschwege wurde.
[231] Abschrift, S. 138, FH.
[232] Ebda.
[233] Siehe Henschelsche Familienstiftung v. 4. Mai 1912, FH.
[234] Testament Sophie Henschel v. 27.10.1910, Mappe 1894, Testamentssache Oscar und Sophie Henschel, FH.
[235] Abschrift, S. 152, FH.
[236] Brief der Kaiser-Wilhelm-Gesellschaft v. 24.6.1911 an Karl Henschel, Sammelbuch November 1873, FH.
[237] Abschrift, S. 78, FH.
[238] Sammelbuch November 1873, FH.
[239] Abschrift, S. 121, FH.
[240] Testament Sophie Henschel v. 27.10.1910, Mappe 1894, Testamentssache Oscar und Sophie Henschel, FH.
[241] Abschrift, S. 10, FH.
[242] Trauerrede von Pfarrer Jatho, 26.3.1860, Mappe 1861-1932, Trauerreden, FH.
[243] Casseler Tageblatt und Anzeiger, 19.11.1894.
[244] Huber-Sperl, Rita (Hg.), Organisiert und engagiert. Vereinskultur bürgerlicher Frauen im 19. Jahrhundert in Westeuropa und den USA, Königstein/Taunus 2002, S. 41-73.
[245] Die rechtlichen Grundlagen der Stiftung bürgerlichen Rechts befinden sich heute in den §§ 80-88 des Bürgerlichen Gesetzbuches, in den Ländergesetzen sowie in dem Gesetz zur Modernisierung des Stiftungsrechtes, das am 31. Mai 2002 den Bundesrat passierte.
[246] Rotteck, Karl v., Gemeingeist oder Gemeinsinn, in: Staatslexikon oder Encyklopädie der Staatswissenschaften, hg. v. Karl v. Rotteck/Carl Welcker, Bd. 6, Altona 1838, S. 448-459, hier S. 450f., zit. n. Frey, Manuel, Macht und Moral des Schenkens. Staat und bürgerliche Mäzene vom späten 18. Jahrhundert bis zur Gegenwart, Berlin 1999, S. 21.
[247] Siehe Wörner-Heil, „Anstifterinnen".
[248] Trauerrede von Pfarrer Opper, 21.11.1894, Mappe 1861-1932, Trauerreden, FH.
[249] Abschrift, S. 115f., FH.
[250] Testament Sophie und Oskar Henschel v. 15.4.1887, Mappe 1894, Testamentssachen Oscar und Sophie Henschel, FH.
[251] Testament v. Sophie Henschel v. 27.10.1910, Mappe 1902-1917, Testament-Angelegenheiten etc. Sophie Henschel, FH.
[252] Karl Pfeiffer an Sophie Henschel, 5.4.1909, Sammelbuch Ergänzungen, FH.
[253] Zur Erinnerung, S. 33.
[254] Zur Erinnerung, S. 34.
[255] Auf dem Dankesbrief des Gemeindevorstand wurde von Sophie Henschel vermerkt, welches die Töne der gestifteten Glocken waren (b, des, es und f), ihr Gewicht, welche Kosten anfielen und welche Inschriften eingraviert wurden: „Die Inschriften lauten der Größe der Glocken nach: 1) Ehre sei Gott in der Höhe, 2) Friede auf Erden 3) und den Menschen ein Wohlgefallen. Amen. 4) Im treuen Erinnern an ihre glockengießenden Vorfahren ist dies Geläute gestiftet durch die Hinterbliebenen von Oscar Henschel, geb. 19. Juni 1837, gest. 18. November 1894. Die auf den Glocken befindlichen Namen „Anna" u. „Marie" beziehen sich auf Schwestern des Herrn Fiedlers, der die Hauptsumme zum Bau der Kirche gestiftet u. die Anbringung der Namen angeordnet." Nach ihren Aufzeichnungen kamen zu den Kosten für die Glocken in Höhe von 13.788 Mark, 1.400 Mark für die Armaturen

und 4.000 Mark für den Glockenstuhl. Sammelbuch Ergänzungen, FH.

256 Fünfter Bericht des Vereins für wirtschaftliche Frauenschulen auf dem Lande 1. April 1901 bis 1. Juli 1902, S. 6.

257 Sie umfasste: Aufnahme in die Walderholungsstätte Kragenhof, Krankenkost aus der Krankenküche in Kassel, freie ärztliche Behandlung für Familienangehörige und freie Krankenhaus-Behandlung. Es bestand die Möglichkeit zur freien Arztwahl unter mehr als 90 Ärzten, darunter eine große Zahl von Spezialisten. Im Todesfall erhielten die Versicherten ein Sterbegeld in Höhe des 30fachen durchschnittlichen Tagesverdienstes, mindestens aber 50 Mark. Zu Begräbniskosten wurde eine Beihilfe geleistet.

258 Sozial-Correspondenz v. 2. Juni 1893.

259 Sammelband Ergänzungen, FH.

260 Ebda.

261 Ich beziehe mich im Folgenden auf die Angaben bei Treue, Henschel & Sohn, II., S. 20.

262 Siehe Martin, Rudolf, Jahrbuch des Vermögens und Einkommens der Millionäre in Preußen, Berlin 1912.

263 Ausarbeitung des Direktor Bernhard Beyer, Mappe 1902-1917. Testament-Angelegenheiten etc. Sophie Henschel, FH.

264 Bekanntmachung des Königlichen Amtsgerichtes Kassel v. 3.7.1900, Sammelbuch November 1873, FH.

265 Erbvertrag v. Mai 1902, Mappe 1894 Testamentssache Oscar und Sophie Henschel, FH.

266 Brief des Oberbürgermeisters Müller an Sophie Henschel v. 21.1.1909, Sammelbuch Ergänzungen, FH.

267 Abschrift, S. 148, FH.

268 Preußische Städteordnung, Sonderdruck im Stadtarchiv Kassel, Sign. der Bibl. IV Da/d6. Zu den Kasseler Ehrenbürger und Ehrenbürgerinnen: Sammlung 5 B 25 Mappe Ehrenbürger, Stadtarchiv Kassel. Ähnlich lautete der entsprechende Paragraph in der kurhessischen Gemeindeordnung von 1834, die bis 1896 galt.

269 Es sollte noch fünfzig Jahre dauern, bis die erste Frau in Kassel die Ehrenbürgerschaft erhielt: 1956 Sara Nussbaum. Zwischen 1830 und heute wurden in Kassel 39 Ehrenbürgerrechte verliehen, darunter drei an Frauen.

270 Abschrift, S. 148, FH.

271 Entwurf eines Briefes v. Sophie Henschel an den Magistrat der Stadt Kassel v. 5.11.1908, Sammelbuch Ergänzungen, FH.

272 Brief an Sophie Henschel v. 8.11.1908, Sammelband Ergänzungen, FH.

273 Auf der Rückseite des Briefes des Oberbürgermeisters v. 8.11.1908 befindet sich die von Sophie Henschel gefertigte Abschrift ihres Antwortbriefes. Ebda.

274 Abschrift, S. 144, FH.

275 Ausschreibungstext für den Wettbewerb, Sammelbuch Ergänzungen, FH.

276 Schreiben des Stadtbauamtes vom 25. April 1928, zit. n. Kieckebusch, Geschichte, S. 274.

277 Abschrift, S. 126, FH.

278 Brief von Rudolf Osius an Sophie Henschel v. 17.8.1910, Sammelbuch Ergänzungen, FH.

279 Abschrift, S. 163, FH.

280 Ebda., S. 181, FH.

281 Zur Erinnerung, S. 34.

282 Sachße/Tennstedt, Geschichte, S. 41.

283 Brief an Karl Henschel v. 10.2.1912, zit. n. Ecker-Ertle, Unternehmerin, S. 181.

Stammbaum

Georg Alexander **Karl Henschel**
* 07.05.1810 Kösen
† 23.03.1860 Kassel

26.08.1835

Ernestine Philippine Wilhelmine **Schmidt**
*11.03.1816 Kassel
† 13.04.1872 Kassel

Clemens Theodor Caesar
* 20.09.1796 Bremen
† 10.09.1851 Rothenhof b. Minden

24.09.1823

Auguste Johanne Fredericke Crescentia Charlotte Wigandina **Schindler**
* 22.01.1800 Marburg
† 09.05.1867 Detmold

Karl Anton **Oskar Henschel**
* 19.06.1837 Kassel
† 18.11.1894 Kassel

22.06.1862

Caroline Elisabeth Francisca **Sophie Caesar**
* 11.11.1841 Rothenhof b. Minden
† 05.02.1915 Kassel

Erna Auguste **Henschel**
* 08.04.1863 Kassel
† 20.12.1932 Kassel

09.10.1886

Ernst Paul Peter Arthur **Kieckebusch**
* 12.01.1845 Hohenselchow, Pommern
† 20.06.1913 Hoof b. Kassel
(Verleihung des erblichen preußischen Adels am 11.08.1906)

Auguste Bertha Henriette **Luise Henschel**
* 13.07.1865 Kassel
† 02.01.1951 Meinhard-Schwebda

23.06.1886

Alexander Moritz Jacob Gustav **von Keudell**
* 16.01.1861 Schwebda
† 24.06.1939 Meinhard-Schwebda

Alma Auguste Marie **Elisabeth Henschel**
* 17.11.1869 Kassel
† 13.10.1916 Berlin

29.12.1890

Paul August Georg Hermann **von Schelling**
* 04.02.1860 Berlin
† 13.05.1914 Berlin

Karl Anton Theodor Ferdinand **Henschel**
* 03.10.1873 Kassel
† 11.12.1924 Kassel

20.07.1898

Wilhelmine „Minnie“ Friedericke **Martin**
* 06.10.1878 London
† 28.07.1959 Baden-Baden

22.07.1909 in 2. Ehe

Marie Julie **Hildegard von Scheffer**
* 09.01.1885 Kassel
† 13.02.1963 Kassel

Zeittafel

19. Juni 1837	Geburt Oskar Henschels in Kassel. Seine Eltern: Karl Henschel (1810-1860) und Ernestine Henschel geb. Schmidt (1816-1872).
11. November 1841	Geburt Sophie Caesars auf der Domäne Rothenhof bei Minden. Ihre Eltern: Clemens Theodor Caesar (1796-1851) und Auguste Caesar geb. Schindler (1800-1867).
10. September 1851	Der Vater Sophie Caesars stirbt.
1. Juli 1859	Oskar Henschel tritt als Teilhaber in die Firma Henschel & Sohn ein.
23. März 1860	Der Vater Oskar Henschels stirbt.
22. November 1860	Oskar Henschel wird Alleinbesitzer der Maschinenfabrik Henschel & Sohn.
9. Januar 1862	Verlobung von Sophie Caesar mit Oskar Henschel.
22. Juni 1862	Heirat von Sophie Caesar mit Oskar Henschel.
8. April 1863	Geburt der Tochter Erna.
Oktober 1863	Gründung des Internationalen Komitees vom Roten Kreuz mit 25 Schweizern auf Anregung des Schweizers Henry Dunant.
Frühjahr 1864	Sophie Henschel beteiligt sich an einem Bazar im Rahmen der Solidaritätsbewegung für Schleswig-Holstein während des deutsch-dänischen Krieges.
August 1864	Abschluss der Genfer Konvention.
13. Juli 1865	Geburt der Tochter Luise.

August 1865	Auslieferung der hundertsten Lokomotive.
Mai 1866	Sophie Henschel beteiligt sich am ‚Comité' zur Gründung eines ‚Frauen-Bazars'.
16. Juni 1866	Preußische Truppen besetzen Kurhessen und rücken am 19. Juni in Kassel ein.
25. Juni 1866	Die Leitung der Zivilverwaltung Kurhessens wird dem Kölner Regierungspräsidenten Eduard von Moeller übertragen.
5. Juli 1866	Gründung eines patriotischen ‚Damen-Comités', in das Sophie und ihre Schwägerin Auguste Henschel eintreten.
3. Oktober 1866	König Wilhelm I. verkündet die Eingliederung des Kurfürstentums Hessen, des Herzogtums Nassau und der freien Stadt Frankfurt in die preußische Monarchie.
15. Oktober 1866	Aufhebung der Militärverwaltung durch Erlass. Eduard von Moeller wird Ziviladministrator Kurhessens.
11. November 1866	Gründung des preußischen Vaterländischen Frauenvereins unter dem Protektorat von Königin Augusta.
22. Februar 1867	Eduard von Moeller wird Regierungspräsident des Regierungsbezirks Kassel.
9. April 1867	Aufhebung der kurhessischen Zunftordnung und Übernahme der preußischen Gewerbeordnung.
10. April 1867	Eduard von Moeller wird Oberpräsident für die Regierungsbezirke Kassel und Wiesbaden, die am 7. Dezember 1868 als Provinz Hessen-Nassau zusammengefasst werden.

9. Mai 1867	Die Mutter Sophie Henschels stirbt.
10. Oktober 1868	Verleihung des Titels ‚Commerzien-Rath' an Oskar Henschel.
29. April 1869	Gründung des Vaterländischen Frauenvereins zu Cassel.
17. November 1869	Geburt der Tochter Elisabeth.
19. Juli 1870	Beginn des deutsch-französischen Krieges.
10. Mai 1871	Unterzeichnung des deutsch-französischen Friedensvertrages.
12. August 1871	Zusammenschluss der Frauenvereine Preußens mit denen anderer deutscher Staaten zum ‚Verband der Deutschen Frauenvereine vom Roten Kreuz'.
13. April 1872	Die Mutter Oskar Henschels stirbt.
3. Oktober 1873	Geburt des Sohnes Karl.
15. Oktober 1875	Einrichtung eines ‚festen Asyls für freiwillige Krankenpflege' in einigen gemieteten Zimmern in der Frankfurter Straße 31. Hier arbeiteten die ersten Rotkreuzschwestern in Kassel: Keimzelle des Verbandes der Schwesternschaften vom Roten Kreuz in Kassel.
1878	Einrichtung des ersten Krankenpensionats des Vaterländischen Frauenvereins im früheren Torgebäude am Wilhelmshöher Platz 6.
1879	Sophie Henschel übernimmt den Vorsitz des Vaterländischen Frauenvereins zu Cassel.

1. September 1881	Zum ersten Mal nimmt Sophie Lauffer als Vorsteherin der Sektion V an einer Sitzung der städtischen Armendirektion teil. Beginn der ehrenamtlichen Mitarbeit von Frauen des Vaterländischen Frauenvereins in der kommunalen Armenpflege.
25. März 1882	Sophie Henschel wird Mitglied im Vorstand des Hauptvereins des Vaterländischen Frauenvereins in Berlin.
17. Oktober 1882	Gründung des Verbandes der Schwesternschaften vom Deutschen Roten Kreuz unter der Bezeichnung ‚Verband Deutscher Kranken-pflege-Institute vom rothen Kreuz', der ab 1885 wegen Widerstand aus den Reihen des Vaterländischen Frauenvereins vorerst ruht. Stellvertretender Vorsitzender: Staatsanwalt Paul Chuchul, Schrift-führer des Vaterländischen Frauenvereins Kassel.
21. Oktober 1882	Eröffnung der Krankenanstalt ‚Kaiserin-Augusta-Stiftung' am Königsthor 38¼.
Herbst 1882	Sophie Henschel wird der Luisen-Orden erster Klasse der zweiten Abteilung verliehen.
23. Juni 1886	Luise Henschel heiratet Alexander von Keudell.
9. Oktober 1886	Erna Henschel heiratet Ernst Kieckebusch.
8. Juni 1887	Sophie Henschel wird durch Kaiserin Augusta zum Mitglied des Kapitels der zweiten Abteilung des Luisen-Ordens ernannt.
29. August 1890	Einweihung des Schwesternhauses zum Roten Kreuz neben der Krankenanstalt am Königsthor.
29. Dezember 1890	Elisabeth Henschel heiratet Paul von Schelling.

28. September 1894	Wiedergründung des ‚Verbandes Deutscher Krankenpflege-Anstalten vom Rothen Kreuz', der dem ‚Central-Comité der Deutschen Vereine vom Rothen Kreuz' unterstellt wird. Vorsitzender: Landesbankrat Dr. jur. Rudolf Osius, Schriftführer des Vaterländischen Frauenvereins Kassel.
18. November 1894	Oskar Henschel stirbt. Sophie Henschel wird Alleininhaberin und Leiterin der Fabrik Henschel & Sohn.
1895	Gründung des ‚Deutschen Zentralkomitees zur Bekämpfung der Tuberkulose' und des ‚Volksheilstätten-Vereins vom Rothen Kreuz'.
1. Oktober 1896	Karl Henschel tritt zur Ausbildung in die Geschäftsverwaltung der Firma ein.
20. Juli 1898	Karl Henschel heiratet Wilhelmine Martin.
Oktober 1898	Beteiligung des Vaterländischen Frauenvereins Kassel an der Ausstellung des Roten Kreuz in Berlin mit Plänen der Lungenheilanstalt Oberkaufungen, Ansichten der Krankenpflegeanstalt und Ausrüstungen einer Rotkreuzschwester. Auch Erzeugnisse einiger Kasseler Firmen für den Sanitätsbereich sind ausgestellt.
27. Januar 1899	Kaiser Wilhelm II. verleiht Sophie Henschel den Wilhelms-Orden.
11. April 1900	Einweihung der Lungenheilstätte in Oberkaufungen.
1. Juli 1900	Karl Henschel tritt als Teilhaber in die Firma Henschel & Sohn ein, die ab da in der Rechtsform einer offenen Handelsgesellschaft geführt wird.
1902	Staatsanwalt Paul Chuchul wird Vorsitzender des‚Verbandes Deutscher Krankenpflege-Anstalten vom Rothen Kreuz'.

2. November 1908	Einweihung des Rotkreuz-Krankenhauses in Wilhelmshöhe.
9. Juni 1909	Einweihung des neuen Rathauses in der Oberen Königstraße.
22. Juli 1909	Karl Henschel heiratet in zweiter Ehe Hildegard von Scheffer.
14. August 1910	100-jähriges Jubiläum der Firma Henschel und Auslieferung der 10.000sten Lokomotive.
1910	Bau eines Frauenhauses der Lungenheilstätte in Oberkaufungen.
5. September 1911	Verleihung der Kaiserin-Augusta-Medaille an Sophie Henschel.
12. Februar 1912	Sophie Henschel tritt aus der Firma Henschel & Sohn aus, Karl Henschel ist alleiniger Inhaber.
16. März 1912	Beteiligung des Vaterländischen Frauenvereins Kassel an der Ausstellung ‚Die Frau in Haus und Beruf' in Berlin.
13. März 1913	Einweihung der Kapelle der Lungenheilstätte in Oberkaufungen.
September 1913	Tausendjahrfeier der Stadt Kassel.
1. April 1914	Einweihung der Stadthalle Kassel.
5. Februar 1915	Sophie Henschel stirbt.
Oktober 1924	Einweihung der Brunnenanlage zur Erinnerung an Sophie Henschel auf dem Sophie-Henschel-Platz vor dem Rotkreuz-Krankenhaus.

Quellen- und Literaturverzeichnis

Unveröffentlichte Quellen

Bundesarchiv Berlin (BA)

Nachlass Eduard von Möller N 2194. Zit. als N 2194.

Geheimes Staatsarchiv Preußischer Kulturbesitz, Berlin-Dahlem (GStA PK)

Hauptabteilung (HA) Rep. 76 (Kultusministerium), Rep. 77 (Ministerium des Innern), Rep. 89 (Geheimes Zivilkabinett), Rep. 151 (Finanzministerium).

Hessisches Staatsarchiv Marburg (HStM)

Bestand 165: Preußische Regierung Kassel, Abteilung I (Abteilung des Inneren, Präsidialabteilung).

Familienarchiv Werner Henschel (FH)

Poesiealbum von Sophie Caesar 1857. Zit als ‚Poesiealbum'.
[Es ist dies kein Poesiealbum im üblichen Sinn, sondern ein Büchlein, in das Sophie Caesar Gedichte, Sprüche und Zitate aus Werken bekannter und unbekannter Autoren notierte (J. W. v. Goethe, J. C. Lavater, H. Fallersleben, E. Geibel, F. Rückert, F. Gaudy, F. L. Stolberg, M. Waldau, Chr. W. Hufeland, J. Mathison, H. Heine, W. v. Humbold). Es finden sich außerdem Auszüge aus Briefen ihres Vaters an seine Braut, an seine Tochter Henriette und an die Brüder George und August. Sophie Caesar vermerkte auch einige Gedichte von Moritz Seebeck, Kurator der Sachsen-Ernestinischen Gesamtuniversität Jena, in dessen Haushalt sie 1½ Jahre als Haustochter verbrachte.]

Buch mit der Prägung „S. Henschel geb. Caesar". Zit. als ‚Familienbuch Caesar'.

Abschrift der Henschel'schen Chronik für Frau Erna von Kieckebusch geb. Henschel. Zit. als ‚Abschrift'.
[Es handelt sich hierbei um die Abschrift einer Familienchronik, die Sophie Henschel noch zu Lebzeiten ihres Mannes begann, aber erst nach einer langen Pause im Jahre 1907 fortsetzte. Sie stützte sich hierbei auf knappe schriftliche Überlieferungen der Vorfahren, einige Urkunden aus früheren Jahrhunderten, weitere Familiendokumente aus der ersten Hälfte des 19. Jahrhunderts, ein Tagebuch von Oskar Henschel sowie ein eigenes Tagebuch. Der hauptsächlich von ihr beschriebene Zeitraum ist die Zeit von 1850-1914. Die Familienchronik besteht aus tagebuchartigen chronologischen Aufzeichnungen, an deren Rand Sophie Henschel auf die von ihr angelegten ‚Sammelbücher' verwies. Ihre letzten Eintragungen stammten, einer beiliegenden Notiz zufolge, aus dem Jahr 1914.]

Sammelbuch August 1837 bis Dezember 1889. Zit. als ‚Sammelbuch August 1837'.

Sammelbuch Ergänzungen Februar 1890 bis November 1915. Zit. als ‚Sammelbuch Ergänzungen'.

Familienbuch „Zum freundlichen Gedenken". Zit. als ‚Familienbuch Gedenken'.
[Von Sophie Henschel wahrscheinlich für den Enkel Eberhard von Schelling, geboren am 11. März 1902 in Berlin, begonnen.]

Diverse, thematisch angelegte Mappen.

Gedruckt liegt vor:
Henschelsche Familienstiftung v. 4. Mai 1912.

Zur Erinnerung an die Feiern am 14. und 15. August 1910 aus Anlaß der Vollendung der Lokomotive Fabriknummer 10.000 und des hundertjährigen Bestehens der Firma Henschel & Sohn Cassel.

Wohlfahrts-Einrichtungen der Firma Henschel & Sohn Cassel für die Beamten und Arbeiter ihrer Lokomotivfabrik in Cassel und ihrer Henrichshütte bei Hattingen a. d. Ruhr, Cassel 1914.

Periodika

Casseler Allgemeine Zeitung 1884-1915

Casseler Tageblatt und Anzeiger 1888-1915

Das Rothe Kreuz. Central-Organ für die [ab 1900: alle] deutschen Wohlfahrts- und Wohlthätigkeitsbestrebungen, für öffentliche und häusliche Gesundheitspflege, mit besonderer Berücksichtigung des Heilstättenwesen [ab 1902: Das Rothe Kreuz. Offizielle Zeitschrift der Deutschen Vereine vom Rothen Kreuz] 1/1883-32/1914

Deutscher Frauen-Verband. Zeitung der Vaterländischen Frauen- und Hilfsvereine 1/1875-27/1901

Geschäftsberichte des Vaterländischen Bezirks-Frauen-Vereins zu Cassel 1881-1906. Zit. als ‚Geschäftsbericht' mit jeweiliger Jahresangabe.

Geschäftsberichte des Vaterländischen Frauenvereins zu Cassel 1904-1916. Zit. als ‚Geschäftsbericht' mit jeweiliger Jahresangabe.

Geschäftsberichte des Verbandes der Vaterländischen Frauenvereine im Regierungsbezirk Cassel 1904-1913. Zit. als ‚Geschäftsbericht Bezirksverein'.

Gewerbliches und Casseler Tageblatt und Anzeiger 1871-1881

Hessische Morgenzeitung 1859-1911

Hessisches Wochenblatt 1877-1879

Kriegerheil. Organ des Central-Comité's des Preussischen Vereins zur Pflege im Felde verwundeter und erkrankter Krieger [ab 1870: Kriegerheil. Organ der Deutschen Vereine vom Rothen Kreuz] 1/1866-33/1898

Literatur

125 Jahre Henschel, hg. v. der Henschel & Sohn AG, Kassel 1935

Adreß-Buch von Cassel und Umgebung für das Jahr 1855

Baumann, Carl-Friedrich, 175 Jahre Henschel. Der ständige Weg in die Zukunft 1810-1985. Sechs Beiträge zur Firmengeschichte, Moers 1985

Borgolte, Michael (Hg.), Stiftungen und Stiftungswirklichkeiten. Vom Mittelalter bis zur Gegenwart, Berlin 2000

Brand, H.-H., Die Industrie- und Handelskammer Kassel und ihre Vorläufer 1763-1963, Kassel 1964

Carl Anton Henschel. Erfolgreicher Eisenbahnpionier und Fabrikant. Mit Beiträgen von: Ludolf von Mackensen, Jutta Schuchard, Karl-Hermann Wegner, Reinhard Henschel u. Wilhelm Treue, hg. v. der Stadtsparkasse Kassel, Kassel 1984

Carnegie, Andrew, Die Pflichten des Reichtums. Zwei Aufsätze, Stuttgart 1901

Chuchul, Paul, Über die Thätigkeit der Frauen insbesondere der vaterländischen Frauen-Vereine in der öffentlichen Armenpflege, Berlin 1885

Daniel, Ute, Die Vaterländischen Frauenvereine in Westfalen, in: Westfälische Forschungen 39 (1989), S. 158-179

Die neue Krankenpflegeanstalt „Rotes Kreuz" nebst Schwesternhaus und staatlich anerkannter Krankenpflegeschule. Festschrift zur Einweihungsfeier am 2. November 1908 im Auftrage des Vorstandes bearbeitet von Hock, Oberstleutnant z. D., v. i. Ingenieur- und Pionierkorps, Schriftführer der Baukommission

Ecker-Ertle, Heidemarie, Sophie Henschel – Unternehmerin der Kaiserzeit, Magdeburg 1998

Frey, Manuel, Macht und Moral des Schenkens. Staat und bürgerliche Mäzene vom späten 18. Jahrhundert bis zur Gegenwart, Berlin 1999

Hauer, Rolf/Jürgen Rossberg/Winfrid Frhr. v. Pölnitz-Egloffstein (Hg.), Stiftungen aus Vergangenheit und Gegenwart. Lebensbilder Deutscher Stiftungen, 5. Band, Tübingen 1986

Heidelbach, Paul, Kassel. Ein Jahrtausend hessische Stadtkultur, hg. v. Karl Kaltwasser, Kassel 1954

Helfrich, Andreas, Die Margarethenhöhe Essen. Architekt und Auftraggeber vor dem Hintergrund der Kommunalpolitik Essen und der Firmenpolitik Krupp zwischen 1886 und 1914, Weimar 2000

Henschel heute. Produktionsstätten und Erzeugnisse in Bildberichten, hg. zum 150-jährigen Jubiläum 1810-1960 von Henschel-Werke GmbH Kassel

Hilger, Susanne, Sozialpolitik und Organisation. Formen betrieblicher Sozialpolitik in der rheinisch-westfälischen Stahlindustrie seit der Mitte des 19. Jahrhunderts bis 1933 (= Zeitschrift für Unternehmensgeschichte, Beiheft 94), Stuttgart 1996

Hlawatschek, Elke, Die Unternehmerin (1800-1945), in: Hans Pohl (Hg.), Die Frau in der deutschen Wirtschaft (= Zeitschrift für Unternehmensgeschichte, Beiheft 35), Stuttgart 1983, S. 127-146

Hock, Das Krankenpflege-Institut „Rotes Kreuz", Mutterhaus des Vaterländischen Frauenvereins zu Cassel, in: Kimmle, Ludwig (Hg.), Das Deutsche Rote Kreuz. Entstehung, Entwicklung und Leistungen der Vereinsorganisation seit Abschluss der Genfer Konvention i. J. 1864, Bd. III., Kranken- und Mutterhäuser vom Roten Kreuz, S. 146-164

Höpfner, Julius, Die Boden- und Wohnungspolitik der Stadt Cassel, (Diss.), Würzburg 1924 Maschinenschrift

Huber-Sperl, Rita (Hg.), Organisiert und engagiert. Vereinskultur bürgerlicher Frauen im 19. Jahrhundert in Westeuropa und den USA, Königstein/Taunus 2002

Kademann, Siegfried/Messerschmidt, Wolfgang, Henschel Lokomotiven von 1848 bis heute, Moers 1985

Kickbusch, Ilona/Riedmüller, Barbara (Hg.), Die armen Frauen. Frauen und Sozialpolitik, Frankfurt a. M. 1984

Kieckebusch, Werner v., Geschichte des kurhessischen Geschlechtes Henschel, im Auftrage von Oscar R. Henschel/Kassel aus Urkunden und Familiennachrichten bearbeitet, Kassel 1931

Kirchner, Lina Ingeborg, Die industrielle Entwicklung der Stadt Kassel von 1816-1914 (Diss.), Köln 1921 Maschinenschrift

Kocka, Jürgen/Frey, Manuel (Hg.), Bürgerkultur und Mäzenatentum im 19. Jahrhundert, Berlin 1998

Lengemann, Jochen, Bürgerrepräsentation und Stadtregierung in Kassel 1835-1996. Ein Handbuch. Band 1: Einführung, Übersichten und Index der städtischen Mandats- und Amtsträger, hg. im Auftrag der Stadtverordneten-Versammlung Kassel, Marburg 1996

Martin, Rudolf, Jahrbuch des Vermögens und Einkommens der Millionäre in Preußen, Berlin 1912

Münsterberg, Emil, Generalbericht über die Thätigkeit des deutschen Vereins für Armenpflege und Wohlthätigkeit während der ersten 15 Jahre seines Bestehens 1880-1895, Leipzig 1896

Neue Bahnen 22/1887

Nipperdey, Thomas, Deutsche Geschichte 1866-1918, Bd. I. Arbeitswelt und Bürgergeist, München 1990

Osius, Rudolf/Chuchul, Paul, Die Heranziehung von Frauen zur öffentlichen Armenpflege. Zwei Berichte erstattet im Auftrage des Vereins. Schriften des deutschen Vereins für Armenpflege und Wohlthätigkeit, 25. Heft, Leipzig 1896

Planert, Ute (Hg.), Nation, Politik und Geschlecht. Frauenbewegung und Nationalismus der Moderne, Frankfurt/Main 2000, S. 131-146

Quataert, Jean H., „Damen der besten und besseren Stände". „Vaterländische Frauenarbeit" in Krieg und Frieden 1864-1890, in: Karin Hagemann/Ralf Pröve (Hg.), Landsknechte, Soldatenfrauen und Nationalkrieger. Militär, Krieg und Geschlechterordnung im historischen Wandel, Frankfurt a. M., New York 1998, S. 247-275

Quataert, Jean H., Staging Philanthropy. Patriotic Women and the National Imagination in Dynastic Germany, 1813-1916, The University of Michigan Press, 2001

Riesenberger, Dieter, Das Deutsche Rote Kreuz. Eine Geschichte 1864-1990, Paderborn, München, Wien, Zürich 2002

Sachße, Christoph/Tennstedt, Florian, Geschichte der Armenfürsorge in Deutschland, Fürsorge und Wohlfahrtspflege, 1871-1929, 3 Bde., Stuttgart 1988

Schinzinger, Francesca/Müller-Thomas, Angelika (Hg.), Symposion über Unternehmerinnen, Referate eines Symposions an der Rheinisch-Westfälischen Technischen Hochschule Aachen im November 1988, Aachen 1988

Schulz, Andreas, Mäzenatentum und Wohltätigkeit – Ausdrucksformen bürgerlichen Gemeinsinns in der Neuzeit, in: Jürgen Kocka/Manuel Frey (Hg.), Bürgerkultur und Mäzenatentum im 19. Jahrhundert, Berlin 1998, S. 240-263

Seidel, Kurt, Die kommunale Wohlfahrtspflege, ihr Begriff und ihre Bedeutung unter besonderer Berücksichtigung der kommunalen Wohlfahrtspflege der Stadt Cassel (Diss.), Marburg 1922

Seier, Hellmut, Liberalismus in Kurhessen 1815-1866. Stufen und Formen liberaler Willensbildung, in: Dieter Langewiesche (Hg.), Liberalismus und Region. Zur Geschichte des deutschen Liberalismus im 19. Jahrhundert, München 1995, S. 109-134

Sprengel, Rainer, Statistiken zum Deutschen Stiftungswesen. Ein Forschungsbericht, Berlin 2001

Sprengel, Rainer, Geschlecht und Stiftungswesen, in: Helga Stödter/Marita Haibach/Rainer Sprengel, Frauen im Deutschen Stiftungswesen. Analysen – Adressen. Arbeitshefte des Maecenata Instituts für Dritter-Sektor-Forschung, Heft 6, Berlin 2001, S. 42-51

Süchting-Hänger, Andrea, „Gleichgroße mut'ge Helferinnen" in der weiblichen Gegenwelt: Der Vaterländische Frauenverein und die Politisierung konservativer Frauen 1890-1914, in: Ute Planert (Hg.), Nation, Politik und Geschlecht. Frauenbewegung und Nationalismus der Moderne, Frankfurt/Main 2000, S. 131-146

Süchting-Hänger, Andrea, Das „Gewissen der Nation". Nationales Engagement und politisches Handeln konservativer Frauenorganisationen 1900 bis 1937, Düsseldorf 2002

Summa, Rudolf, Kasseler Unterschichten im Zeitalter der Industrialisierung. Ein Beitrag zur Sozialgeschichte Kassel von der Mitte des 19. Jahrhundert bis zum Beginn des Ersten Weltkrieges, Kassel 1978

Tennstedt, Florian, Sozialgeschichte der Sozialpolitik in Deutschland. Vom 18. Jahrhundert bis zum Ersten Weltkrieg, Göttingen 1981

Treue, Wilhelm, Henschel & Sohn. Ein deutsches Lokomotivbau-Unternehmen 1860-1912. I. Unter der Leitung von Oscar Henschel 1860-1894, in: Tradition. Zeitschrift für Firmengeschichte und Unternehmerbiographie 19. Jg., Jahresheft 1974, S. 3-28; II. Unter der Leitung von Sophie Henschel 1894-1911, in: Tradition, 20. Jg., Jahresheft 1975, S. 3-23

Treue, Wilhelm/Henschel, Reinhard, Sophie Henschel – Eine große deutsche Unternehmerin, in: Carl Anton Henschel. Erfolgreicher Eisenbahnpionier und Fabrikant, S. 73-94

Vogel, Barbara, Eliten – ein Thema der Frauenforschung?, in: Günther Schulz (Hg.), Frauen auf dem Weg zur Elite. Büdinger Forschungen zur Sozialgeschichte 1998, München 2000, S. 15-41

Waescher, Johanna, Ein Beitrag zur Entwicklung der sozialen Frauenarbeit. Die Casseler Frauenvereine 1812-1904. Im Anhang: Sonstige dem Volkswohl dienende Vereine, Anstalten, Stiftungen und Vermächtnisse, hg. v. Verbande der Casseler Frauenvereine, Cassel 1904

Weber, Mathilde, Humane Bestrebungen, in: dies., Über die socialen Pflichten der Familie. Gesammelte populäre Aufsätze aus den Jahren 1875-1885, 2. verm. Aufl., Berlin 1886, S. 41-58

Wehler, Hans-Ulrich, Deutsche Gesellschaftsgeschichte 1849-1914, München 1995

Wessel, Leonore, Geschichte der Kurhessischen Eisenbahnpolitik, in: Archiv für das Eisenbahnwesen, hg. v. Reichsverkehrsministerium Berlin, 61. Jg., Berlin 1938, S. 1131-1461

Wohlfahrts-Einrichtungen der Firma Henschel & Sohn Cassel für die Beamten und Arbeiter ihrer Lokomotivfabrik in Cassel und ihrer Henrichshütte bei Hattingen a. d. Ruhr, Cassel 1914

Wolff, Kerstin, „Stadtmütter". Bürgerliche Frauen und ihr Einfluss auf die Kommunalpolitik im 19. Jahrhundert (1860-1900), Königstein/Taunus 2003

Wörner-Heil, Ortrud, „Anstifterinnen". Frauenengagement in Kassel im 19. und frühen 20. Jahrhundert, in: Ariadne. Forum für Frauen- und Geschlechtergeschichte H. 42, S. 34-43

Zur Erinnerung an Frau Sophie Henschel, Cassel, o. D. [1915]